CONCOURS

FONCTION PUBLIQUE

finances publiques

catégorie B

Gérard Terrien
président de chambre régionale des comptes

Yamina Reynaud
première conseillère de chambre régionale des comptes

Jean-Pierre Reynaud
premier conseiller de chambre régionale des comptes

collection dirigée par
Anne Ducastel

FOUCHER

ISBN 2-216-10100-1

SOMMAIRE

1

Le régime financier des collectivités publiques obéit à des règles juridiques spécifiques. Objet d'enjeux majeurs sur le plan politique, il présente également des liens étroits avec le domaine économique et social. En 2001, une loi organique en a modifié profondément le cadre.

ENJEUX ET PERSPECTIVES DES FINANCES PUBLIQUES

1 LES ENJEUX POLITIQUES

Révélateur puissant de la réalité des institutions politiques, les finances publiques participent également à leurs mutations.

1. L'apparition du droit budgétaire comme révélateur des institutions politiques

1.1. La reconnaissance de la souveraineté financière des représentants du peuple

1.1.1. La matière financière, domaine d'affrontement politique entre l'exécutif et le législatif. En effet, la dévolution du pouvoir budgétaire est essentielle dans un système politique : qui a le pouvoir d'autoriser la perception de l'impôt, de décider de la dépense, c'est-à-dire d'orienter les fonctions de l'État ? Qui a le pouvoir d'exécuter les décisions prises, d'en assurer le contrôle et, éventuellement, de mettre en jeu les responsabilités encourues ?

Si, aujourd'hui, le pouvoir d'autoriser la recette et la dépense est d'ordre législatif, l'histoire de la constitution des droits budgétaires des parlements a été longue et tragique.

1.1.2. Repères historiques. En 1215, dans la Grande Charte, Jean sans Terre a reconnu aux Communes, c'est-à-dire à la représentation populaire anglaise, le droit de consentir l'impôt. Jalousement préservé, ce droit a été l'occasion d'une crise politique au XVIIe siècle. À l'issue de la « révolution » puritaine de Cromwell, deux textes ont confirmé les prérogatives du Parlement (la Pétition de droits et le Bill of Rights).

En Angleterre, les droits budgétaires du Parlement sont donc fort anciens et intimement liés au développement de ses droits politiques.

En France, ce ne sont pas les revendications financières des parlements ou des États généraux qui ont abouti à l'instauration du régime démocratique, mais plutôt la conquête des libertés politiques par des moyens révolutionnaires qui a permis la mise sur pied de nos institutions financières et budgétaires. Cependant, le droit budgétaire et le droit politique restent interdépendants. En 1314, les États généraux ont imposé au roi Philippe le Bel le consentement à l'impôt.

Ses successeurs se sont affranchis de ce contrôle et, en 1426, les États généraux ont abandonné au roi le pouvoir de lever des aides en cas d'urgence.

Repris par les philosophes, ce principe n'a été concrétisé que dans l'article 14 de la Déclaration des droits de l'Homme de 1789, selon lequel : « Tous les citoyens ont le droit de constater par eux-mêmes ou par leurs représentants la nécessité de la contribution publique, de la consentir librement, d'en suivre l'emploi et d'en déterminer la quotité, l'assiette, le recouvrement et la durée. »

Il a toutefois fallu attendre la restauration et la charte de 1814 pour voir effectivement mis en œuvre le droit du Parlement au consentement à l'impôt.

1.2. La consécration d'un droit budgétaire libéral

Les moyens utilisés par le Parlement pour progressivement conquérir ses prérogatives financières ont été le vote du budget par chapitre et l'initiative parlementaire en matière de dépense publique. L'accélération du droit budgétaire trouve sa consécration dans le décret du 31 mai 1862.

La procédure budgétaire est alors caractérisée par un partage de compétences entre le Parlement et le Gouvernement, empêchant tout monopole de l'un ou de l'autre. À partir de la IIIe République, fort de sa suprématie politique née de l'instauration du suffrage universel, le Parlement s'immisce toujours davantage dans l'action de l'exécutif. Le budget, qui doit être un plan d'action, cesse d'être l'œuvre du Gouvernement pour devenir celle du Parlement.

Cette situation déséquilibrée a été finalement remise en cause par la Constitution du 4 octobre 1958 et par l'ordonnance organique du 2 janvier 1959. Il s'agit d'un tournant dans l'évolution du droit budgétaire. La Constitution a ainsi réaménagé la répartition des pouvoirs au détriment du Parlement : la loi de finances est préparée, discutée, votée selon des modalités assez restrictives pour les assemblées.

Cet équilibre a été modifié après l'adoption de la loi organique n° 2001-692 du 1er août 2001 relative aux lois de finances dont l'application progressive sera totalement effective en 2005.

2. La répartition du pouvoir budgétaire comme mécanisme de transformation des institutions

2.1. La réaffirmation du pouvoir budgétaire du Parlement

Depuis le début de la Ve République, la pratique institutionnelle, la jurisprudence constitutionnelle comme l'évolution des textes normatifs ont conduit à un rééquilibrage des pouvoirs budgétaires encore modifié par la loi organique du 1er août 2001.

Dans un régime parlementaire, l'initiative vient pour l'essentiel du Gouvernement, et non du Parlement. Dans la discussion des projets de loi de finances, le Gouvernement vient demander au Parlement de lui accorder les moyens d'une politique préalablement approuvée.

Conformément à cette logique, la Constitution de 1958 n'a prévu que des projets et non pas des propositions de loi de finances.

Cette donnée institutionnelle est commune à la plupart des régimes parlementaires.

Le Parlement ne constitue donc pas le lieu où serait imposée une politique alternative à celle de l'exécutif. En revanche, il est le lieu où la politique du Gouvernement doit être expliquée, débattue ou, le cas échéant, infléchie.

Dans ces fonctions, le Parlement reçoit le soutien de la Cour des comptes mais aussi du Conseil constitutionnel.

Enfin, plusieurs modifications ont été apportées à la Constitution, comme l'institution de la session unique.

Les compétences du Parlement ont été aussi élargies : ainsi l'article 34 de la Constitution a été complété par la création des lois de financement de la Sécurité sociale. Le Parlement doit se prononcer annuellement sur les conditions financières du système de protection sociale.

Ces modifications de la Constitution se sont accompagnées d'un développement des procédures internes de contrôle et la loi organique du 1er août 2001 a sensiblement renforcé les pouvoirs du Parlement en matière budgétaire et financière.

2.2. Le déplacement des enjeux budgétaires de l'État vers d'autres acteurs

2.2.1. L'Union européenne. Si le budget de l'Union européenne demeure subsidiaire par rapport à ceux des États membres, la construction communautaire influence malgré tout les finances nationales.

Justifiée par des exigences liées à la création d'une monnaie unique, l'euro, la mise en place d'une discipline communautaire a des conséquences importantes sur les politiques budgétaires nationales.

Le traité de Maastricht fixait déjà des limites à respecter en matière de déficit et de dette publiques.

Ces exigences ont été renforcées par le traité d'Amsterdam : pour le déficit, l'objectif est de 0 %. Le respect de cet objectif est désormais garanti par un mécanisme précis de surveillance et de sanctions : le pacte de stabilité et de croissance, dont les mécanismes ont été assouplis en mars 2005.

Depuis plusieurs années, la France dépasse la limite fixée pour le déficit public de 3 % du PIB (4,1 % en 2003 et 3,7 % en 2004). En outre, en 2004, le ratio de la dette publique a atteint 65,6 % du PIB.

En 2005, le déficit public – déficit cumulé de l'État, des collectivités territoriales et des organismes de Sécurité sociale – devrait atteindre 2,9 % du PIB selon les engagements pris par M. Breton, ministre de l'Économie en mars 2005.

2.2.2. Les collectivités territoriales. Après 1982, la décentralisation a confirmé et renforcé le rôle mais aussi le poids économique des collectivités locales.

Ces collectivités emploient plus de 1,5 million d'agents ; leurs compétences recouvrent un domaine très étendu : urbanisme, action sociale, enseignement, formation professionnelle, transports, développement économique, environnement mobilisant des budgets de l'ordre de 160 milliards d'euros en 2005, soit plus de la moitié du budget de l'État (loi de finances pour 2005 : 288 milliards d'euros de dépenses pour l'État), financés essentiellement par deux types de ressources : la fiscalité (de l'ordre de 90 milliards d'euros dont plus de 56 milliards au titre de la fiscalité directe) et les concours financiers de l'État (de l'ordre de 42 milliards d'euros).

Depuis 1996, les collectivités locales ont été associées à l'effort de maîtrise des dépenses publiques, tout d'abord dans le cadre du pacte de stabilité financière (1996-1998), puis depuis 1999 du contrat de croissance et de solidarité (reconduit dans la loi de finances pour 2005) visant tous les deux à stabiliser les concours financiers de l'État. Une refonte des relations financières entre l'État et les administrations locales est en cours après la loi constitutionnelle n° 2003-276 du 28 mars 2003 relative à l'organisation décentralisée de la République garantissant l'autonomie financière des collectivités territoriales et la loi n° 2004-809 du 13 août 2004 relative aux libertés et aux responsabilités locales.

La réforme de la taxe professionnelle, annoncée par le président de la République en janvier 2004, a suscité une grande inquiétude parmi les élus locaux qui souhaitent conserver un dispositif fiscal liant les collectivités locales et l'activité économique.

Le rapport de la Commission de réforme de la taxe professionnelle, remis en décembre 2004 au Premier ministre, propose d'asseoir la nouvelle taxe sur la valeur ajoutée.

En outre en 2004, en compensation de la décentralisation du RMI, les départements ont reçu une fraction de la taxe intérieure sur les produits pétroliers (TIPP) et ils recevront en 2005 une part de la taxe sur les conventions d'assurance, une autre part de la TIPP étant affectée aux régions.

Voir aussi

Fiche 4. La loi organique du 1er août 2001 relative aux lois de finances
Fiche 25. La Cour des comptes
Fiches 40 à 57. Les dépenses et les ressources des collectivités locales

Questions de concours

- → **Finances publiques et développement du parlementarisme**
- → **Finances publiques nationales et finances européennes**

2 LES PERSPECTIVES ÉCONOMIQUES ET SOCIALES

Alors qu'évoluait profondément l'analyse économique sur les finances publiques, la place de l'État dans l'économie s'est également modifiée.

1. La transformation des conceptions économiques à l'égard des finances publiques

1.1. L'abstentionnisme économique de l'État au XIXe siècle

Jusqu'à la Première Guerre mondiale, les conceptions et la vie économiques sont dominées par le principe de la supériorité de l'initiative privée (F. Quesnay, A. Smith...). L'État doit laisser jouer les mécanismes du marché, donner un cadre juridique à l'action des individus (État gendarme) et assurer les grandes fonctions régaliennes (armée, justice...).

Les recettes et dépenses publiques représentent une faible partie des richesses annuelles produites (inférieures à 15 % jusqu'en 1914).

Les principes sont que les dépenses publiques doivent être le plus limitées, que l'impôt doit être neutre et aussi léger que possible, que la règle de l'équilibre budgétaire doit prévaloir, et que l'État ne doit recourir que de façon exceptionnelle à l'emprunt.

1.2. De l'État interventionniste à l'État acteur économique

1.2.1. La « révolution keynésienne ». La Première Guerre mondiale conduit les États à intervenir dans l'activité économique, et la crise économique de 1929 aboutit à la dégradation générale des monnaies (dévaluations de la livre en 1931, du dollar en 1933, du franc en 1936) et s'accompagne de réactions protectionnistes et interventionnistes.

En opposition avec les économistes classiques, un économiste anglais, J. M. Keynes, souligne au début des années 1930 la nécessité de l'intervention de l'État appelé à jouer un rôle régulateur afin d'obtenir l'équilibre de plein-emploi.

L'influence des analyses de Keynes a été telle que l'on a pu parler de « révolution keynésienne ».

Dans tous les pays occidentaux, la puissance publique s'est vu reconnaître une responsabilité éminente dans la recherche du plein-emploi et d'une croissance équilibrée.

1.2.2. La mise au point de politiques fondées sur le rôle du budget de l'État. À la conception classique du budget équilibré s'est substituée celle d'une modulation du budget en fonction de la conjoncture : déficit budgétaire lorsqu'il s'agit de relancer la demande ; à l'inverse, stérilisation d'excédents budgétaires pour infléchir une conjoncture inflationniste.

La portée des analyses keynésiennes a également incité certains États à inscrire l'action de la puissance publique dans une programmation à moyen terme. C'est à ce titre qu'on a pu reconnaître, par exemple, à la planification française un fondement théorique keynésien.

Après la Seconde Guerre mondiale, la mise en œuvre des politiques keynésiennes a permis jusqu'à la fin des années 1960 (les Trente Glorieuses) d'atteindre et de maintenir le plein-emploi de la main-d'œuvre. Dans le même temps se généralisaient des mécanismes collectifs d'assistance et de protection sociale (l'État providence).

1.2.3. Vers la fin du keynésianisme ? Toutefois, à partir du début des années 1970, les économies occidentales ont été affectées par une progression simultanée du chômage et de la hausse des prix.

Cette crise durable a remis en cause les conceptions antérieures. Depuis plus de vingt ans, les développements de la pensée économique ont visé la contestation des préceptes keynésiens. La prise en compte de l'ouverture des économies a mis en cause l'efficacité de la politique budgétaire de l'État comme moyen de régulation conjoncturelle.

2. L'extension du rôle de l'État dans l'économie

2.1. Le poids croissant des finances collectives dans l'économie

2.1.1. La loi de Wagner. L'étude des dépenses publiques souligne leur croissance quasi continue dans le temps ; l'économiste allemand Wagner a pu ériger ce constat, à la fin du XIXe siècle, en « loi » intuitive.

Outre leur poids croissant, les dépenses publiques ont profondément changé de nature.

Par l'intermédiaire des finances publiques, l'État et les collectivités publiques interviennent dans de nombreux secteurs de l'activité économique, parfois comme entrepreneurs, mais aussi avec l'intention de contrôler, de diriger ou d'orienter. Lorsque les charges publiques – État et collectivités locales confondus – atteignent près de 30 % du produit intérieur brut, les budgets publics deviennent complexes. Outre la mobilisation de ressources très importantes, ces budgets doivent être maîtrisés par rapport à la situation économique d'ensemble.

2.1.2. Le prélèvement obligatoire. La fraction du revenu national, perçu et affecté collectivement constitue les prélèvements obligatoires.

Ce sont des ressources prélevées par voie d'autorité au profit de l'État, des collectivités locales (régions, départements, communes), de certains organismes publics et parapublics et qui ne sont ni volontaires ni assortis d'une contrepartie directe individualisable. En pratique, c'est l'ensemble des impôts, taxes, redevances et cotisations sociales.

Ces prélèvements obligatoires connaissent un double mouvement : en longue période, une augmentation continue et apparemment inexorable du taux de prélèvements, ainsi qu'une modification sensible de leur structure.

La part de l'État n'a cessé de diminuer au profit des collectivités locales et des prélèvements européens. L'essentiel de la hausse du taux de prélèvements obligatoires trouve son origine dans l'augmentation sensible des cotisations sociales.

2.2. L'évolution prévisible de la place de l'État

2.2.1. Les contraintes de la politique budgétaire. Dans le contexte de crise persistante, les populations attendent de leurs gouvernements une intervention d'envergure contre le chômage et l'exclusion qu'il entraîne.

Les politiques de régulation budgétaire ont perdu une grande partie de leur efficacité.

Aujourd'hui, l'espoir d'une modification de l'environnement économique réside dans les moyens d'interventions structurelles : politique fiscale, politique industrielle, politique de lutte contre les inégalités.

Mais les marges de manœuvre en matière de finances publiques se réduisent. La Commission européenne, après avoir engagé une procédure pour déficit excessif (supérieur à 3 % du PIB) contre la France au titre des années 2002 et 2003, a déposé un recours en janvier 2004 devant la Cour de justice européenne pour violation du pacte de stabilité.

Dans un arrêt de juillet 2004, la Cour a annulé la décision du Conseil des ministres de l'Union de suspendre à l'encontre de la France et de l'Allemagne la procédure pour déficits excessifs. Un allègement des contraintes du Pacte de stabilité a été décidé en mars 2005.

En outre, le système français de finances publiques connaît une interconnexion de plus en plus grande de ses différentes composantes : État, collectivités locales, protection sociale se transfèrent mutuellement de plus en plus fréquemment des charges comme des ressources. Les transferts de charges se manifestent par exemple de l'État vers les collectivités locales pour les universités ou l'aide sociale ; de l'État vers la Sécurité sociale pour la politique familiale. Dans le même temps, les transferts de recettes sont nombreux avec l'« étatisation » croissante de la fiscalité locale (*cf.* la taxe professionnelle) ou le poids croissant de l'impôt dans le financement de la protection sociale).

Face à un système complexe, il semble nécessaire de repenser, dans le sens d'une efficacité accrue, la gestion des dépenses publiques.

2.2.2. L'efficacité des dépenses publiques. Dans le cadre de la loi organique du 1er août 2001, la logique de moyens doit céder la place à une logique de résultats. Le changement de mode de gestion sera important car la performance de la dépense publique, tout autant que sa réduction, est un des éléments importants de la compétitivité des États.

Les départs importants de fonctionnaires en retraite, dans les prochaines années, conduiront sans doute également à une nouvelle adaptation aux besoins de la société des ressources humaines dans l'administration et à des décisions stratégiques sur le taux de leur remplacement.

Toutefois, une baisse des dépenses publiques peut avoir des effets incertains sur le comportement des agents économiques. Si chacun souhaite une baisse des dépenses publiques en général, chacun ressent négativement les réductions des dépenses qui le concernent directement.

Voir aussi

Fiche 9. L'équilibre budgétaire
Fiche 14. L'élaboration de la loi de finances

Questions de concours

- → **L'utilité de la politique budgétaire**
- → **Le poids des prélèvements obligatoires**

3 LES ASPECTS JURIDIQUES

Comme les autres branches du droit, le droit des finances publiques se « constitutionnalise » sous l'effet de la jurisprudence du Conseil constitutionnel, les règles de la comptabilité publique gardant leurs spécificités.

1. L'importance des règles constitutionnelles du droit budgétaire et fiscal

1.1. Le « bloc de constitutionnalité » du droit budgétaire

1.1.1. L'ordonnance organique du 2 janvier 1959. L'article 34 de la Constitution du 4 octobre 1958 dispose que « les lois de finances déterminent les ressources et les charges de l'État dans les conditions et sous les réserves prévues par une loi organique ». Jusqu'à l'intervention de la loi organique du 1er août 2001, l'ordonnance du 2 janvier 1959, portant loi organique relative aux lois de finances, déterminait les compétences et les pouvoirs respectifs du Gouvernement et du Parlement en matière financière, et constituait la véritable charte des finances de l'État.

Elle contenait également les grands principes du droit budgétaire applicables aux autres budgets publics et des règles comme l'autorisation fiscale ou l'unité de trésorerie qui intéressent tous les organismes publics.

Cette ordonnance, dont le Conseil constitutionnel a jugé que les dispositions s'imposaient au législateur, était le texte de base des finances publiques.

1.1.2. La réforme de l'ordonnance. Outre ce texte majeur aujourd'hui remplacé par la loi organique du 1er août 2001, le Conseil constitutionnel a dégagé des principes budgétaires de valeur constitutionnelle en prolongement des dispositions de l'article 14 de la Déclaration des droits de l'Homme et du citoyen, instaurant le consentement des représentants du peuple à la contribution publique.

Depuis sa mise en application, l'ordonnance organique du 2 janvier 1959 avait fait l'objet de nombreuses critiques.

Une trente-septième tentative de réforme de l'ordonnance organique a abouti à l'adoption de la loi organique du 1er août 2001. Lancée sur initiative parlementaire, cette proposition de loi organique vise à restaurer la portée de l'autorisation budgétaire accordée par le Parlement, à accroître la sincérité des lois de finances et à établir un calendrier favorisant la fonction budgétaire du Parlement, à savoir contrôler la dépense publique et l'affectation des ressources.

1.2. La variété des références en droit fiscal

La Déclaration des droits de l'Homme et du citoyen de 1789 comporte de nombreux articles qui constituent le fondement constitutionnel de la fiscalité ou influencent le droit fiscal. L'article 13 affirme que la contribution commune indispensable pour assurer l'entretien de la force publique et les dépenses d'administration doit être également répartie entre tous les citoyens en raison de leurs facultés. L'article 14 pose le principe du consentement à l'impôt en affirmant que tous les citoyens, ou leurs représentants, ont le droit de constater la nécessité de la contribution publique, de la consentir librement, d'en suivre l'emploi et d'en déterminer la quotité, l'assiette, le recouvrement et la durée.

La Constitution de 1958, pour sa part, affirme la compétence du législateur en matière fiscale (art. 34) et la surveillance par l'autorité judiciaire du respect de la liberté individuelle (art. 66).

Peu de dispositions de l'ordonnance de 1959 concernaient la fiscalité ; l'article 4 posait le principe de l'annualité de l'impôt et donnait le régime des taxes parafiscales, dont la suppression est prévue par la loi organique du 1er août 2001.

Enfin, une grande partie des règles fiscales relève du pouvoir réglementaire.

2. Les spécificités du droit de la comptabilité publique

2.1. Des règles identifiant les responsabilités

L'exécution par les collectivités publiques des opérations de dépenses et de recettes est soumise au respect des règles juridiques de la comptabilité publique.

La logique de ce système ancien (le premier règlement général sur la comptabilité publique date du 31 mai 1862) était à l'origine d'assurer la protection des « deniers publics ». Cette conception étroite est apparue inadaptée aux rôles nouveaux des comptables publics comme aux responsabilités accrues des ordonnateurs.

Une conception moderne de la comptabilité publique a été définie par le décret du 29 décembre 1962 portant règlement de la comptabilité publique : « Les règles de la comptabilité publique ont pour objet de déterminer les obligations et les responsabilités des ordonnateurs de dépenses publiques, des ordonnateurs de recettes publiques et des comptables publics. »

Ces règles qui s'appliquent à tous les organismes publics, État, collectivités territoriales, établissements publics nationaux ou locaux devraient évoluer dans le cadre de la mise en œuvre de la loi organique du 1er août 2001.

Ces règles ont transposé à l'exécution des dépenses et recettes publiques le principe de la séparation des pouvoirs par la séparation entre ordonnateurs et comptables et par l'organisation des mécanismes de responsabilités spécifiques, particulièrement pour les comptables (responsabilité personnelle et pécuniaire définie par l'article 60 de la loi de finances pour 1963).

2.2. Des règles contestées mais efficaces

Les critiques adressées à la comptabilité publique sont fréquentes.

Certains lui reprochent des principes inadaptés aux modes de gestion modernes, d'autres y voient un formalisme excessif et absurde.

À l'analyse et à l'usage, les règles retenues ont l'intérêt d'édicter des principes d'ordre et de méthode pour organiser les systèmes d'informations budgétaires et comptables indispensables aux collectivités publiques. Elles prévoient également des moyens de contrôle qui garantissent la cohésion financière.

Au demeurant, l'existence d'un réseau comptable unique pour l'exécution des opérations des collectivités publiques, organisé autour du principe de l'unité de caisse, est un élément clé du dispositif d'information et de pilotage des finances publiques.

Toutefois, la mise en œuvre de la loi organique du 1er août 2001 relative aux lois de finances impose une réforme (en cours) du système d'information comptable de l'État.

Il est sûr, en effet, que la loi organique va profondément modifier, dès son application complète en 2006, l'architecture administrative actuelle fondée sur la séparation des fonctions incombant aux ordonnateurs et aux comptables publics.

Voir aussi

Fiche 4. La loi organique du 1er août 2001 relative aux lois de finances
Fiches 21 à 24. Les principes fondamentaux de la comptabilité publique

Questions de concours

- **→ Les principaux textes du droit budgétaire français**
- **→ À quoi sert le droit de la comptabilité publique ?**

4 LA LOI ORGANIQUE DU 1er AOÛT 2001 RELATIVE AUX LOIS DE FINANCES

Adoptée en termes identiques par les deux assemblées, la nouvelle loi organique relative aux lois de finances vise à l'amélioration de la gestion des finances publiques tout en renforçant le pouvoir budgétaire du Parlement.

1. La volonté d'améliorer la gestion des finances publiques

1.1. Une nouvelle logique budgétaire

1.1.1. Vers un budget de missions. Parmi les changements majeurs de la réforme, il faut souligner la substitution prévue à un budget de moyens, présenté par nature de dépenses, d'un budget de missions et de programmes, qui « regroupent les crédits destinés à mettre en œuvre une action ou un ensemble cohérent d'actions relevant d'un même ministère ». Ces programmes sont regroupés au sein de mission qui comprennent donc « un ensemble de programmes concourant à une politique publique définie » et elles « relèvent d'un ou plusieurs services, d'un ou plusieurs ministères ».

1.1.2. Vers des regroupements de crédits. Il y aura donc dans les prochaines lois de finances des regroupements de crédits au sein de 100 à 150 programmes ministériels. À l'intérieur de ces programmes, les crédits seront fongibles, c'est-à-dire qu'ils pourront être redéployés par les gestionnaires. En contrepartie de la globalisation et de la fongibilité des crédits, les gestionnaires de programmes, en fonction des missions qui leur sont données, doivent s'engager sur des objectifs et rendre compte chaque année des résultats obtenus (indicateurs et rapports annuels de performances).

Ce nouveau cadre devrait permettre une réforme profonde de la gestion publique par l'engagement et la responsabilisation des gestionnaires sur des objectifs.

1.2. L'affirmation des principes budgétaires

1.2.1. La sincérité budgétaire. Le législateur a affirmé un nouveau principe budgétaire pour l'État, qui existait déjà pour les budgets locaux. Lors de l'élaboration, comme lors du vote de la loi de finances, l'article 32 de la loi organique précise que « les lois de finances présentent de façon sincère l'ensemble des ressources et des charges de l'État. Leur sincérité s'apprécie compte tenu des informations disponibles et des prévisions qui peuvent en découler ». Il s'agit là d'une insertion dans la loi de la jurisprudence actuelle du Conseil constitutionnel. Cela signifie que la loi de finances doit prendre un compte les conséquences sur l'équilibre financier des « dispositions d'ordre législatif ou réglementaire [...] susceptibles d'affecter les ressources et les charges de l'État dans le courant de l'année ».

1.2.2. Le principe de l'annualité budgétaire. Il est réaffirmé par les articles 1er et 15 de la loi organique. Les crédits ouverts, comme les plafonds des autorisations d'emplois fixés au titre d'une année, ne créent pas de droit au titre des années suivantes. Ce principe est toutefois assoupli, puisque les autorisations d'engagement disponibles sur un programme à la fin de l'année peuvent être reportées sur le même programme. Il en est de même pour les crédits de paiement.

1.2.3. L'unité et l'universalité. Comme l'ordonnance organique, la loi organique réaffirme les principes d'unité et d'universalité. Mais elle maintient la plupart des assouplissements, à savoir les budgets annexes, recentrés sur leur vocation commerciale, ainsi que la plupart des comptes spéciaux du Trésor, les comptes d'affectation spéciale, les comptes de commerce, les comptes d'opérations monétaires et les comptes de concours financiers (avances et prêts).

1.2.4. La fongibilité des crédits. La loi organique pose également cette règle. Ainsi au sein d'un programme, le gestionnaire disposera d'une grande liberté pour redéployer les crédits entre les titres budgétaires, désormais au nombre de sept (article 5) : dotations des pouvoirs publics, dépenses de personnel, dépenses de fonctionnement (autres que celles de personnel), charges de la dette de l'État, dépenses d'investissement, dépenses d'intervention, dépenses d'opérations financières. Si la présentation des crédits par titre devient indicative (article 7.II), la fongibilité est limitée car « les crédits ouverts sur le titre des dépenses de personnel de chaque programme constituent le plafond des dépenses de cette nature ».

1.2.5. La règle de spécialité demeure modestement. Les crédits ouverts sur chaque programme sont limitatifs (article 9), à l'exception des crédits « relatifs à la charge de la dette, aux remboursements, restitutions et dégrèvements et la mise en jeu des garanties accordées par l'État » qui ont un caractère évaluatif.

1.2.6. La règle de l'équilibre. Elle est rappelée par l'article 1er de la loi organique. Il indique que les finances « déterminent, pour un exercice, la nature, le montant et l'affectation des ressources et des charges de l'État, ainsi que l'équilibre budgétaire qui en résulte ».

2. Le renforcement des pouvoirs budgétaires du Parlement

2.1. L'amélioration de l'information du Parlement

2.1.1. Le débat d'orientation budgétaire. L'article 50 de la loi organique enrichit l'actuel rapport économique, social et financier (RESF), joint au projet de loi de finances en l'inscrivant dans une perspective pluriannuelle. Ce rapport doit détailler les hypothèses économiques sur lesquelles repose le projet de loi de finances et préciser les perspectives d'évolution, pour les quatre années à venir, des recettes, des dépenses et du solde de l'ensemble des administrations publiques.

Comme dans le secteur local, l'article 48 de la loi organique institutionnalise au printemps le débat d'orientation budgétaire (DOB), créé en 1996. Ce débat doit aussi être l'occasion d'un premier examen de l'exécution de la loi de finances de l'année précédente. Le rapport d'orientation du Gouvernement doit donc être accompagné d'un rapport préliminaire de la Cour des comptes relatif aux résultats d'exécution de l'année antérieure (article 58).

2.1.2. Une information plus transparente. La loi rend plus transparent le système de prélèvements publics, en mettant fin, à compter de 2004, au régime des taxes parafiscales, qui échappaient pour une large part au Parlement. De plus, l'adoption de la loi de règlement est avancée. L'article 41 interdit de mettre en discussion le projet de loi de finances de l'année n + 1 devant une assemblée avant le vote par celle-ci, en première lecture, sur le projet de loi de règlement de l'année n – 1. La loi prévoit également plus d'informations du Parlement sur la situation financière et patrimoniale de l'État, ainsi que sa plus étroite association au suivi de l'exécution budgétaire.

2.2. L'accroissement des pouvoirs budgétaires du Parlement

2.2.1. Un droit d'amendement élargi. Si la loi organique ne modifie pas le calendrier et les délais de discussion du projet de loi de finances, elle indique dans l'article 42 que la seconde partie du projet de loi de finances ne peut ainsi être mise en discussion devant une assemblée avant l'adoption de la première partie.

En matière de vote des crédits, la loi précise les règles relatives au droit d'amendement, fixées par l'article 40 de la Constitution. Aux termes de l'article 47, est désormais recevable un amendement parlementaire modifiant, au sein d'une mission, la répartition des crédits entre programmes.

L'article 43 définit lui les règles de vote (un vote d'ensemble pour les évaluations de recettes du budget général, des budgets annexes et des comptes spéciaux, et par budget annexe des crédits ou des découverts).

La notion de services votés n'est maintenue qu'en cas d'échec du vote de la loi de finances dans les délais prévus.

2.2.2. Des pouvoirs de contrôle étendus. Les pouvoirs des commissions des finances sont également élargis et une procédure de référé est instituée qui permet au président d'une commissions des finances, en cas de non-communication de renseignements demandés dans le cadre d'une mission de contrôle ou d'évaluation de saisir en référé le juge administratif.

Le Parlement reçoit un concours renforçé de la Cour des comptes. Les comptes de l'État ne feront plus l'objet d'une déclaration générale de conformité, mais d'une certification, par la Cour, de leur régularité, de leur sincérité et de leur fidélité et les projets de lois de finances rectificatives seront désormais accompagnés d'un rapport de la Cour sur les mouvements de crédits opérés par voie administrative.

2.2.3. La mise en œuvre de la loi organique du 1er août 2001. La loi organique du 1er août 2001 relative aux lois de finances (LOLF) s'applique pleinement en 2005 à la préparation du budget pour 2006. L'article 66 de la loi organique a déjà prévu qu'à titre indicatif, les crédits du budget pour 2005 sont présentés selon les nouveaux principes en annexe du projet de loi de finances. La mise en œuvre de cette nouvelle « constitution financière », représente donc un défi essentiel pour l'État : de nouveaux budgets ministériels, une nouvelle comptabilité, de nouveaux modes de gestion, de nouveaux systèmes d'information. En janvier 2004, les règles relatives à la disparition des taxes parafiscales (article 63 de la LOLF) et à l'obligation de dépôt des disponibilités des collectivités territoriales et de leurs établissements publics auprès de l'État (3e de l'article 26 de la LOLF) sont entrées en vigueur. En 2004 également, la future architecture du budget de l'État, prévue par la LOLF, a été présentée par le gouvernement. 45 missions unités de vote du budget au Parlement en constituent ainsi le premier niveau. Le budget général comprend 32 missions dont 9 interministérielles, auxquelles s'ajoutent 13 missions qui recouvrent les budgets annexes et les comptes spéciaux. 149 programmes composent ces missions, dont 126 pour le budget général et 23 pour les budgets annexes et les comptes spéciaux. Relevant chacun d'un ministère, ces programmes doivent constituer le cadre de gestion opérationnelle des politiques publiques et ils comporteront plusieurs actions, regroupant des crédits ayant la même finalité. Ainsi, suivant cette nouvelle architecture, le budget général de l'État se composera en 2006 de 32 missions, 126 programmes (qui succèdent aux 848 chapitres budgétaires actuels) et 532 actions. Ont été également présentées les nouvelles normes comptables de l'État, établies par le Comité des normes de comptabilité publique. Ces 13 normes comptables, qui couvrent tout le champ de la comptabilité de l'État, ne s'écartent de celles des entreprises que lorsque les spécificités de l'État l'imposent.

En 2004, les objectifs et les indicateurs de résultats ont été également précisément définis pour chaque programme, les crédits du budget général étant présentés à titre indicatif suivant les principes de la LOLF pour la loi de finances 2005.

Voir aussi

Fiches 5 à 10. Les principes traditionnels du droit budgétaire
Fiche 16. Les pouvoirs budgétaires du Parlement

Questions de concours

- **La portée de la réforme de l'ordonnance du 2 janvier 1959**
- **La mise en œuvre de la loi organique du 1er août 2001**

2

Au cours du XIXe siècle, les grands principes du droit budgétaire ont été posés. Ces principes modifiés, puis rénovés ont été conservés.
La loi organique du 1er août 2001 les réactualise tout en reconnaissant un nouveau principe : celui de la sincérité budgétaire.

LES PRINCIPES TRADITIONNELS DU DROIT BUDGÉTAIRE

5 L'ANNUALITÉ BUDGÉTAIRE

Simple mais contraignante, la règle de l'annualité a été assouplie, par la loi organique du 1er août 2001, au nom de l'efficacité de la gestion budgétaire.

1. Une règle simple mais contraignante

1.1. L'autorisation annuelle

1.1.1. L'année budgétaire. Cette règle qui existe aussi pour les budgets locaux, pour l'État se décline de la façon suivante : la loi de finances doit être présentée chaque année et exécutée dans l'année. Elle comporte donc des conséquences en matière budgétaire mais aussi s'agissant de l'exécution de la loi de finances.

Le vote de la loi de finances doit intervenir chaque année et préalablement à l'ouverture de l'exercice budgétaire qui, en France, coïncide avec l'année civile.

Reprenant le principe ancien, l'article 1er de la loi organique qui remplace l'article 2 de l'ordonnance du 2 janvier 1959 indique que « les lois de finances déterminent, pour un exercice, la nature, le montant et l'affectation des ressources et des charges de l'État, ainsi que l'équilibre budgétaire et financier qui en résulte ».

1.1.2. L'adoption de la loi de finances. Sous la Ve République, la Constitution du 4 octobre 1958 a tout organisé pour que le vote de la loi de finances intervienne avant le 1er janvier de l'année d'exécution. En cas de retards liés au Parlement, le Gouvernement peut mettre en vigueur son projet par ordonnance (art. 47 C). A contrario, même en cas de retards du fait du Gouvernement, ce dernier peut soit demander un vote séparé de l'ensemble de la première partie de la loi de finances, soit déposer un projet de loi spécial l'autorisant à continuer à percevoir les impôts existants (mentionné à l'article 45 de la loi organique du 1er août 2001).

1.2. La contrainte de gestion

1.2.1. Les deux systèmes possibles. La règle de l'annualité prévaut également en matière d'exécution de la loi de finances.

L'article 6 de la loi organique qui remplace l'article 16 de l'ordonnance organique précise que « le budget décrit pour une année, l'ensemble des recettes et des dépenses budgétaires de l'État ».

Deux systèmes coexistaient : celui de la gestion (comptabilité de caisse) pour les recettes, affirmé par le décret n° 86-451 du 14 mars 1986 pris en application de l'article 16 précité, et celui de l'exercice, avec une période limitée de rattachement à l'année du fait générateur pour les dépenses.

1.2.2. Le système de la loi organique du 1er août 2001. L'article 28 de la loi organique du 1er août 2001 précise désormais que « la comptabilisation des recettes et des dépenses obéit aux principes suivants :
– les recettes sont prises en compte au titre du budget de l'année au cours de laquelle elles sont encaissées par un comptable public (système de la gestion) ;
– les dépenses sont prises en compte au titre du budget de l'année au cours de laquelle elles sont payées par les comptables assignataires ».

Le nouveau système vise à remplacer, pour le rattachement à l'exercice budgétaire, les actes des ordonnateurs, à savoir les engagements ou les mandatements, par ceux des comptables (les encaissements et les paiements). Comme précédemment, une période complémentaire est prévue par l'article 28 de la loi organique : « des recettes et des dépenses budgétaires peuvent être comptabilisées au cours d'une période complémentaire à l'année civile, dont la durée ne peut excéder vingt jours (en janvier) ».

2. Des assouplissements nécessaires apportés au principe d'annualité

À la fois pour faire face à l'urgence, mais aussi pour assurer la continuité de l'action gouvernementale en matière financière, des dérogations sont prévues.

2.1. La réduction du cadre annuel

Pour réduire le cadre annuel de l'autorisation budgétaire, la loi organique du 1er août 2001 comme auparavant l'ordonnance du 2 janvier 1959, prévoient la possibilité de lois de finances rectificatives ou de décrets d'avances.

2.1.1. Les lois de finances rectificatives. Prévues aux articles 1er et 35 de la loi organique du 1er août 2001, à l'article 2 de l'ordonnance, les lois de finances dites rectificatives peuvent seules, en cours d'année, modifier les dispositions de la loi de finances de l'année. Obéissant au même régime juridique que les lois de finances initiales, les lois de finances rectificatives (ou collectifs budgétaires) ne sont soumises à aucune périodicité ni à aucun nombre précis.

2.1.2. Les décrets d'avances. Lorsque le Gouvernement ne dispose pas du temps pour déposer un projet de loi de finances rectificative, il peut recourir à la technique des décrets d'avances.

Pour éviter leur usage abusif, la loi organique du 1er août 2001, plus encore que l'ordonnance du 2 janvier 1959, les réglemente précisément, car cette procédure permet au Gouvernement de modifier (par avance sur une disposition législative) les crédits initiaux autorisés par le Parlement.

Prévus à l'article 13 de la loi organique, ces décrets d'avance ne peuvent être adoptés qu'en cas d'urgence ou de nécessité impérieuse d'intérêt national s'ils modifient l'équilibre budgétaire antérieur. Soumis à avis ou donnant lieu à information du Parlement, ils doivent être ratifiés par ce dernier dès la plus prochaine loi de finances.

2.2. Le dépassement du cadre annuel

La continuité de l'action gouvernementale a également imposé des ajustements au principe de l'annualité. Le cadre annuel est souvent trop étroit et les perspectives pluriannuelles souvent nécessaires.

2.2.1. Les lois de programme et la planification. Si la Constitution (art. 34), comme l'ordonnance organique, prévoit l'existence de lois de programme pour la réalisation d'équipements de grande ampleur sur plusieurs années (particulièrement dans le domaine militaire : loi de programmation militaire 2003-2008 du 27 janvier 2003 ; ou dans le domaine de la justice : loi d'orientation et de programmation n° 2002-1138 pour la justice du 9 septembre 2002 ; ou encore de l'outremer : loi de programme du 21 juillet 2003), la pratique budgétaire a toujours été de conserver l'indépendance des lois de finances annuelles au regard des lois de programme.

Cette règle de déconnexion est encore plus vraie s'agissant de la planification. Instituée en 1947 afin de moderniser et d'équiper le territoire national, la planification a été réformée en 1982 (loi du 29 juillet 1982) au terme de huit plans. Une démarche décentralisée et contractuelle prévaut désormais par la mise en place de contrats de plan État-région. Ces contrats, conclus par les préfets de région et les présidents des conseils régionaux, organisent une programmation d'actions communes. Après trois générations de contrats de plan (1984-1988, 1989-1993, 1994-1999), le quatrième exercice concerne les années 2000-2006.

Ces contrats sont toutefois plus des protocoles d'accord réciproques que de véritables obligations juridiques. Les partenaires s'engagent sur des objectifs, déclinés en actions, et sur leurs financements ; mais, comme cela s'est passé déjà en 1996, la durée d'exécution des contrats peut être prolongée ou leur contenu réajusté.

2.2.2. Les techniques de pluriannualité. Le dépassement du principe d'annualité ne s'effectue donc en droit que par le vote de crédits pluriannuels (autrefois autorisations de programme et désormais autorisations d'engagement) et par la technique des reports de crédits sur l'exercice suivant ou des engagements par anticipation sur l'exercice à venir.

L'article 8 de la loi organique (qui remplace l'article 12 de l'ordonnance) les définit ainsi : « Les autorisations d'engagement constituent la limite supérieure des dépenses pouvant être engagées ». Elles concernent désormais à la fois des dépenses d'investissement comme de fonctionnement. Les autorisations d'engagement sont complétées par des crédits de paiement qui « constituent la limite supérieure des dépenses pouvant être ordonnancées ou payées pendant l'année pour la couverture des engagements contractés dans le cadre des autorisations d'engagement ». La LOLF ramène donc les autorisations d'engagement dans le cadre de l'annualité, en ne reprenant pas la disposition de l'ordonnance de 1959 selon laquelle les autorisations de programmes « demeurent valables sans limitation de durée jusqu'à ce qu'il soit procédé à leur annulation » (article 12 de l'ordonnance de 1959).

Autre technique dépassant le cadre annuel, les reports des crédits (régis par l'article 15 de la loi organique) sont plus encadrés qu'avant. Ces reports visent à prolonger au-delà de l'année civile les crédits budgétaires non consommés.

La LOLF prévoit que « les autorisations d'engagement disponibles sur un programme à la fin de l'année peuvent être reportées sur le même programme ou, à défaut, sur un programme poursuivant les mêmes objectifs, par arrêté conjoint du ministre chargé des Finances et du ministre intéressé, majorant à due concurrence les crédits de l'année suivante. Ces reports ne peuvent majorer les crédits inscrits sur le titre des dépenses de personnel » (article 15 LOLF). En ce qui concerne le report des crédits de paiement, leur montant ne peut pas dépasser 3 % des crédits initiaux du programme, sauf disposition spéciale d'une loi de finances pour les crédits autres que ceux de personnel. Ces nouvelles dispositions concernant les reports de crédit sont entrées en vigueur le 1er janvier 2005. Dans le cadre des lois de finances pour 2003 et 2004, les commissions des finances des assemblées avaient déja incité le gouvernement à procéder à des mesures d'annulation de crédit, pour apurer le stock des crédits reportés et décourager la sous-consommation de crédits.

Enfin, les lois de finances peuvent définir les conditions dans lesquelles des dépenses peuvent être engagées par anticipation sur les crédits de l'année à venir.

Voir aussi

Fiche 4. La loi organique du 1er août 2001 relative aux lois de finances
Fiche 12. Les diverses lois de finances

Questions de concours

- **Les autorisations de programme et les autorisations d'engagement**
- **La pluriannualité budgétaire**

6 L'UNITÉ BUDGÉTAIRE

Obéissant à l'objectif de permettre l'arbitrage et le contrôle du Parlement sur le budget, la règle de l'unité a été aménagée dans le droit budgétaire de la Ve République sans que puisse être retrouvée la vision de synthèse des finances publiques.

1. Une règle simple réaménagée par l'ordonnance du 2 janvier 1959 et par la loi organique du 1er août 2001

1.1. Une règle classique

Consacrée par les articles 2, 16 et 18 de l'ordonnance organique, cette règle s'exprime simplement : toutes les dépenses et toutes les recettes de l'État (règle de la totalité) devraient figurer dans un document unique (règle de l'unicité) soumis au vote du Parlement.

Ce principe d'unité est réaffirmé par l'article 6 de la loi organique qui indique que « l'ensemble des recettes assurant l'exécution de l'ensemble des dépenses, toutes les recettes et toutes les dépenses sont retracées sur un compte unique, intitulé budget général ».

L'ordonnance organique était parvenue à regrouper dans la loi de finances toutes les ressources et toutes les charges de l'État en prévoyant, hors du budget général, l'existence de budgets annexes et de comptes spéciaux du Trésor, retraçant des dépenses et des recettes particulières.

1.2. Une règle aménagée

1.2.1. Les budgets annexes. Jusqu'à présent, prévus à l'article 20 de l'ordonnance, les budgets annexes sont préparés par le Gouvernement et soumis au vote du Parlement dans le cadre de la loi de finances.

Normalement utilisés pour retracer les activités de services de l'État non autonomes produisant des biens ou des services commercialisés, les six budgets annexes recouvrent souvent d'autres réalités.

Après la disparition en 1991 du budget annexe des PTT et en 1993 de celui de l'Imprimerie nationale, seuls aujourd'hui les budgets annexes des Journaux officiels, des Monnaies et Médailles et de l'Aviation civile ont effectivement un caractère industriel et commercial.

L'existence des budgets annexes des Prestations sociales agricoles (BAPSA) et des ordres de la Légion d'honneur et de la Libération n'avait de sens qu'en raison de la volonté de leur conférer, pour des raisons historiques ou sociales, une indépendance financière.

C'est désormais l'article 18 de la loi organique qui définit les budgets annexes, en les recentrant sur leur vocation à n'accueillir que des recettes et des dépenses commerciales. Conséquence des dispositions de la loi organique, la suppression du budgets annexes des prestations sociales agricoles est intervenue dans la loi de finances pour 2004 et il a été remplacé par l'établissement public de gestion du fonds de financement des prestations sociales des non-salariés agricoles.

1.2.2. Les comptes spéciaux (du Trésor). Si l'ordonnance du 2 janvier 1959 ne donnait pas de définition des comptes spéciaux du Trésor mais se limitait à préciser les six catégories de comptes possibles, elle permettait néanmoins, après les désordres de la IVe République, de les réintégrer dans la loi de finances.

Dérogeant à de nombreuses règles budgétaires dont celle de la non-affectation des recettes aux dépenses, les comptes spéciaux du Trésor concernent des dépenses bénéficiant d'une affectation particulière de recettes et des opérations à caractère temporaire (par exemple, l'octroi d'un prêt ou d'une avance devant donner lieu à remboursement). Si les comptes d'affectation spéciale (par exemple le compte d'emploi de la redevance affectée au financement des organismes audiovisuels publics) retracent pour l'essentiel des opérations à caractère définitif, a contrario, les autres comptes (comptes de commerce, comptes de règlement avec les gouvernements étrangers, comptes d'opération monétaires, comptes d'avances et comptes de prêts) ne décrivent que des opérations à caractère temporaire.

L'article 19 de la loi organique régit désormais ces comptes spéciaux en ne prévoyant plus que quatre catégories : les comptes d'affectation spéciale (art. 21), les comptes de commerce (art. 22), les comptes d'opérations monétaires (art. 23) et les comptes de concours financiers (art. 24 – regroupement des comptes de prêts, d'avances et de règlement avec les gouvernements étrangers).

Certains comptes ont été créés de droit dans le cadre de la loi organique (comme par exemple, un compte de la dette et de la trésorerie de l'État, sous forme d'un compte de commerce). Mais le nombre de comptes spéciaux diminue régulièrement (30 dans la loi de finances pour 2005, soit deux suppressions).

2. Une unité budgétaire impossible

2.1. La dispersion budgétaire

Même s'il est vrai que la loi de finances donne une vision de synthèse de l'ensemble des ressources et des charges de l'État, la complexité des finances publiques modernes ne permet plus de répondre à l'unité budgétaire.

De multiples budgets autonomes de personnes publiques distinctes de l'État existent en dehors des lois de finances. Même s'ils reçoivent, comme beaucoup d'établissements publics nationaux (comme par exemple le CNRS), d'importantes subventions de l'État dont ils ne constituent en définitive qu'un mode d'organisation, ils échappent à tout contrôle parlementaire direct et ne donnent lieu que rarement à une présentation consolidée avec l'État.

2.2. Les débudgétisations

Outre ces démembrements, l'unité budgétaire de l'État est également affectée par une tendance permanente à la débudgétisation des dépenses. Il s'agit de transférer hors de la loi de finances des charges qu'elle devrait normalement retracer.

Que cela concerne les modalités de financement du logement social, des réseaux autoroutiers, des investissements dans le domaine des télécommunications, ou du financement de la société Réseau ferré France le périmètre budgétaire des lois de finances est rarement constant, même si le Conseil constitutionnel vise désormais à limiter cette pratique (décision 351 DC du 29 décembre 1994 relative à la loi de finances pour 1995) en considérant qu'il existe des dépenses budgétaires par nature (en l'espèce des dépenses de personnel d'agents de l'État mises à la charge du Fonds de solidarité vieillesse) qui ne peuvent être retirées de la loi de finances.

Quoi qu'il en soit, plus que la règle de l'unité, prévaut aujourd'hui une exigence de synthèse de l'ensemble des finances publiques de l'État manifestée particulièrement par la loi organique du 1er août 2001.

Voir aussi

Fiche 2. Les perspectives économiques et sociales
Fiche 4. La loi organique du 1er août 2001 relative aux lois de finances

Questions de concours

- **Les budgets annexes**
- **Les comptes spéciaux du Trésor**

7 LE PRINCIPE D'UNIVERSALITÉ BUDGÉTAIRE

Règle budgétaire essentielle permettant la protection de l'autorisation budgétaire donnée par le Parlement, l'universalité a été assouplie pour des impératifs d'efficacité.

1. Une règle très protectrice de l'autorisation budgétaire donnée par le Parlement

Exprimée à l'article 18 de l'ordonnance organique et désormais à l'article 6 de la loi organique, cette règle se décompose en deux principes complémentaires : l'interdiction de contracter recettes et dépenses (le produit brut) et la prohibition de l'affectation de certaines recettes à certaines dépenses.

1.1. La règle de non-contraction

La non-contraction des recettes et des dépenses vise à permettre au Parlement de connaître et d'autoriser dans le détail l'ensemble des opérations financières prévues par la loi de finances. Malgré ses inconvénients pratiques, cette règle du produit brut est en général strictement appliquée. Cette règle est toutefois assouplie pour les comptes de commerce et les comptes d'opération monétaire qui peuvent faire l'objet d'une présentation contractée : seul le solde apparaît.

1.2. La règle de non-affectation

Le principe de non-affectation a pour conséquence que l'ensemble des recettes budgétaires permet la couverture de l'ensemble des dépenses de même nature. En conséquence, telle recette ne sert pas à couvrir telle dépense.

Malgré ses justifications juridiques et politiques, cette règle de non-affectation des recettes aux dépenses est peu incitative pour l'administration et peu transparente pour les contribuables.

Évitant toutefois le risque de gaspillage, ce principe garantit le maintien d'une unité financière de l'État, assure la clarté de ses comptes et par-là même, un contrôle efficace du Parlement.

Il donne lieu, au demeurant, à une importante jurisprudence du Conseil constitutionnel.

2. Des assouplissements apportés au nom de l'efficacité de gestion

Outre les budgets annexes et les comptes d'affectation spéciale qui prévoient l'affectation de recettes à certains types d'opération, deux autres procédures particulières permettent de déroger au principe de non-affectation : les fonds de concours et les rétablissements de crédits. Les prélèvements sur ressources portent atteinte à la non-contraction.

2.1. Les fonds de concours

L'article 19 de l'ordonnance et aujourd'hui l'article 17 III de la loi organique prévoient le mécanisme des fonds de concours et fixent les règles de procédure applicables.

Outre le produit des dons et legs, les fonds de concours sont versés par les personnes morales ou physiques pour concourir avec l'État à des dépenses d'intérêt public. Ils concernent essentiellement des contributions des collectivités locales et des communautés européennes à des projets collectifs.

L'article 17 III de la loi organique prévoit également un mécanisme d'attribution de produits : il s'agit d'attribuer des rémunérations pour services rendus à l'administration concernée dont les règles de gestion ont été précisées par un décret du 3 septembre 2002.

Les fonds de concours (4,4 milliards d'euros en 2003) ne soulèvent pas de problème particulier, sous réserve du respect de l'intention de la partie versante. Mais désormais les recettes des fonds de concours doivent être prévues et évaluées par la loi de finances.

2.2. Les rétablissements de crédits (article 17.IV de la loi organique)

La procédure des rétablissements de crédits constitue l'autre exception au principe de non-affectation. Elle permet non pas de rattacher une recette à une dépense mais de restituer à un service donné de l'administration des crédits, en raison du remboursement au Trésor de sommes payées indûment ou de recettes de cessions immobilières par l'administration ayant donné lieu antérieurement à des dépenses de même nature sur des crédits budgétaires (par exemple, un achat d'immeuble suivi rapidement de sa revente).

2.3. Les prélèvements sur recettes

Utilisés antérieurement, ils ne faisaient l'objet, avant la loi organique du 1er août 2001, d'aucune mention explicite. L'article 6 de cette loi indique désormais qu'« un montant déterminé de recettes de l'État peut être rétrocédé directement au profit des collectivités territoriales ou des communautés européennes (...). Ces prélèvements sur les recettes de l'État sont, dans leur destination et leur montant, définis et évalués de façon précise et distincte ».

C'est de cette façon que la France apporte sa contribution au budget de l'Union européenne. Ces prélèvements sur recettes au profit des collectivités locales et des Communautés européennes (62,3 milliards d'euros au total en 2005, dont 16,6 milliards d'euros pour le budget communautaire et 45,7 milliards d'euros pour les collectivités locales) apparaissent dans le tableau d'équilibre de la loi de finances initiale pour 2005.

Pour les collectivités territoriales, en 2005, les prélèvements sur recettes représentent 74 % des concours financiers apportés par l'État.

Voir aussi

Fiche 4. La loi organique du 1er août 2001 relative aux lois de finances
Fiche 6. L'unité budgétaire

Questions de concours

- **→ La règle de la non affectation des recettes aux dépenses**
- **→ Les fonds de concours**

8 LA SPÉCIALITÉ BUDGÉTAIRE

Destinée à garantir le respect de l'autorisation de dépense donnée par le Parlement, la règle de la spécialité des crédits a été largement assouplie.

1. La règle traditionnelle de la spécialisation des crédits par chapitre

La finalité de la spécialité est d'assurer au Parlement un contrôle légitime sur l'exécutif.

D'une règle unique de spécialité des votes et des crédits par chapitre, l'ordonnance du 2 janvier 1959 est passée à une dissociation politique et technique.

1.1. La spécialisation par chapitre

Le développement des libertés publiques a accompagné une spécialisation croissante des crédits.

Sous le Consulat et l'Empire, l'autorisation de dépenses donnée à l'exécutif est globale. Avec la Restauration apparaît une spécialité des crédits par ministère. Enfin, une loi du 29 janvier 1831 consacre la spécialité par chapitre budgétaire. Après diverses remises en cause à la suite de circonstances exceptionnelles (guerres, crises économiques et sociales), la règle de la spécialité s'est développée sous la IVe République avec un fort développement du nombre de chapitres budgétaires (5 000 en 1950).

Dénaturée, cette règle a été reprécisée dans le cadre de l'ordonnance du 2 janvier 1959 et de la loi organique du 1er août 2001.

1.2. La spécialité des crédits sous la Ve République

1.2.1. Le régime de l'ordonnance organique. Jusqu'à présent, l'article 7 de l'ordonnance du 2 janvier 1959 dispose que «les crédits ouverts par les lois de finances sont mis à la disposition des ministres pour des dépenses ordinaires, les dépenses en capital et les prêts et avances». Ces crédits (autorisations de dépenses) «sont affectés à un service ou à un ensemble de services. Ils sont spécialisés par chapitre groupant les dépenses selon leur montant ou selon leur destination». Il en résulte une spécialité à deux niveaux ; devant le Parlement, le budget est voté par ministère et par titre ; au sein de l'administration, le budget est exécuté par chapitre, voire par article et paragraphe. Dans la loi de finances, les crédits sont regroupés par grandes masses (les titres). La répartition de ces crédits par ministère figure dans les états législatifs annexés à la loi de finances. Enfin, les annexes explicatives (les bleus) distribuées aux parlementaires avec le projet de loi de finances ventilent les crédits par chapitre.

1.2.2. Le mécanisme retenu par la loi organique. Dans les dernières lois de finances, le mouvement de globalisation des crédits s'est poursuivi, le nombre de chapitres du budget général étant passé de 1 680 en 1984 à environ 800 aujourd'hui.

Dans la loi organique du 1er août 2001, la règle de spécialité est définie aux articles 5, 7 et 47. L'effort de globalisation des crédits est réel. Les crédits seront regroupés à l'intérieur de 149 programmes ministériels fongibles (126 pour le budget général et 23 pour les budgets annexes et les comptes spéciaux) au sein desquels les gestionnaires pourront les redéployer entre les 7 titres. Seule limite à cette fongibilité, les dépenses de personnel : «les crédits ouverts sur le titre des dépenses de personnel de chaque programme constituent le plafond des dépenses de cette nature».

Dans la loi organique, comme antérieurement dans l'ordonnance, la répartition initiale des crédits n'est pas intangible et des modifications possibles sont prévues.

2. Les assouplissements apportés à la spécialisation des crédits

Deux procédures, autorisées par la loi organique permettent de modifier en cours d'exercice la répartition initiale des crédits alors qu'existent des exceptions à la spécialisation.

2.1. Les modifications possibles de la répartition des crédits

Prévus à l'article 12 de la loi organique, les virements de crédits modifient la répartition des crédits entre programmes d'un même ministère. Dans chacun des programmes concernés, ces virements ne peuvent pas dépasser 2 % des crédits ouverts par la loi de finances.

Le même article 12 prévoit les transferts de crédits. Ils modifient la répartition des crédits entre programmes de ministères distincts, sans changer l'objet de ces crédits. Transferts comme virements sont effectués par décret pris sur rapport du ministre chargé des finances après information du Parlement.

2.2. Les crédits non spécialisés

2.2.1. Les chapitres réservoirs. L'ordonnance prévoyait l'existence de chapitres réservoirs, contenant des crédits globaux. Destinés à faire face à des dépenses éventuelles (élections, voyages du président de la République et du Premier ministre...) ou accidentelles (inondations, sécheresses, incendies...), ces chapitres sont utilisés en cas de besoin.

Si l'expression de crédits globaux disparaît dans la loi organique, l'idée demeure. L'article 11 de la loi prévoit que « en tant que de besoin, les crédits ouverts sur la dotation pour dépenses accidentelles et imprévisibles sont répartis par le programme, par décret pris sur le rapport du ministre chargé des finances ».

2.2.2. Les fonds spéciaux. Les fonds spéciaux ou « fonds secrets » constituent une atteinte à la règle de la spécialité des crédits. On en distinguait traditionnellement deux types : les fonds spéciaux du Gouvernement (laissés à la libre utilisation du Premier ministre et utilisés pour couvrir les dépenses courantes de l'action ministérielle) et les fonds spéciaux destinés aux services secrets. Après une vive polémique, la loi de finances pour 2002 n'a conservé le caractère secret que de ceux destinés au financement des services secrets et a institué une commission de vérification de l'utilisation de ces fonds composée de deux députés (dont le président), deux sénateurs et deux membres de la Cour des comptes.

Dans la loi de finances pour 2005, les crédits pour les fonds spéciaux sont de 37,7 millions d'euros.

Voir aussi

Fiche 4. La loi organique du 1er août 2001 relative aux lois de finances
Fiche 18. Le champ d'action de la loi de finances
Fiche 19. Les dépenses publiques dans la loi de finances

Questions de concours

- Les fonds spéciaux
- Les programmes dans la loi organique du 1er août 2001

9 L'ÉQUILIBRE BUDGÉTAIRE

Si l'équilibre budgétaire ne revêt pas pour l'État le caractère d'une obligation juridique à l'inverse des autres personnes publiques, c'est néanmoins un élément essentiel de la loi de finances encore renforcé par la loi organique du 1er août 2001.

1. La particularité de l'équilibre budgétaire pour l'État

Contrairement à ce que prévoit la loi fondamentale en Allemagne, l'ordonnance organique n'érigeait pas l'équilibre des recettes prévues et des dépenses autorisées en principe budgétaire strict pour l'État. À l'inverse, en incluant les opérations d'emprunt et de trésorerie dans les ressources et les charges de l'État, la loi organique pose le principe de l'équilibre budgétaire et financier.

En effet, l'article 1er de la loi organique indique que «les lois de finances déterminent pour un exercice la nature, le montant et l'affectation des ressources et des charges de l'État, ainsi que l'équilibre budgétaire et financier qui en résulte. Elles tiennent compte d'un équilibre économique défini...»

1.1. Les définitions des divers équilibres dans la loi organique du 1er août 2001

1.1.1. L'équilibre économique. Dans le rapport sur la situation et les perspectives économiques, sociales et financières de la nation joint au projet de loi de finances, le Gouvernement présente, pour l'année suivante, ses hypothèses économiques. C'est sur ces bases, et particulièrement sur les projections en matière de recettes fiscales, qu'est établi le projet de loi.

Il fait connaître, conformément aux règles de la comptabilité nationale, ses prévisions économiques pour les quatre années à venir. Il s'agit de l'équilibre économique, prévu à l'article 1er de la loi organique.

1.1.2. L'équilibre budgétaire. Par ailleurs, dans le projet de loi de finances, le Gouvernement arrête un équilibre (ou déséquilibre) budgétaire prévisionnel. Il résulte de la comparaison faite entre les recettes et les dépenses inscrites dans le projet de loi de finances et il est exprimé à la fin de la première partie de cette loi, à l'article d'équilibre. Il s'agit en fait d'un tableau englobant le budget général, les budgets annexes et les comptes spéciaux du Trésor. Le solde, en bas de ce tableau, constitue le résultat prévisionnel d'exécution des ressources et des charges.

Il s'agit là de l'équilibre budgétaire.

1.1.3. L'équilibre financier. Enfin, le projet de loi de finances «comporte les autorisations relatives aux emprunts et à la trésorerie de l'État (...) et évalue les ressources et les charges de trésorerie qui concourent à la réalisation de l'équilibre financier, présentées dans un tableau de financement». C'est donc l'équilibre financier.

1.2. La contrainte en matière d'équilibre d'exécution

Pour apprécier l'exécution budgétaire et financière de la loi de finances, la loi organique prévoit désormais, dans son article 58, que la Cour des comptes, qui apporte une mission d'assistance au Parlement confiée par l'article 47 de la Constitution, assure «la certification de la régularité, de la sincérité et de la fidélité des comptes de l'État».

La seule déclaration générale de conformité ne suffit plus : il s'agit de certifier l'exécution de la loi de finances.

2. L'importance politique et économique de l'équilibre budgétaire prévisionnel

Dans la conduite de la politique économique par le Gouvernement, la politique budgétaire constitue un élément essentiel. À ce titre, le découvert prévisionnel de la loi de finances est un indicateur essentiel des orientations du Gouvernement qui doivent s'inscrire désormais dans le cadre du pacte de stabilité budgétaire européen.

2.1. Le découvert prévisionnel, traduction de la politique budgétaire

Dans la stratégie de préparation de la loi de finances, la détermination du montant du découvert prévisionnel est fondamentale. Même si, dans le processus d'élaboration, les prévisions définitives de recettes ne sont arrêtées qu'à la fin, en septembre, avant l'adoption du projet de loi de finances par le Conseil des ministres, l'hypothèse de découvert retenu permet d'arrêter le cadrage initial. De cette façon, les arbitrages de dépenses peuvent être effectués par les pouvoirs publics et les demandes budgétaires des ministères dépensiers réduites dans ce cadre.

Ce déséquilibre budgétaire prévisionnel sert aussi de base pour mesurer les besoins de trésorerie de l'État qui seront repris dans le tableau de financement.

2.2. Les règles particulières liées à l'euro

Dans le cadre du traité de Maastricht, cinq critères de convergence ont été définis afin de fixer la liste des États devant entrer dans la phase finale de l'Union économique et monétaire, à savoir adopter une monnaie unique. Parmi ces critères figurait celui du déficit des administrations publiques (hors recettes de privatisations) qui devait être inférieur à 3 % du PIB et celui d'une dette publique inférieure à 60 % du PIB. En décembre 1996, à Dublin, un pacte de stabilité et de croissance a été adopté par les pays membres de l'Union européenne. Il prévoit un système de sanctions pour les pays membres de l'euro s'ils ne respectent pas la contrainte budgétaire. À partir de 1999, le déficit public de ces États ne doit plus dépasser 3 % du PIB, l'objectif à moyen terme étant le retour à l'équilibre, voire à un excédent budgétaire. Une procédure pour déficit excessif a d'ailleurs été engagée au début 2003 par la Commission européenne contre la France et en 2004, après une seconde année de déficit important, la Commission européenne a saisi la Cour de justice des Communautés pour violation du pacte de stabilité. Dans un arrêt de juillet 2004, la Cour a confirmé la procédure engagée contre la France. Mais une réforme assouplissant le pacte de stabilité a été adoptée en mars 2005.

La loi organique du 1er août 2001 prévoit à ce propos (art. 50) qu'à l'occasion de l'examen du projet de loi de finances, le Parlement recevra communication du « programme de stabilité » du Gouvernement français, préalablement à sa transmission aux institutions européennes. Pour 2005, la prévision de déficit public est de 2,9 % du PIB.

Voir aussi

Fiche 2. Les perspectives économiques et sociales
Fiche 11. La notion de loi de finances
Fiche 14. L'élaboration de la loi de finances

Questions de concours

→ Le pacte de stabilité et l'équilibre budgétaire
→ Le financement du déficit budgétaire

10 LA SINCÉRITÉ BUDGÉTAIRE

Les progrès de l'information du Parlement en matière de finances publiques s'accompagnent, dans le cadre de la loi organique du 1er août 2001, de la reconnaissance du principe de sincérité budgétaire.

1. La sincérité budgétaire, une construction jurisprudentielle pour l'État

1.1. Un objectif longtemps absent des finances de l'État

1.1.1. Une sincérité non recherchée. À l'inverse de ce qui existe depuis les lois de décentralisation pour les collectivités locales, la sincérité des données à partir desquelles sont élaborés les projets de lois de finances, comme le caractère réaliste et sincère des évaluations de recettes et des autorisations de dépenses ne faisaient pas partie, jusqu'à une date récente, des principes budgétaires que devait respecter le Gouvernement ni des préoccupations de l'exécutif et particulièrement des ministres chargés des finances.

Pour la plupart des acteurs concernés, la sincérité du projet de loi de finances initiale, n'appartenant pas aux principes retenus par l'ordonnance organique, ne pouvait être qu'une obligation de moyens.

1.1.2. Une sincérité difficile à atteindre. En outre, en raison de la complexité des mécanismes de prévisions de recettes, comme du lien majeur entre la situation économique et les rentrées fiscales, il semblait très difficile de prévoir de manière exacte, dans la loi de finances initiale, l'évolution des recettes fiscales au cours de l'exercice à venir.

Il paraissait toutefois surprenant que le Parlement n'ait pas à sa disposition, pour débattre des projets de loi de finances, des données que le Gouvernement utilise effectivement dans son suivi de l'exécution budgétaire.

Cette question de la sincérité a aussi donné lieu à polémiques, en matière d'exécution des lois de finances (*cf.* le débat autour de la « cagnotte »).

1.2. Une construction jurisprudentielle inachevée du Conseil constitutionnel

1.2.1. De nombreux recours. À plusieurs reprises, dans les dix dernières années, le Conseil constitutionnel a été saisi par plus de 60 députés et/ou 60 sénateurs pour non-respect du principe de sincérité budgétaire de certaines lois de finances initiales ou rectificatives (par exemple, lois de finances initiale et rectificative pour 1999 et loi de finances initiale pour 2004).

Pour les requérants, la sincérité d'une loi de finances doit se juger au jour du dépôt du docuement budgétaire et ce n'est qu'exceptionnellement que des ajustements peuvent y être apportés.

1.2.2. Une jurisprudence mesurée. Le Conseil constitutionnel, s'il a toujours accepté d'examiner ce moyen d'insincérité budgétaire présenté par les parlementaires, a développé une jurisprudence d'une grande prudence (*cf.* décision n° 2003-489 DC du 29 décembre 2003 sur la loi de finances pour 2004). Il s'est toujours efforcé d'examiner le grief d'insincérité budgétaire en le rattachant au respect ou non du principe d'universalité, à l'atteinte manifeste ou non aux droits d'information et de contrôle du Parlement ainsi qu'aux justifications ou non produites par le gouvernement aux parlementaires (*cf.* décision n° 98-405 DC du 29 décembre 1998 sur la loi de finances pour 1999).

Il semblait ainsi souscrire à l'idée selon laquelle la sincérité du projet de loi de finances est une obligation de moyens, mais non une obligation de résultat.

2. La sincérité budgétaire, un principe reconnu par la loi organique du 1er août 2001

2.1. La cohérence du principe de sincérité avec les enjeux de la réforme

2.1.1. Des objectifs nouveaux. La loi organique relative aux lois de finances du 1er août 2001 a engagé une réforme en profondeur des finances publiques. La loi abandonne la logique antérieure fondée principalement sur le volume et le taux d'évolution de crédits répartis par nature en titres et chapitres. Elle vise un objectif d'efficacité, en retenant une présentation des crédits autour de missions et de programmes ministériels, et en prévoyant la responsabilité des gestionnaires sur des objectifs précis pour répondre des résultats obtenus.

Chaque programme précisera un projet annuel de performances détaillant les actions, les objectifs poursuivis, les résultats attendus et les coûts afférents. Des rapports annuels de performance décriront les résultats obtenus au moyens d'indicateurs pertinents.

2.1.2. La notion de sincérité. Le principe de sincérité budgétaire, inscrit à l'article 32 de la loi organique, a pour vocation que les missions et les programmes ministériels soient cohérents et réalistes. Il est donc prévu que « les lois de finances présentent de façon sincère l'ensemble des ressources et des charges de l'État ». Cette obligation de sincérité ne saurait évidemment être absolue et la loi organique ajoute que « leur sincérité s'apprécie compte tenu des informations disponibles et des prévisions qui peuvent raisonnablement en découler ».

Il s'agit là d'une codification de la jurisprudence du Conseil constitutionnel. En outre, comme le précise l'article 33, la loi de finances doit prendre en compte les conséquences sur l'équilibre financier des « dispositions d'ordre législatif ou réglementaire [...] susceptibles d'affecter les ressources et les charges de l'État dans le courant de l'année ».

2.2. L'affirmation également d'une sincérité comptable

2.2.1. La sincérité comptable. Pour apprécier les performances, le système comptable de l'État devra permettre la mesure et l'analyse des coûts (*cf.* article 27 de la loi organique). Les comptes sont soumis désormais au principe de sincérité. En effet, l'article 27 dispose qu'ils doivent « être réguliers, sincères et donner une image fidèle [du] patrimoine et de [la] situation financière » de l'État. Les comptables publics reçoivent pour mission de veiller au respect de la «sincérité des enregistrements comptables ».

2.2.2. Les autres conséquences. La sincérité est ici comprise dans le sens traditionnel que lui donne la doctrine comptable, qu'il s'agisse d'entreprises ou d'autres entités. Ainsi, l'article 30 précise bien que « les règles applicables à la comptabilité générale de l'État ne se distinguent de celles applicables aux entreprises qu'en raison des spécificités de son action ».

D'autres conséquences sont tirées par la loi organique de ce principe de sincérité comptable. Ainsi, la Cour des comptes, comme le prévoit l'article 58 de la loi organique, devra, à compter de l'exercice 2005, assurer, comme un commissaire aux comptes pour une société anonyme, la certification « de la régularité, de la sincérité et de la fidélité des comptes de l'État ».

Voir aussi

Fiche 22. Les règles de la comptabilité publique

Questions de concours

- → Le Conseil constitutionnel et les principes budgétaires
- → Sincérité budgétaire et sincérité comptable

3

Préparé sous la conduite du ministre de l'Économie et des finances, et sous l'autorité du Premier ministre par le gouvernement, le budget est adopté par le Parlement à l'issue d'une procédure très encadrée. Il est souvent soumis au contrôle du Conseil constitutionnel.

LE BUDGET DE L'ÉTAT

11 LA PRÉPARATION DE LA LOI DE FINANCES

LA NOTION DE LOI DE FINANCES

L'évolution des fonctions et du rôle de l'État depuis le XIXe siècle (de l'État gendarme à l'État interventionniste) s'est traduite dans la sphère des finances publiques. D'une approche juridique marquée par la notion de budget, on est passé à une logique économique et financière, exprimée dans la loi de finances.

1. Le budget, un acte essentiellement juridique

1.1. Un acte de prévision et d'autorisation

1.1.1. Un acte de prévision. Trait spécifique du régime financier des personnes morales de droit public, le budget est un acte de prévision mais aussi d'autorisation.

Acte de prévision, cela signifie qu'il doit évaluer avant le début de l'exercice de façon précise la nature et le montant des dépenses à réaliser, mais aussi les recettes qui pourront être recouvrées, particulièrement auprès des contribuables. À la différence des budgets des entreprises privées, la prévision est obligatoire pour les finances de l'État.

1.1.2. Un acte d'autorisation. Le budget est surtout un acte d'autorisation juridique qui présente des spécificités. Ce caractère d'autorisation résulte du principe du consentement du peuple à l'impôt, principe élargi ensuite aux dépenses. Pour toutes les personnes publiques, le budget doit être approuvé par l'organe délibérant. Pour l'État, le budget traduit un ensemble d'autorisations (de prélever l'impôt mais aussi de dépenser l'argent public) données au Gouvernement par le Parlement. L'acte budgétaire a donc pour l'État un caractère législatif.

1.2. Une notion juridique progressivement circonscrite

1.2.1. Les anciennes définitions. Une des premières définitions du budget de l'État est donnée dans le décret du 31 mai 1862 portant règlement général sur la comptabilité publique. Cette définition classique reprend les notions d'acte de prévision et d'autorisation en consacrant également le principe d'annualité. Elle correspond à la conception financière de l'État régalien de la seconde moitié du XIXe siècle.

Sous la IVe République, le décret du 19 juin 1956 clarifie la notion de budget : « Le budget de l'État prévoit et autorise, en la forme législative, les charges et les ressources de l'État. Il est arrêté par le Parlement dans la loi de finances qui traduit les objectifs économiques et financiers du Gouvernement » (art. 1er).

1.2.2. Le budget sous la Ve République. Dans la Constitution de la Ve République, la notion de budget n'apparaît plus. L'ordonnance du 2 janvier 1959 mentionnait le budget (art. 16) comme un sous-ensemble de la loi de finances, « constitué par l'ensemble des comptes (qui) décrivent, pour une année civile, toutes les ressources et toutes les charges permanentes de l'État ».

L'article 6 de la loi organique précise que « les ressources et les charges budgétaires de l'État sont retracées dans le budget sous forme de recettes et de dépenses. Le budget décrit, pour une année, l'ensemble des recettes et des dépenses budgétaires de l'État ».

2. La loi de finances, la notion fondamentale des finances publiques modernes

2.1. La reconnaissance constitutionnelle des lois de finances

2.1.1. Les lois de finances dans le cadre de la Constitution et de l'ordonnance organique. Évoquées par le décret du 19 juin 1956, les lois de finances sont consacrées à l'article 34 de la Constitution du 4 octobre 1958, qui dispose : « Les lois de finances déterminent les ressources et les charges de l'État dans les conditions et sous les réserves prévues par une loi organique. »

L'ordonnance du 2 janvier 1959 portant loi organique relative aux lois de finances définissait plus précisément dans son article 1er les lois de finances, en indiquant qu'« elles déterminent le montant et l'affectation des ressources et des charges de l'État, compte tenu d'un équilibre économique et financier qu'elles définissent ».

2.1.2. La loi organique du 1er août 2001 et les lois de finances. La loi organique du 1er août 2001 précise que « les lois de finances déterminent, pour un exercice, la nature, le montant et l'affectation des ressources et des charges de l'État, ainsi que l'équilibre budgétaire et financier qui en résulte ».

Texte législatif voté chaque année par le Parlement, la loi de finances, peut être modifiée en cours d'année par une ou des lois de finances rectificatives (ou encore collectifs budgétaires) et donne lieu, à l'issue de l'exercice budgétaire à une loi de constatation des résultats, la loi de règlement.

2.2. Le lien avec l'économie

Comme le prévoit l'article 1er de la loi organique du 1er août 2001, les lois de finances « tiennent compte d'un équilibre économique défini ».

L'équilibre en question n'est pas un équilibre budgétaire entre les recettes et les dépenses, mais il s'agit d'un équilibre économique prévisionnel global estimé par le Gouvernement en termes de croissance, d'inflation, de consommation des ménages, d'investissements...

Le Parlement arrête dans l'article d'équilibre et dans le tableau de financement qui figurent à la fin de la première partie de la loi de finances une prévision d'équilibre budgétaire financier global pour l'État.

Cette prévision, établie à partir de l'analyse économique prospective de l'année à venir, n'exclut pas un possible déficit budgétaire. Ainsi, dans la loi de finances pour 2005, le déficit prévu est de 44,9 milliards d'euros et le besoin de financement proche de 120 milliards d'euros (déficit – 44,9 milliards d'euros – plus amortissement de la dette à long terme – 33,8 milliards – et à moyen terme 39,3 milliards).

Voir aussi

Fiche 2. Les perspectives économiques et sociales
Fiche 25. La Cour des comptes
Fiche 27. Le contrôle parlementaire

Questions de concours

→ Budget et loi de finances
→ Loi de finances et économie

LES DIVERSES LOIS DE FINANCES

Aux trois types de lois de finances prévus par l'ordonnance de 1959 (la loi de finances de l'année, les lois de finances rectificatives et la loi de règlement), la loi organique du 1er août 2001 ajoute une quatrième catégorie, les lois spéciales : lorsque la loi de finances n'a pas pu être adoptée avant le début de l'année.

1. La loi de finances de l'année : l'acte financier majeur de l'État

1.1. L'importance de la loi de finances initiale

Comme l'indique l'article 1er de la loi organique, « les lois de finances déterminent, pour un exercice, la nature, le montant et l'affectation des ressources et des charges de l'État ».

La préparation de cette loi essentielle pour la vie financière de l'État dure près d'une année entre l'élaboration du projet par le Gouvernement (de décembre n – 2 à septembre n – 1) et l'adoption par le Parlement (d'octobre n – 1 à décembre n – 1) avant de pouvoir être exécutée (au cours de n).

Cette loi spécifique regroupe les principales modifications apportées chaque année à la législation fiscale, les tableaux d'équilibre budgétaire et de financement et les autorisations budgétaires de dépenses accordées par le Parlement aux divers départements ministériels. Elle comporte également les autorisations relatives aux emprunts et à la trésorerie de l'État ainsi que le plafond de la variation nette de la dette négociable.

1.2. Les particularités de la loi de finances de l'année et des lois spéciales

Outre une structure bipartite, précisément définie par l'article 34 de la loi organique et la jurisprudence du Conseil constitutionnel, la loi de finances a un contenu strictement encadré.

Il existe, en premier lieu, un domaine obligatoire et exclusif de la loi de finances : il s'agit des dispositions que la loi de finances doit obligatoirement comporter et qui ne peuvent figurer dans aucune autre loi (par exemple l'autorisation de percevoir les ressources de l'État et des impositions de toute nature).

En second lieu, le domaine facultatif et exclusif de la loi de finances (c'est-à-dire les dispositions que seule la loi de finances peut comporter) concerne notamment l'information et le contrôle du Parlement sur la gestion des finances publiques et le régime de la responsabilité pécuniaire des agents publics.

Enfin, la loi de finances comporte un domaine facultatif et partagé avec d'autres lois : il s'agit, par exemple, des dispositions relatives aux ressources de l'État.

1.3. Les lois spéciales

À la différence de l'ordonnance organique, la loi organique du 1er août 2001 introduit un quatrième type de lois de finances : les lois spéciales de l'article 45, prévues lorsque la loi de finances de l'année n'a pu être adoptée avant le début de l'exercice.

Ces lois spéciales visent à appliquer l'article 47 de la Constitution : il s'agit soit d'une loi reprenant la première partie de la loi de finances, soit d'une loi spéciale de perception des impôts existants.

2. Les lois de finances rectificatives : les ajustements infra-annuels du cadre financier de l'État

2.1. La primauté affirmée du Parlement

L'article 1er de la loi organique donne aux lois rectificatives le caractère de lois de finances. Communément dénommées « collectifs budgétaires », elles peuvent, seules, en cours d'année, modifier les dispositions de la loi de finances initiale (art 35) en présentant obligatoirement un tableau d'équilibre.

Le dépôt d'un projet de loi de finances rectificative est donc obligatoire pour le Gouvernement lorsqu'il veut modifier des dispositions des domaines obligatoires et exclusifs de la loi de finances initiale.

L'article 13 de la loi organique prévoit également le dépôt immédiat d'un projet de loi de finances rectificative afin que le Parlement ratifie a posteriori les crédits ouverts par un décret d'avances pris en cas d'urgence et de nécessité impérieuse d'intérêt national affectant l'équilibre initial.

L'examen d'une loi de finances rectificative diffère peu de celui d'une loi ordinaire, même si l'article 35 de la loi organique indique qu'elle est présentée en totalité ou en partie dans les mêmes formes que la loi de finances de l'année.

2.2. L'importance variable des lois de finances rectificatives

La pratique des lois de finances rectificatives montre qu'il y a tous les ans un collectif budgétaire de fin d'exercice (à l'automne), parfois précédé d'un, voire de deux collectifs de printemps.

Le recours à une loi de finances rectificative en début d'exercice est le plus souvent le fait d'un nouveau Gouvernement issu d'élections générales qui souhaite modifier la loi de finances de l'année en infléchissant la politique budgétaire et fiscale (1981, 1986, 1993, 1995, 1997, 2002). Selon la jurisprudence du Conseil constitutionnel, le gouvernement doit déposer un projet de loi de finances rectificatives lorsque l'équilibre, défini par la loi de finances initiale, se trouve, en cours d'année, bouleversé.

Au contraire, les lois de finances rectificatives de fin d'exercice sont des textes d'ajustement systématiques. Elles résultent des impératifs juridiques que fixe la loi organique du 1er août 2001.

Le pouvoir réglementaire peut, par décret et après information des commissions des finances, annuler des crédits budgétaires au cours de l'exercice, voire les transférer entre programmes. Mais lorsqu'il s'agit de les augmenter, il doit obtenir une autorisation parlementaire ou une ratification a posteriori (dans le cas des décrets d'avances).

3. La loi de règlement : la constatation et la régularisation a posteriori

3.1. La détermination des résultats d'exécution

Selon l'article 1er de la loi organique, la loi de règlement est également une loi de finances, mais elle est particulière, en ce sens qu'elle vise à arrêter le montant exécuté des dépenses et des recettes des lois de finances initiales et rectificatives. Les lois de règlement permettent de constater les résultats financiers de chaque exercice budgétaire et d'approuver les différences entre ces résultats et les prévisions.

L'article 37 de la loi organique précise leur contenu : la constatation du montant définitif des recettes et des dépenses, l'approbation du compte de résultat de l'année et l'affectation du résultat de l'année au bilan.

Le rôle de la loi de règlement est renforcé par la loi organique.

Comme le projet de loi de finances initiale, le projet de loi de règlement doit être assorti d'annexes obligatoires et, selon l'article 41 de la loi organique, le projet de loi de règlement doit être voté en première lecture avant la mise en discussion du projet de loi de finances de l'année.

3.2. La nouvelle importance de la loi de règlement

Élément nouveau de la loi organique, le Parlement doit désormais adopter rapidement la loi de règlement. Une telle exigence devrait conforter l'importance nouvelle de ce texte et redonner au débat sur le projet de loi de règlement le rôle d'instrument normalement privilégié du contrôle budgétaire du Parlement. Celui-ce devra d'ailleurs être déposé par le Gouvernement au plus tard le 1er juin suivant l'exercice d'exécution des lois de finances initiale et rectificative(s). Ce nouveau délai imposé rapproche les finances de l'État des finances locales.

Cette loi de règlement sera également accompagnée d'une « certification de la régularité de la sincérité et de la fidélité des comptes de l'État » établie par la Cour des comptes. Dans le cadre de la loi de règlement, le Parlement approuvera le compte de résultat de l'exercice, établi selon le principe des droits constatés.

Pour la première fois, à l'occasion du débat budgétaire de l'automne 2002, la loi de règlement pour 2001 a été examinée avant le projet de loi de finances pour 2003.

La loi portant règlement définitif du budget de 2003 a été adoptée le 7 novembre 2004 (loi n° 2004-1268 du 24 novembre 2004).

La loi organique relative aux lois de finances (LOLF) du 1er août 2001 entre complètement en vigueur le 1er janvier 2005, de sorte que la loi de finances pour 2006 sera entièrement élaborée, votée et exécutée selon ses dispositions. La loi organique étend et renouvelle les missions de la Cour des comptes. Dans ce cadre rénové, le rapport annuel sur l'exécution des lois de finances pour la loi de finances de 2003 qui préfigure la mise en œuvre des dispositions de ce texte, a été divisé en deux rapports. Le premier a traité des résultats et de la gestion budgétaire dans la perspective de l'application de l'article 58-4 de la LOLF. Il a procédé à un examen de la quasi-totalité des secteurs ministériels et ne s'est pas limité à des observations relatives à la nature des crédits ; il a établi un état des lieux de la préparation de l'administration à la mise en œuvre de la LOLF. Le second a préparé le futur rapport de l'article 58-5 de la LOLF relatif à la certification des comptes de l'État. Outre la déclaration générale de conformité, il a intégré une analyse du bilan de l'État, que la Cour devra certifier avec les autres états financiers, au plus tard en 2007 en ce qui concerne la loi de finances pour 2006.

Voir aussi

Fiche 24. Les opérations de recettes, de dépenses et de trésorerie
Fiche 27. Le contrôle parlementaire

Questions de concours

→ **Loi de finances et lois de finances rectificatives**
→ **Les lois de règlement**

13

LA PRÉPARATION DE LA LOI DE FINANCES

LES AUTORITÉS FINANCIÈRES

Dans le processus financier de l'État, l'exécutif joue, sous la Vᵉ République, un rôle prépondérant, même si le Parlement voit sa fonction réaffirmée, particulièrement dans le cadre de la loi organique du 1ᵉʳ août 2001.

1. La prépondérance financière de l'exécutif

1.1. Les raisons de cette domination

1.1.1. Les motifs techniques et politiques. Quel que soit le régime politique, la préparation, puis l'exécution de la loi de finances sont de la compétence presque exclusive de l'exécutif.

Aux États-Unis, où le régime de séparation des pouvoirs est très strict et où l'exécutif ne dispose pas d'une façon générale de l'initiative des lois, le projet de budget fédéral est néanmoins depuis 1921 l'œuvre de la présidence. Des raisons techniques et politiques expliquent cette prééminence : le Gouvernement dispose de l'administration et ainsi il possède l'information, les compétences et les instruments de maîtrise d'un processus financier public particulièrement complexe. En outre, l'exécutif est seul responsable de la politique économique, fiscale, financière et même sociale qu'il entend conduire. Il est donc tout à fait logique qu'il lui revienne de préparer, puis d'exécuter la loi de finances qui concrétise chaque année cette politique.

1.1.2. Les règles juridiques. Sous la Constitution de la Vᵉ République, les pouvoirs financiers sont précisément répartis au sein de l'exécutif. L'article 37 de l'ordonnance du 2 janvier 1959 hier et l'article 38 de la loi organique aujourd'hui, disposent que « sous l'autorité du Premier ministre, le ministre chargé des finances prépare les projets de lois de finances qui sont arrêtés en Conseil des ministres ».

La répartition des fonctions est donc explicite : la compétence technique appartient au ministre des Finances, l'autorité politique au Premier ministre et les derniers arbitrages au président de la République qui préside le Conseil des ministres, au sein duquel le projet de loi de finances, comme tout projet de loi (article 39 de la Constitution), est arrêté.

Dans la pratique institutionnelle néanmoins, les interventions du président de la République sont rares, même si c'est le général de Gaulle qui a fait prévaloir en 1964 la thèse de l'équilibre pour le budget de 1965, défendue par M. Giscard d'Estaing, contre le Premier ministre.

1.2. L'organisation de cette prépondérance

1.2.1. Le poids essentiel du ministère des Finances. Quelle que soit l'organisation gouvernementale retenue, le ministre de l'Économie, des finances et de l'industrie (dans le Gouvernement de M. Raffarin) dispose d'un pouvoir financier majeur au sein de l'exécutif. C'est ce département ministériel qui va coordonner les demandes des autres ministères (dénommés « dépensiers » dans le jargon de Bercy) avec l'action du Premier ministre. Il dispose, pour ce faire, d'éléments d'informations rétrospectifs sur les comptes de l'État, mais aussi prospectifs sur l'économie. Il assume également par les réseaux des comptables publics, qui dépendent de lui, l'exécution en recettes et en dépenses des lois de finances, mais aussi par le biais des contrôleurs financiers, des contrôleurs d'État et de l'Inspection générale des finances, le contrôle de cette exécution.

Le ministre des Finances ou le secrétaire d'État au budget et à la réforme budgétaire (dans le troisième gouvernement de M. Raffarin) contresigne enfin tous les textes réglementaires ayant une incidence financière.

1.2.2. La structure particulière de ce département ministériel. Généralement classé au deuxième ou troisième rang par ses effectifs des ministères civils de l'État, le ministère des Finances dispose de directions d'administrations centrales ayant des fonctions d'état-major, comme la direction du Trésor, la direction du Budget, la direction de la Prévision, mais aussi de grandes directions, comme la direction générale de la Comptabilité publique, la direction générale des Impôts, la direction générale des Douanes et des Droits indirects, possédant d'importants services déconcentrés chargés sur l'ensemble du territoire de l'exécution de la politique financière et fiscale de l'État.

La direction du Budget joue un rôle particulier dans la préparation et le suivi de la loi de finances. Chargée de proposer au ministre la définition de la politique budgétaire, d'élaborer la synthèse budgétaire et de suivre l'exécution de la loi de finances. Elle a également en charge le suivi de la politique salariale et de l'emploi dans le secteur public et elle a en portefeuille les budgets de l'ensemble des ministères dépensiers. Un décret du 10 mars 2003 a créé, au sein du ministère, une direction de la réforme budgétaire jusqu'au 31 décembre 2007 pour la mise en œuvre de la LOLF.

1.2.3. Le pouvoir financier du Premier ministre. Outre les rares périodes de jonction des responsabilités de Premier ministre et de ministre des Finances (troisième Gouvernement Barre en 1978), l'autorité financière du chef du Gouvernement est organisée, lors de la procédure de préparation de la loi de finances, par les pouvoirs de cadrage général et d'arbitrage entre les ministres dépensiers et le ministre des Finances dont il dispose.

2. La restauration de l'autorité budgétaire du Parlement

2.1. L'importance des organes spécialisés du Parlement

2.1.1. Les prérogatives du président de l'Assemblée nationale. En matière de procédure, le président de l'Assemblée nationale dispose de pouvoirs importants puisqu'il se prononce en cas de désaccord sur la répartition entre le domaine législatif et le domaine réglementaire. Il est également compétent pour assurer le respect des dispositions des articles 40 de la Constitution et 47 de la loi organique.

2.1.2. L'importance de la commission des finances. Constitutionnellement, les commissions des finances doivent être obligatoirement saisies des projets de lois de finances. Leurs pouvoirs ayant été élargis par la loi organique, elles jouent donc un rôle déterminant en matière budgétaire, que cela soit par le biais de leur président, du rapporteur général ou des rapporteurs spéciaux.

Le président de la commission des finances doit être consulté sur la recevabilité des amendements au regard des articles 40 et 47 précités.

Le rapporteur général de la commission des finances est élu, parmi les parlementaires, pour coordonner les travaux de la commission en matière budgétaire. Auteur du rapport de la commission sur le projet de loi de finances, il intervient le premier dans la discussion lors du débat budgétaire.

Les rapporteurs spéciaux sont chargés, au sein de la commission des finances, d'examiner le budget d'un département ministériel et ils disposent de pouvoirs d'enquêtes et de contrôle sur pièces et sur place importants.

2.2. De nouvelles initiatives

2.2.1. L'instauration du débat d'orientation budgétaire. Il s'agit d'une pratique nouvelle pour l'État. Le premier débat d'orientation budgétaire a été organisé à l'Assemblée en avril 1990 avant l'envoi des lettres de cadrage, puis en juin au Sénat.

Considéré par beaucoup comme une innovation dans le mécanisme parlementaire, ce débat, désormais prévu à l'article 48 de la loi organique, est un moyen pour le Parlement, hors de la contrainte de la session budgétaire, d'organiser sa réflexion dans une perspective pluriannuelle dépassant le cadre étroit de l'annualité.

Le débat d'orientation budgétaire participe de l'amélioration de l'information du Parlement.

2.2.2. Le développement de missions d'information budgétaire. À plusieurs reprises depuis une dizaine d'années, les commissions des finances des assemblées ont constitué des missions d'information budgétaire, qui ont examiné la fiscalité de l'épargne, la fiscalité locale, le contrôle fiscal ou, plus récemment, la révision des services votés. Ce dernier travail, entrepris à l'initiative du président de la commission des finances, a été conduit en collaboration avec les services du ministre du Budget, et quelques-unes des propositions émises par les rapporteurs spéciaux ont inspiré certaines dispositions retenues par le Gouvernement. La loi organique dote dans le même esprit les membres des commisions des finances de pouvoirs renforcés.

2.2.3. La création de l'office parlementaire d'évaluation et de la mission d'expertise et de contrôle. Une loi n° 96-517 du 14 juin 1996 a institué l'office parlementaire d'évaluation des politiques publiques. Le Parlement a choisi de maintenir un lien étroit entre ce nouvel organisme et les commissions des finances qui assurent l'essentiel des travaux de contrôle budgétaire.

Cet office, pour être efficace, supposait néanmoins une harmonisation des priorités entre les deux assemblées.

L'Assemblée nationale a décidé de constituer en 1998 un groupe de travail, composé de toutes les sensibilités politiques, sur le « contrôle parlementaire et l'efficacité de la dépense publique ».

2.2.4. La mission d'évaluation et de contrôle. Des travaux de ce groupe, est née en février 1999, au sein de la commission des finances, la mission d'évaluation et de contrôle (MEC), qui bénéficie du concours permanent de la Cour des comptes. Son premier rapport à l'été 1999 a été consacré à quatre sujets importants : la politique autoroutière, la gestion des effectifs et des moyens de la police nationale, les aides à l'emploi et l'utilisation des crédits de la formation professionnelle.

En outre, la mission a préconisé plusieurs réformes de la procédure budgétaire ainsi qu'un toilettage de l'ordonnance du 2 janvier 1959 qui ont abouti à la loi organique du 1er août 2001. Cette mission a été reconstituée au sein de l'assemblée issue des dernières élections législatives, sur la base de ses règles de fonctionnement antérieures. En 2004, elle a ainsi examiné un rapport sur la clarification des relations financières entre le système ferroviaire et ses partenaires publics.

Voir aussi

Fiche 14. L'élaboration de la loi de finances
Fiche 16. Les pouvoirs budgétaires du Parlement

Questions de concours

- → La direction du Budget
- → Les commissions des finances des assemblées

L'ÉLABORATION DE LA LOI DE FINANCES

Relevant des prérogatives de l'exécutif, la préparation du projet de loi de finances associe diverses autorités budgétaires en s'insérant dans les orientations de la politique économique du Gouvernement.

1. Une association inégale de divers acteurs à une procédure complexe

1.1. La prééminence technique du ministre des Finances

1.1.1. Le cadre général. Les procédures administratives de préparation de la loi de finances ne sont pas définies, ni par l'ordonnance organique ni par la loi organique, pas plus d'ailleurs qu'elles ne le sont par des textes réglementaires. C'est un domaine où dominent les pratiques et les directives internes. Comme l'ordonnance, la loi organique comporte toutefois un cadre général ; l'article 38 dispose que « sous l'autorité du Premier ministre, le ministre chargé des finances prépare les projets de lois de finances qui sont arrêtés en Conseil des ministres », et les articles 7 et 43 précisent le mode de présentation des lois de finances par titres, missions, programmes ou dotations et imposent pour les crédits du budget général un vote par mission et pour les budgets annexes et les comptes spéciaux un vote par budget et par compte.

1.1.2. La rénovation de la procédure budgétaire. La pratique de la préparation de la loi de finances a consacré la prépondérance technique du ministre des Finances. Cette procédure budgétaire a été récemment rénovée dans une perspective de programmation à moyen terme (trois ans) pour tenir compte des contraintes communautaires et mieux associer tous les acteurs.

Elle a été adaptée en 2005 au nouveau contexte de la loi organique. Une circulaire du Premier ministre du 21 janvier 2005 a précisé les règles de préparation du projet de loi de finances pour 2006, la nouvelle procédure budgétaire se décomposant désormais en quatre grandes phases.

À la fin janvier, un séminaire a réuni le gouvernement sur la stratégie d'ensemble en matière de finances publiques. À l'issue de ce séminaire, une lettre de cadrage fixant les orientations et les normes de maîtrise des dépenses publiques a été communiquée aux ministres. En février et mars a lieu la phase d'examen des perspectives budgétaires (réunions d'économies structurelles) et dans le cadre des stratégies ministérielles de réforme (SMR), la recherche des gains de productivité.

En avril, des réunions de restitution sont suivies par les lettres arrêtant les plafonds en crédits. En mai, la répartition par programme des plafonds de crédits arrêtés est fixée, puis des conférences de gestion publique sont tenues pour fixer les cibles de résultats à atteindre. La liste des missions et programmes est ensuite communiquée au Parlement au moment du débat d'orientation budgétaire. Sera également communiquée au Parlement la liste des objectifs et indicateurs retenus. Enfin, en juillet et août les documents à destination du Parlement sont mis au point.

Dans le cadre de la loi de finances pour 2004, chaque ministère a établi, selon les dispositions prévues dans la loi organique du 1er août 2001, une liste des programmes et actions retenus avec leurs principaux objectifs et ils doivent mettre en œuvre en 2004 et 2005 des expérimentations.

En août et septembre s'achève la phase de mise au point définitive du projet. Pour résoudre les derniers ajustements techniques, des conférences budgétaires de deuxième phase se déroulent entre représentants du Budget et des différents ministères. À ce moment sont déterminées les recettes du projet de loi de finances, à l'issue d'un travail interne au ministère des finances.

Le projet est alors soumis au Conseil d'État qui se prononce sur la légalité et la rédaction des articles proposés. Enfin, à la mi-septembre, le projet de loi de finances est présenté et adopté en Conseil des ministres. Il est ensuite présenté au Parlement, accompagné du programme de stabilité.

1.2. Une meilleure implication de l'ensemble des ministres et du Parlement

1.2.1. L'association des ministres à la préparation. Dès le début de n – 1, le ministère des Finances tient des réunions techniques avec les ministères « dépensiers », pour analyser l'utilisation des dotations budgétaires de l'année précédente et évaluer les politiques publiques.

Les réunions interministérielles qui suivent permettent à l'ensemble des ministres d'être associés à la définition des priorités et à mesurer les incidences financières des réformes structurelles.

Les ministres sont à nouveau réunis pour les ultimes arbitrages avant l'envoi des « lettres-plafonds ».

1.2.2. Le débat d'orientation budgétaire. Comme le prévoit l'article 48 de la loi organique, le Parlement est associé à la procédure de préparation de la loi de finances par un débat d'orientation budgétaire qui intervient au printemps de n – 1 (pour la loi de finances de 2005, le débat doit avoir lieu en mai-juin 2005).

À cette occasion, le Gouvernement dépose un rapport sur l'évolution de l'économie nationale et des finances publiques présentant les masses financières en jeu : la stratégie budgétaire retenue et la liste des missions et des programmes envisagés. À cette occasion, le Parlement reçoit une contribution de la Cour des comptes retraçant les résultats d'exécution de l'exercice antérieur.

2. Une corrélation étroite avec la prévision et la politique économiques

2.1. Le rôle important des budgets économiques

2.1.1. La notion de budget économique. Un budget économique est une prévision pour l'année en cours et un scénario pour l'année à venir, caractérisant l'évolution macroéconomique de la France. La comptabilité nationale constitue le cadre de description utilisé. Dès le début de l'année, des budgets économiques sont établis pour l'exercice en cours et le suivant. Révisés au cours de l'été, ces budgets étaient présentés à la réunion de la commission des comptes de la nation en septembre-octobre et publiés, comme le prévoyait l'article 32 de l'ordonnance organique, en annexe au projet de loi de finances sous le titre de comptes prévisionnels de la nation pour l'année en cours et principales hypothèses économiques pour l'année suivante.

Un décret du 26 mai 1999 a remplacé la commission des comptes et des budgets économiques de la nation par la commission économique de la nation.

2.1.2. L'importance des budgets économique. Établis par la direction de la Prévision, les budgets économiques sont élaborés à partir de modèles mathématiques.

L'article 50 de la loi organique prévoit que le rapport sur la situation et les perspectives économiques, joint au projet de loi de finances, « présente et explicite les perspectives d'évolution (...) du solde des administrations publiques (...) exprimé selon les conventions de la comptabilité nationale ». Il ajoute que « sont joints (...) les rapports sur les comptes de la nation ».

2.2. La détermination économique des choix de finances publiques

2.2.1. Les contraintes et les marges de manœuvre. Le principal intérêt des projections économiques est de faire apparaître les contraintes qui s'exercent sur les finances publiques, de souligner les marges de manœuvre dont peut disposer le Gouvernement.

Autre intérêt, l'étude des impacts économiques des finances publiques permet de déterminer le caractère expansif, neutre ou récessif des actions conjoncturelles ainsi que les types de recettes ou de dépenses qui en sont responsables.

Il est également utile de faire des chiffrages des mesures de politique économique ou fiscale comme l'impact d'une hausse de cotisations sociales ou d'une baisse du taux de TVA.

2.2.2. Le lien entre l'économie et la loi de finances. Par le poids des dépenses en jeu et la politique fiscale adoptée, la loi de finances de l'État exerce une influence économique forte.

Qu'il s'agisse des dépenses de personnels (117,6 milliards d'euros dans la loi de finances pour 2005) ou des dépenses d'investissement (16,8 milliards d'euros en 2005), l'État est un acteur économique important.

En outre, une grande partie des recettes de l'État dépend en effet de facteurs économiques précis ; la TVA est fortement dépendante de la consommation des ménages, l'impôt sur les sociétés des bénéfices des entreprises et l'impôt sur le revenu des revenus distribués aux ménages et de la situation de l'emploi.

Voir aussi

Fiche 9. L'équilibre budgétaire
Fiche 13. Les autorités financières

Questions de concours

- → **Le rôle du ministre des Finances dans la préparation de la loi de finances**
- → **La préparation économique du projet de loi de finances**

15 L'ADOPTION DE LA LOI DE FINANCES

LA PROCÉDURE BUDGÉTAIRE

Si la Constitution consacre en ce domaine la prééminence du Gouvernement, la loi organique du 1er août 2001 renforce le rôle du Parlement.

1. La prédominance financière du Gouvernement

1.1. Un équilibre différent des pouvoirs financiers

La Constitution du 4 octobre 1958, précisée à l'origine par l'ordonnance organique du 2 janvier 1959, a consacré une nouvelle répartition des pouvoirs financiers entre le Parlement et le Gouvernement. Elle a mis fin à la prépondérance traditionnelle du pouvoir législatif, inscrite dans les constitutions antérieures.

Le principe ancien du consentement des représentants du peuple à l'impôt, prévu à l'article 14 de la Déclaration des droits de l'Homme, expliquait ce pouvoir financier prioritaire du Parlement, acquis de longue lutte.

Désormais, les initiatives essentielles de la politique budgétaire relèvent du Gouvernement car, selon l'article 20 de la Constitution, il « détermine et conduit la politique de la nation ». Il peut seul établir le projet de budget annuel (la loi de finances initiale), élaborer les projets modificatifs (les lois de finances rectificatives ou « collectifs budgétaires »), proposer des mesures aggravant la situation des finances publiques ou affectant certaines recettes. Il peut également modifier les autorisations budgétaires, sous réserve d'une ratification par le Parlement.

1.2. Un parlementarisme rationalisé dans le domaine budgétaire

A contrario, les pouvoirs financiers des Assemblées ont été réduits au début de la Ve République en réaction aux abus du parlementarisme sous les IIIe et IVe Républiques. Le Parlement dispose d'un délai limité (70 jours) pour adopter la loi de finances et d'une faible influence sur l'évolution des ressources publiques (recettes fiscales comme emprunts).

Le droit d'initiative financière des parlementaires a été également restreint, en matière de dépenses, par un régime sévère d'irrecevabilités de leurs amendements, fixées dans la Constitution (article 40) et l'ordonnance organique (article 42).

Enfin, le Parlement doit respecter comme le Gouvernement une discipline financière précise (contenu des lois des finances, modalités de vote...) dont le Conseil constitutionnel, régulièrement saisi des lois de finances, assure la surveillance.

L'essentiel du pouvoir financier du Parlement est donc aujourd'hui un pouvoir d'influence et de contrôle. La réforme récente relative aux lois de financement de la Sécurité sociale (lois constitutionnelle du 22 février et organique du 22 juillet 1996) et plus encore la loi organique du 1er août 2001 lui ouvrent de nouvelles perspectives.

2. Une restauration des pouvoirs budgétaires du Parlement

2.1. Les pouvoirs du Parlement accrus lors du débat budgétaire

2.1.1. L'adoption des deux parties de la loi de finances. Si la loi organique relative aux lois de finances du 1er août 2001 ne modifie pas le calendrier ni les délais de discussion du projet de loi de finances (PLF), elle précise en revanche la règle de l'adoption en deux parties de la loi de finances. En vertu de l'article 42, la seconde partie du projet de loi de finances ne peut ainsi être mise en discussion devant une assemblée « avant l'adoption de la première partie ».

Cette rédaction est beaucoup plus précise que celle retenue dans l'article 40 de l'ordonnance de 1959 ; à l'occasion de la loi de finances pour 1980, cette incertitude avait eu des conséquences importantes.

2.1.2. Les modalités de vote et d'amendement. En matière de vote des crédits, la loi organique précise les règles relatives au droit d'amendement fixées par l'article 40 de la Constitution. Selon l'article 47, la notion de charge de l'article 40 de la Constitution « s'entend, s'agissant des amendements s'appliquant aux crédits, de la mission ». Il en résulte donc qu'est recevable un amendement parlementaire modifiant, au sein d'une mission, la répartition des crédits entre programmes. L'article 7 dispose toutefois que la création d'une mission ne peut résulter que d'une initiative gouvernementale. Enfin, l'article 43 définit les règles de vote :
– un vote d'ensemble pour les évaluations de recettes (budget général, budgets annexes et comptes spéciaux) ;
– un vote des crédits par mission ;
– un vote unique sur les plafonds ventilés par ministère des autorisations d'emplois rémunérés par l'État ;
– un vote par compte spécial (et non plus par catégorie de comptes spéciaux) et par budget annexe des crédits ou des découverts.

2.2. Les prérogatives sont renforcées en matière de contrôle

2.2.1. La loi de règlement. L'examen du projet de loi de règlement permet aux parlementaires de contrôler l'exécution du budget. Mais pour que le contrôle soit véritablement efficace, il importe que cette loi soit discutée le plus tôt possible. C'est ce que prévoit la loi organique. Désormais, le projet de loi de règlement devra être déposé au plus tard le 1er juin de l'année qui suit celle de l'exécution du budget. Ainsi, la discussion du budget de l'année n se fera en connaissant les résultats de l'année n – 2 et le suivi de l'exécution budgétaire dans le temps sera ainsi amélioré. L'article 41 interdit en outre de mettre en discussion le projet de loi de finances de n + 1 devant une assemblée avant le vote par celle-ci, en première lecture, sur le projet de loi de règlement de l'année n – 1.

2.2.2. Les obligations d'information pour le Gouvernement. Au cours du dernier trimestre de la session parlementaire, le Gouvernement devra, lors du débat d'orientation budgétaire, communiquer la liste des missions, des programmes et des indicateurs de performance associés à chacun des programmes, tels que le Gouvernement les envisage dans le prochain projet de loi de finances. En outre, l'article 54 dispose que sont joints au projet de loi de règlement des « rapports annuels de performance », faisant notamment connaître « par programme, les objectifs, les résultats attendus et obtenus, les indicateurs et les coûts associés [...], la gestion des autorisations d'emplois ».

La loi fait d'ailleurs obligation aux services de l'État de mettre en place une comptabilité permettant de mesurer et d'analyser les coûts.

Corollaire de la plus grande marge de manœuvre donnée aux gestionnaires dans les mouvements de crédits au sein de chaque programme, la loi réduit les possibilités de les modifier par voie réglementaire (virements, reports de crédits).

L'ensemble des mécanismes retenus devrait ainsi permettre de passer d'une analyse des moyens à une analyse des performances obtenues.

Voir aussi

Fiche 13. Les autorités financières
Fiche 16. Les pouvoirs budgétaires du Parlement

Questions de concours

→ Les amendements budgétaires du Parlement
→ Les pouvoirs de contrôle budgétaire des assemblées

16 L'ADOPTION DE LA LOI DE FINANCES

LES POUVOIRS BUDGÉTAIRES DU PARLEMENT

L'avènement du parlementarisme rationalisé, sous la Vᵉ République, s'est traduit par un affaiblissement du pouvoir de réformation budgétaire du Parlement. A contrario, son pouvoir d'information et de contrôle s'est affermi, particulièrement dans le cadre de la nouvelle loi organique du 1ᵉʳ août 2001.

1. Un faible pouvoir de réformation en matière budgétaire pour le Parlement

1.1. Le rôle encadré des commissions des finances

1.1.1. Les limites du pouvoir du Parlement. Sous les IIIᵉ et IVᵉ Républiques, les commissions des finances étaient particulièrement puissantes.

L'examen en commission du projet de finances donnait lieu à de nombreuses modifications, souvent préludes à des difficultés politiques pour le Gouvernement.

La Constitution de la Vᵉ République a singulièrement réduit les prérogatives de ces commissions et l'article 42 dispose désormais que la discussion devant l'Assemblée nationale porte sur le texte présenté par le Gouvernement.

1.1.2. Les rôle des commissions des finances. Les commissions des finances n'en jouent pas moins un rôle essentiel. Outre le rapporteur général chargé du rapport d'analyse globale du projet du Gouvernement, des rapporteurs spéciaux étudient les budgets des différents ministères, les budgets annexes et les comptes spéciaux.

Le rapporteur général de la commission des finances, puis le président de cette commission introduisent l'examen du texte en séance publique. La discussion porte sur le projet du Gouvernement ainsi que sur les amendements adoptés en commission. Le Gouvernement peut d'ailleurs s'opposer à l'examen de tout amendement présenté en séance publique s'il n'a pas été discuté préalablement devant la commision des finances.

1.2. La restriction de l'initiative parlementaire

1.2.1. Dans le cadre de l'ordonnance organique. Combinaison des articles 40 de la Constitution et 42 de l'ordonnance organique, l'initiative a été longtemps limitée en matière budgétaire.

En matière de dépenses, les parlementaires n'avaient pas le droit de majorer les crédits inscrits dans le projet de loi de finances, à moins de gager cette proposition d'augmentation par une réduction d'un même montant sur un autre chapitre.

En matière de recettes, toute diminution est prohibée, même s'il était admis, en cas de nouvel impôt ou d'augmentation d'un impôt existant que des amendements réduisent les majorations projetées à hauteur du système antérieur.

Enfin, la pratique des « cavaliers budgétaires » était condamnée : les dispositions qui n'ont pas un caractère financier ne doivent pas figurer dans la loi de finances.

Néanmoins, la pratique institutionnelle était plus souple. Elle admettait, en matière de recettes, les compensations entre les hausses et les baisses. En matière de dépenses, le Gouvernement laisse à la disposition de la commission des finances une « réserve parlementaire » permettant une faible majoration des crédits.

1.2.2. L'assouplissement lié à la loi organique du 1er août 2001. En cette matière, la loi organique du 1er août 2001 a précisé, dans son article 47, les règles relatives au droit d'amendement, fixées par l'article 40 de la Constitution (« Les propositions et amendements formulés par les membres du Parlement ne sont pas recevables lorsque leur adoption aurait pour conséquence soit une diminution des ressources publiques, soit la création ou l'aggravation d'une charge publique ») en les assouplissant au regard des dispositions antérieures.

Selon cet article 47, la notion de charge de l'article 40 de la Constitution « s'entend, s'agissant des amendements s'appliquant aux crédits, de la mission ». De ce texte il résulte donc qu'est recevable un amendement parlementaire modifiant, au sein d'une mission, la répartition des crédits entre programmes. Toutefois, l'article 7 dispose que la création d'une mission ne peut résulter que d'une initiative gouvernementale.

Le pouvoir de réformation du Parlement reste, quoi qu'il en soit, très limité en matière budgétaire. Le montant des amendements, lors de la discussion du projet de loi de finances pour 2005, ne dépassait pas 0,2 % du budget.

2. Un pouvoir d'information et de contrôle budgétaire renforcé

2.1. Un pouvoir d'information multiforme

2.1.1. La diversité des moyens d'information. Comme l'article 1er de l'ordonnance organique, l'article 34 de la loi organique prévoit que la loi de finances peut contenir « toutes dispositions relatives à l'information et au contrôle du Parlement sur la gestion des finances publiques ».

La multiplicité des documents comptables (situations mensuelles et trimestrielles des dépenses...) transmis aux commissions des finances leur permet d'assurer un suivi des dépenses et des recettes de la loi de finances.

Depuis plusieurs années, le Parlement a multiplié les rapports ou les missions d'informations comme les commissions d'enquête. Ainsi dans les dernières années ont été constituées une commission d'enquête sur le Crédit lyonnais (1994) et une autre sur les aides à l'emploi (1996).

Une loi du 14 juin 1996 a institué un office parlementaire d'évaluation des politiques publiques et en février 1999, au sein de la commission des finances de l'Assemblée nationale, une mission d'évaluation et de contrôle a été créée.

2.1.2. Une information encore accrue. Dans le cadre de la loi organique du 1er août 2001, l'information du Parlement est améliorée (débat d'orientation budgétaire au stade de la préparation de la loi de finances, délais impératifs en matière de questionnaires des parlementaires, informations supplémentaires lors du dépôt du projet de loi de finances, meilleure information sur la situation financière et patrimoniale de l'État, nombreuses procédures d'informations ou d'avis au cours de l'exécution budgétaire).

Cette information fournie par le Gouvernement est complétée par celle apportée par la Cour des comptes, qui doit joindre un rapport préliminaire sur l'exécution à l'occasion du dépôt du rapport d'orientation budgétaire, un rapport sur l'exécution joint au projet de loi de règlement ainsi qu'un rapport sur les décrets d'avances dont la ratification est demandée par un projet de loi de finances.

2.2. Des pouvoirs de contrôle renforcés par la loi organique

2.2.1. Lors de la préparation et de l'adoption de la loi de finances. Les rapporteurs spéciaux de la commission des finances disposent d'un pouvoir de contrôle sur pièces et sur place qu'ils tiennent de l'article 164-IV de l'ordonnance du 30 décembre 1958 portant loi de finances pour 1959. L'usage de ce contrôle est peu fréquent, les rapporteurs utilisant principalement la procédure des questionnaires budgétaires aux ministères dont ils ont la charge.

Les rapports budgétaires qui en résultent constituent une description critique détaillée du projet de loi de finances et des politiques suivies par chacun des départements ministériels.

Dans le cadre de la loi organique du 1er août 2001, les pouvoirs des commissions des finances ont été élargis. Les commissions des finances ont la charge de suivre et de contrôler l'exécution des lois de finances et de procéder à l'évaluation de toute question relative aux finances publiques. Les présidents, rapporteurs généraux et spéciaux des commissions des finances disposent de pouvoirs élargis (droit d'accès à tout renseignement et document d'ordre financier et administratif, droit d'auditionner toute personne, possibilité de demander à la Cour des comptes de réaliser toute enquête dans un délai de huit mois). Enfin, une procédure de référé est créée qui permet au président d'une commisison des finances, en l'absence de réponses aux renseignements demandés, de saisir le juge administratif pour qu'il ordonne en référé la communication des informations demandées sous astreintes.

2.2.2. À l'occasion des lois de finances rectificatives et de règlement.

Outre ce travail important au moment de l'examen de la loi de finances initiale, le contrôle parlementaire s'exerce aussi lors du débat sur les lois de finances rectificatives, l'examen des crédits permettant de porter un jugement critique sur la gestion budgétaire des ministères et d'apprécier avec du recul la sincérité des prévisions et autorisations de la loi de finances initiale.

L'examen du projet de loi de règlement constitue aussi un moment privilégié du contrôle parlementaire, la Cour des comptes collaborant de façon très étroite à cette occasion avec les commissions des finances. De même que le rapport, désormais disponible à l'été n+1, sur l'exécution de la loi de finances.

Enfin, ce contrôle parlementaire se conjugue très fréquemment depuis 1974 avec une possible saisine du Conseil constitutionnel aux effets très dissuasifs.

Tout cela explique sans doute la sensible amélioration de l'orthodoxie budgétaire des projets de loi de finances comme de leur sincérité.

Voir aussi

Fiche 4. La loi organique du 1er août 2001 relative aux lois de finances
Fiche 15. La procédure budgétaire

Questions de concours

- **Le rôle des commissions des finances**
- **Le renforcement de l'information budgétaire du Parlement**

LE CONSEIL CONSTITUTIONNEL ET LES LOIS DE FINANCES

Depuis l'élargissement de la saisine du Conseil constitutionnel à 60 députés ou sénateurs par la réforme du 29 octobre 1974, la haute juridiction a développé une jurisprudence constitutionnelle financière très importante. Chargé par l'article 61 de la Constitution du 4 octobre 1958 de se prononcer sur la conformité à la Constitution des lois qui lui sont déférées, le Conseil constitutionnel a précisé les modalités d'exercice du pouvoir financier tout en réaffirmant la portée des principes fondamentaux du droit budgétaire.

1. La précision des modalités d'exercice du pouvoir financier

La rationalisation du parlementarisme qui caractérise la Ve République se manifeste également en matière budgétaire. Dans le partage du pouvoir financier entre le Parlement et le Gouvernement, la balance penchait fortement jusqu'à la loi organique du 1er août 2001 du côté de l'exécutif, les compétences en matière d'adoption des textes financiers et d'initiative étant particulièrement encadrées.

Le Conseil constitutionnel, par sa jurisprudence, a toutefois veillé à maintenir l'équilibre des pouvoirs.

1.1. Le Conseil constitutionnel assure le respect des prérogatives gouvernementales

1.1.1. Un contrôle régulier. Depuis 1974, presque toutes les lois de finances initiales et, depuis 1981, un grand nombre de lois de finances rectificatives ont été soumises au contrôle du Conseil. Les lois de règlement font bien évidemment moins fréquemment l'objet de saisines. Le juge constitutionnel a donc été placé au cœur du règlement de conflits entre l'exécutif et le législatif qui se résolvaient précédemment par le seul jeu des rapports de force politiques.

Dans sa jurisprudence, le Conseil a veillé à faire preuve de pragmatisme dans une matière complexe et essentielle pour la continuité des pouvoirs publics et de la vie nationale.

1.1.2. Une jurisprudence pragmatique. Ainsi le juge constitutionnel n'a-t-il pas sanctionné le Gouvernement pour un retard de 4 jours dans le dépôt de certaines annexes explicatives du projet de loi de finances (décision 82-154 DC du 29 décembre 1962).

Le Conseil a également montré de la souplesse à l'égard de l'utilisation de l'article 49-3 par le Gouvernement en admettant le recours à l'engagement de la responsabilité du Gouvernement par un ministre d'État assurant l'intérim du Premier ministre sans que le dernier Conseil des ministres ait délibéré sur ce sujet (décision 89-268 DC du 29 décembre 1989).

Enfin, le Conseil constitutionnel s'est toujours refusé à censurer les irrégularités éventuellement commises dans l'exécution des lois de finances, telles qu'elles pourraient apparaître dans la loi de règlement. Il a toujours considéré que le contrôle de la régularité des opérations d'exécution de la loi de finances relevait de la Cour des comptes, qui dispose au demeurant dans cette mission prévue par la Constitution d'un pouvoir de critiques et de remontrances (décision 91-300 DC du 20 janvier 1991).

1.2. Le Conseil constitutionnel veille au maintien du droit de contrôle des parlementaires sur les finances publiques

1.2.1. La jurisprudence sur le droit d'amendement. Après avoir, dans un premier temps, eu une interprétation stricte des dispositions des articles 40 de la Constitution et 42 de l'ordonnance organique en matière d'initiative des parlementaires, le Conseil constitutionnel a assoupli sa jurisprudence en préservant le droit d'amendement en matière budgétaire.

Le Conseil a donné une interprétation très large à la notion de charges publiques, évoquée par l'article 40 qui prohibe les propositions ou amendements se traduisant par la création ou l'aggravation d'une charge publique, considérant qu'elles n'étaient pas limitées aux seules charges de l'État, mais qu'elles visaient également les charges des collectivités territoriales, voire celles des régimes de sécurité sociale.

Le Conseil prohibe dans sa jurisprudence la compensation entre charges publiques, de même qu'entre les charges et les ressources. A contrario, il admet, sous certaines conditions, la compensation entre ressources publiques.

Il en résulte que les dispositions de l'article 42, qui pose une interdiction de principe au droit d'amendement sauf exceptions limitativement prévues, ne sont guère utilisées en matière d'initiatives concernant les recettes.

Au demeurant, dans la pratique, le Conseil ne contrôle pratiquement plus le respect de ces articles, préférant laisser ce contrôle aux organes parlementaires sur la base, il est vrai, de la jurisprudence qu'il a dégagée.

1.2.2. La protection des prérogatives parlementaires. Le Conseil veille également au respect global de la règle de spécialité des crédits, de façon que le vote par grandes catégories s'effectue conformément aux règles fixées par l'ordonnance organique (décision 74-53 DC du 30 décembre 1974).

Face à des dispositions de la loi de finances qui confèrent une importante marge de manœuvre au Gouvernement, le Conseil, s'il préserve cette latitude, s'assure néanmoins que des comptes rendus soient établis afin de permettre au Parlement d'exercer a posteriori son contrôle (décision 76-73 DC du 28 décembre 1976).

Le Conseil a enfin implicitement reconnu à l'occasion de la loi de finances pour 1995, le droit du Parlement à contrôler la sincérité de la présentation (décision 351 DC du 29 décembre 1994).

Avec la mise en œuvre de la loi organique du 1er août 2001, la jurisprudence devrait évoluer sur tous ces sujets.

2. L'affirmation des principes fondamentaux du droit budgétaire

2.1. Le Conseil constitutionnel a inclus l'ordonnance organique dans le « bloc de constitutionnalité »

2.1.1. Le « bloc de constitutionnalité » budgétaire et financière. L'article 34 de la Constitution indique que « les lois de finances déterminent les ressources et les charges de l'État dans les conditions et sous les réserves prévues par une loi organique ». Cette loi organique a été adoptée sous la forme d'une ordonnance de l'article 92 de la Constitution, sans aucune intervention du Parlement dès le 2 janvier 1959. Une loi organique du 1er août 2001 a remplacé l'ordonnance du 2 janvier 1959. Dans l'une de ses premières décisions, le Conseil a censuré une disposition d'une loi de finances contraire à cette ordonnance en considérant que la référence faite par celle-ci à la Constitution lui donnait un fondement constitutionnel (décision 60-8 DC du 11 août 1960).

Il a, de cette façon, intégré l'ordonnance organique dans le « bloc de constitutionnalité » et a conféré une valeur constitutionnelle à la plupart des grands principes du droit budgétaire.

Il a par la suite assuré le respect des dispositions de cette ordonnance relative au contenu strictement défini des lois de finances. Face aux tentatives des pouvoirs publics d'introduire dans ces textes législatifs particuliers des « cavaliers budgétaires », le Conseil fait respecter le contenu purement financier des lois de finances. Il est intéressant d'ailleurs de souligner que le Conseil soulève régulièrement d'office ce moyen d'annulation, sans être saisi sur ce terrain par les députés ou sénateurs (décision 91-302 DC du 30 décembre 1991).

2.1.2. Le respect de la spécificité des lois de finances. En complément de cette jurisprudence, le Conseil veille à ce que les mesures qui doivent obligatoirement figurer dans une loi de finances, en vertu des dispositions de l'ordonnance organique, ne soient pas incluses dans une loi ordinaire (décision 90-283 DC du 8 janvier 1991).

Le Conseil s'assure aussi du respect des procédures de vote de la loi de finances: il veille donc à ce que soit respectée la priorité de l'Assemblée nationale sur le Sénat dans le débat budgétaire, même lorsqu'il s'agit d'amendements gouvernementaux, mesures financières entièrement nouvelles, déposés devant le Sénat (décision 76-74 DC du 28 décembre 1976). Le Conseil veille également à ce que le vote de la loi de finances respecte la règle instituée par l'article 40 de l'ordonnance qui veut que la première partie soit adoptée avant la seconde. Dans une célèbre décision (79-110 DC) du 24 décembre 1979, le Conseil a ainsi déclaré non conforme à la Constitution la loi de finances pour 1980 puisqu'elle avait été adoptée de façon irrégulière.

2.2. Le Conseil constitutionnel a précisé l'interprétation des règles du droit budgétaire

2.2.1. Les principes budgétaires. Les principes de l'annualité, de l'unité, de l'universalité et de la spécialité budgétaires découlent des articles 16, 18 et 7 de l'ordonnance organique. Ils ont donc été tous plus ou moins consacrés par le juge constitutionnel.

Toutefois, la jurisprudence du Conseil s'est surtout concentrée sur les principes de l'universalité budgétaire et de la spécialité des crédits.

Le principe d'universalité, dans ses deux acceptions – le produit brut et la non-affectation des recettes aux dépenses – est inscrit à l'article 18 de l'ordonnance, article qui prévoit d'ailleurs des dérogations à cette règle. Néanmoins, le Conseil considère que ce principe « répond au double souci d'assurer la clarté des comptes de l'État et de permettre par là même un contrôle efficace du Parlement » (décision 82-154 DC du 24 décembre 1982).

Le Conseil montre néanmoins une certaine souplesse à l'égard des procédures spécifiques d'affectation, comme celle des fonds de concours, ou des mécanismes de prélèvements sur recettes mis en place en faveur des communautés européennes et des collectivités locales.

2.2.2. Les autres règles. Fréquemment saisi désormais sur le fondement de l'insincérité de la présentation de la loi de finances, le Conseil, tout en faisant preuve de beaucoup de prudence et de pragmatisme, admet désormais que la constitutionnalité d'une loi de finances puisse être contestée sur la base de son éventuelle insincérité car cette insincérité est susceptible de porter atteinte aux prérogatives constitutionnelles du Parlement (décision 94-351 DC du 29 décembre 1994).

Saisi sur ce fondement de la loi de finances pour 2003, le Conseil constitutionnel (décision 2002-464 DC du 27 décembre 2002) a admis la sincérité des prévisions de recettes et de dépenses sous réserve de deux observations liées à la nouvelle loi organique :

– les mesures de gel et d'annulation de crédits devront être régulièrement portées à la connaissance du Parlement ;

– le gouvernement doit déposer un projet de loi de finances rectificative en cas d'évolution sensible des conditions de l'équilibre inscrites dans la loi de finances initiale.

Saisi par plus de soixante députés de la loi de finances initiale pour 2004, le Conseil constitutionnel, dans une décision du 29 décembre 2003, a rejeté les griefs d'insincérité de la loi. Il a estimé que les prévisions critiquées n'étaient pas entachées d'une erreur manifeste, ni que la mise en réserve par le gouvernement, en début d'exercice, d'une faible fraction des crédits ouverts afin de prévenir une détérioration éventuelle de l'équilibre du budget, ne portait atteinte au principe de sincérité. *A contrario*, à propos de la compensation financière de la décentralisation du RMI, il a jugé que le compensation financière d'une compétence transférée ne devait pas se dégrader dans le temps et que les règles relatives aux ressources propres des collectivités territoriales devraient être fixées avec précision par la loi organique prévue au troisième alinéa de l'article 72-2 de la Constitution.

Enfin, saisi de la nouvelle loi organique relative aux lois de finances, le Conseil, dans une décision (2001-448 DC du 25 juillet 2001), a reconnu la conformité de ce texte à la Constitution sous la réserve de deux dispositions qu'il a censurées : à relever ainsi le premier alinéa de l'article 58 qui, en soumettant aux commissions de finances, le programme de contrôle de la Cour des comptes, portait atteint à l'indépendance de cette juridiction et le premier alinéa de l'article 33 qui violait l'article 10 de la Constitution concernant la promulgation des lois par le président de la République. Enfin, le Conseil a déclaré conformes les différentes dispositions sous les réserves d'interprétation émises.

Loi de finances pour 2005

Le 29 décembre 2004, le Conseil constitutionnel a rejeté pour l'essentiel les griefs dont l'avaient saisi plus de soixante députés à l'encontre de la loi de finances pour 2005. Le Conseil a jugé non contraires à la Constitution les articles 22 et (sous réserve de ce qui sera dit ci-dessous) 28, qui créent des crédits d'impôt destinés à lutter contre les « délocalisations » ; 47 à 49, qui réforment les dotations globales de fonctionnement des communes, des groupements de communes et des départements ; 52 qui définit la compensation financière des compétences transférées aux départements et aux régions ; et 87, qui majore le plafond des réductions d'impôt sur le revenu au titre de l'emploi d'une personne à domicile. Il a censuré les mots « dans la limite de dix zones » figurant à l'article 28, un tel plafonnement étant contradictoire avec l'objectif poursuivi, qui est d'atténuer les conséquences de crises industrielles soudaines par un crédit de taxe professionnelle. Il a également censuré, comme n'ayant pas sa place dans une loi de finances (« cavalier budgétaire »), l'article 112 qui remplaçait le Conseil des impôts par un « Conseil des prélèvements obligatoires ».

Voir aussi

Fiches 5 à 10. Les principes traditionnels du droit budgétaire
Fiche 16. Les pouvoirs budgétaires du Parlement

Questions de concours

- → **La jurisprudence budgétaire du Conseil constitutionnel**
- → **Le Conseil constitutionnel et les principes budgétaires**

18

L'ADOPTION DE LA LOI DE FINANCES

LE CHAMP D'ACTION DE LA LOI DE FINANCES

La loi organique du 1er août 2001 relative aux lois de finances a précisé le domaine d'action des lois de finances, insufisamment cernée par l'ordonnance organique du 2 janvier 1959.

1. Les insuffisances du cadre de l'ordonnance du 2 janvier 1959

1.1. Un domaine imprécis

1.1.1. Le cadre fixé par l'ordonnance organique. Dans son article 34, la Constitution du 4 octobre 1958 dispose que « les lois de finances déterminent les ressources et les charges de l'État dans les conditions et sous les réserves prévues par une loi organique ». L'ordonnance organique du 2 janvier 1959, véritable « constitution financière de l'État », s'est inscrite dans la logique du « parlementarisme rationnalisé » et semble avoir dépassé, sur certains sujets, les prescriptions constitutionnelles.

1.1.2. Des extensions contestables. Parmi les exemples les plus marquants, celui des taxes parafiscales illustre le désaisissement excessif du Parlement. En effet, alors que l'article 34 de la Constitution dispose que la loi fixe les règles concernant « l'assiette, les taux et les modalités de toute nature », l'article 4 de l'ordonnance enlevait l'essentiel de ses prérogatives au Parlement en matière de taxes parafiscales.

1.2. Des insuffisances plus importantes

La pratique a vu se développer le versement de concours de l'État aux collectivités locales ou de l'Union européenne sous forme de « prélèvements sur recettes » qui n'avaient pas été prévus par l'ordonnance.

Autres faiblesses, le recours à la seule comptabilité de caisse et une confusion entre opérations budgétaires et opérations de trésorerie, mal clarifiées par l'ordonnance, conduisaient régulièrement à des contestations sur les opérations de fin d'exercice, et sur les effets d'affichage du déficit budgétaire.

2. Le champ de compétences de la loi de finances élargi par la loi organique

2.1. L'extension du champ de la loi de finances

La loi organique du 1er août 2001 contient plusieurs dispositions élargissant le domaine des lois de finances.

2.1.1. Les opérations de trésorerie. Alors que les lois de finances ne retracent actuellement que les seules charges et recettes budgétaires, la loi organique prévoit une évaluation des ressources et des charges de trésorerie qui « concourent à la réalisation de l'équilibre financier présentées dans un tableau de financement ».

De cette façon, il sera possible de connaître l'évaluation et les modalités de financement de la loi de finances.

2.1.2. La dette négociable. Dans le même ordre d'idées, il est prévu que la loi de finances fixe un plafond de la « variation nette, appréciée en fin d'année, de la dette négociable de l'État supérieure à un an », c'est-à-dire des obligations assimilables du Trésor (OAT) et des bons du Trésor à taux fixe et intérêt annuel (BTAN).

Jusqu'à présent, la loi de finances ne donnait qu'une autorisation générale de recourir à l'emprunt. Désormais donc, le plafond de variations de la dette a une valeur juridique contraignante et le gouvernement doit en demander le relèvement dans une loi de finances rectificative s'il ne lui paraît pas pouvoir être respecté (aggravation du déficit budgétaire et augmentation des besoins de financement).

L'autorisation par la loi de finances de l'octroi par l'État de garanties et de prise en charge d'emprunts émis par des organismes publics ou privés est également prévue.

2.2. La clarification du contenu de la loi de finances

2.2.1. Les fonds de concours. Pour mettre un terme à de nombreuses critiques, les recettes de fonds de concours seront désormais évaluées par la loi de finances. Une estimation par programme du produit des fonds de concours sera faite et les recettes de fonds de concours comme les dépenses y afférentes seront prises en compte dans l'article d'équilibre, situé à la fin de la 1re partie de la loi de finances. La loi de finances doit également décider de l'affectation d'une ressource établie au profit de l'État à une autre personne morale et ratifier les décrets en Conseil d'État établissant des rémunérations pour services rendus sous peine de caducité.

2.2.2. Les autres précisions. La loi de finances devra également préciser les dérogations à l'obligation de dépôt auprès de l'État des disponibilités des collectivités territoriales et de leurs établissements publics ; ainsi la loi de finances pour 2004 a assoupli le régime de placements de ces fonds. La loi organique améliore également la transparence du système de prélèvements publics, en mettant fin au régime des taxes parafiscales. Toutefois, la perception des taxes existantes avait été prorogée jusqu'au 31 décembre 2003 afin que des modes de financement alternatif puissent être mis en place au bénéfice des organismes qui recouvrent actuellement le produit de ces taxes. Ainsi, à partir de 2005, la redevance TV sera acquittée avec la taxe d'habitation.

Enfin, la loi de règlement procédera pour sa part à l'arrêté du montant définitif des ressources et des charges de trésorerie.

Voir aussi

Fiche 4. La loi organique du 1er août 2001 relative aux lois de finances
Fiche 11. La notion de loi de finances
Fiche 12. Les diverses lois de finances

Questions de concours

- **L'avenir des taxes parafiscales**
- **Lois de finances et opérations de trésorerie**

19 L'ADOPTION DE LA LOI DE FINANCES

LES DÉPENSES PUBLIQUES DANS LA LOI DE FINANCES

Les lois de finances retiennent une présentation précise des autorisations de dépenses ; dépenses dont la maîtrise est difficile.

1. Une présentation précise des dépenses budgétaires

1.1. La logique des autorisations budgétaires

1.1.1. La présentation de l'ordonnance organique. Caractéristique principale des finances publiques, l'autorisation donnée par le Parlement pour chaque année civile de l'ensemble des charges de l'État (article 2 de l'ordonnance du 2 janvier 1959 et article 1er de la loi organique) est faite dans la loi de finances. Ces autorisations de dépenser – les crédits budgétaires – sont arrêtées globalement dans l'article d'équilibre de la première partie de la loi de finances avant d'être détaillées dans la seconde partie. Pour l'essentiel limitatifs, c'est-à-dire plafonnés à un montant maximum, les crédits étaient, dans le cadre de l'ordonnance de 1959, classés par ministère et ventilés dans l'un des six titres budgétaires utilisés.

1.1.2. La présentation de la loi organique. Dans la loi organique du 1er août 2001, la présentation n'est plus faite par nature des dépenses, mais les crédits sont spécialisés (article 7) par programme, eux-mêmes regroupés au sein des missions.

Ces missions ne peuvent être créées que par une disposition de loi de finances d'initiative gouvernementale et si les programmes sont placés sous la responsabilité d'un seul ministre, les missions peuvent être interministérielles. Chaque mission est assimilée à une charge publique au sens de l'article 40 de la Constitution. Au sein d'un programme, le gestionnaire dispose d'une liberté quasi totale pour redéployer les crédits entre les titres, désormais au nombre de sept (article 5) : dotations des pouvoirs publics, dépenses de personnel, dépenses de fonctionnement (autres que celles du personnel), charges de la dette de l'État, dépenses d'investissement, dépenses d'intervention, dépenses d'opérations financières. L'article 5 de la LOLF établit une liste des catégories de dépenses figurant dans chaque titre Au total, les dépenses seront classées selon 18 catégories et la présentation des crédits par titre devient indicative (article 7.II).

1.2. Le classement des autorisations budgétaires

1.2.1. Les titres et les chapitres budgétaires. Sous l'emprise de l'ordonnance organique, les titres I (intérêts de la dette publique) et II (dépenses des pouvoirs publics) ne concernaient que le budget des charges communes, géré par le ministère de l'Économie, des finances et de l'industrie. Les titres III (moyens des ministères) et IV (dépenses d'intervention) regroupaient les dépenses ordinaires, c'est-à-dire les moyens de fonctionnement de tous les ministères. Les titres V (dépenses d'investissement) et VI (subventions d'investissement) concernaient les opérations en capital, c'est-à-dire les dépenses d'investissement direct ou indirect.

Dans un ordre de classement décroissant, à l'intérieur des titres, les crédits étaient regroupés par parties, sections et chapitres. Ces derniers constituaient les unités budgétaires de base. Spécialisées par chapitres selon leur nature ou leur destination, les autorisations de dépenses étaient approuvées par le Parlement dans la loi de finances avant d'être réparties conformément au vote des assemblées par le Gouvernement dans des décrets de répartition, par ministère, par budget annexe, et pour l'ensemble des comptes spéciaux du Trésor.

Au demeurant, l'article 33 de l'ordonnance de 1959 insistait sur la notion de services votés, c'est-à-dire le minimum de dotations de crédits indispensables pour assurer le fonctionnement des services publics dans les conditions approuvées l'année précédente par le Parlement. Mais ces services votés représentaient bon an mal an de 90 à 95 % inscrits en loi de finances, donnant ainsi peu de possibilités d'économie aux pouvoirs publics.

Les nombreux efforts entrepris pour limiter cette tendance à la reconduction systématique des services votés, telles les techniques du « budget base zéro » ou de la rationalisation des choix budgétaires, n'avaient pas été couronnés de succès jusqu'à présent.

1.2.2. Les missions et les programmes. Dans le cadre de la loi organique, les crédits sont votés par mission et spécialisés par programme et c'est à ce niveau que s'apprécie leur caractère limitatif. En effet, les crédits ouverts sur chaque programme sont limitatifs (article 9), à l'exception des crédits « relatifs à la charge de la dette, aux remboursements, restitutions et dégrèvements et à la mise en jeu des garanties accordées par l'État » qui ont un caractère évaluatif. Les crédits évaluatifs sont ouverts sur des programmes spécifiques, distincts des programmes dotés de crédits limitatifs. Tout dépassement de crédits évaluatifs doit désormais donner lieu à une information des commissions des finances et faire « l'objet des propositions d'ouverture de crédits dans le plus prochain projet de loi de finances. »

2. Une maîtrise difficile des charges de l'État

2.1. Une forte rigidité des dépenses

2.1.1. Les contraintes structurelles. La politique de déficits systématiques a conduit les pouvoirs publics à rechercher depuis quelques années à limiter les dépenses publiques, la croissance des recettes fiscales étant, elle, liée à des données économiques mal maîtrisables comme la croissance et l'inflation. Mais les marges de manœuvre sont étroites et l'existence d'indexations automatiques, de mécanismes statutaires ou d'engagements pluriannuels accroissant la rigidité des dépenses.

2.1.2. La logique d'objectifs. La loi organique du 1er août 2001 est orientée, elle, vers les résultats à partir d'objectifs définis. Ainsi, aux crédits spécialisés par programme, sont associés des objectifs précis, définis en fonction de finalités d'intérêt général, ainsi que des résultats attendus et ils doivent faire l'objet d'une évaluation.

La budgétisation prévoit donc la responsabilité des gestionnaires et le contrôle de l'efficacité de la dépense publique, car la globalisation et la fongibilité des crédits ont pour corollaire des contreparties exigées des ministères ; les gestionnaires de programmes devront s'engager sur des objectifs et rendre compte chaque année des résultats obtenus.

La notion de services votés, définie à l'article 45 de la loi organique, n'est donc plus maintenue que pour l'éventualité du recours aux procédures d'ouverture de crédits en urgence en cas d'échec du vote de la loi de finances dans les délais prévus.

2.2. Une contrainte budgétaire majeure

2.2.1. Des dépenses de fonctionnement et de transfert peu ajustables. Dans une perspective économique, les marges de manœuvre ne paraissent pas plus larges. Les dépenses de fonctionnement, au premier rang desquelles se trouvent les dépenses de personnel (traitements, charges sociales et pensions), représentent près de la moitié de l'ensemble des charges et elles ne peuvent être aisément réduites à court terme.

Les dépenses de transfert concernent des activités ou des secteurs sensibles comme le domaine social (subventions aux régimes de protection sociale et aux politiques sociales), les dotations de l'État aux collectivités locales, les contributions à l'Union européenne ou le service des intérêts de la dette.

S'agissant des intérêts de la dette, la progression de l'endettement public a accru leur poids dans les lois de finances et ils représentent désormais, derrière les dépenses de personnel (environ 40 %), le deuxième poste de charges (environ 17 %).

2.2.2. Des dépenses d'investissement modulables. Seules les dépenses d'investissement peuvent être ajustées à la baisse, mais leur part dans l'ensemble des charges de l'État est réduite. Leur diminution induit au demeurant des changements de doctrine importants, comme en matière d'équipements militaires ou de réalisations d'infrastructures lourdes.

Par ailleurs, leur diminution est défavorable à la croissance économique. Comme l'a montré Keynes, le multiplicateur d'investissement a un effet particulièrement fort s'agissant de la croissance du revenu national.

Équilibre du projet de loi de finances pour 2005 (présentation synthétique)

(en milliards d'euros)

	LFI 2004	PLF 2005
A. Charges de la dette publique et garanties	38,9	40,2
B. Budgets civils		
Titre II. Pouvoirs publics	0,8	0,8
Titre III. Fonctionnement des services	109,1	112,3
Titre IV. Interventions de l'État	74,6	75,8
Titres V et VI. Investissements	12,8	16,8
Sous-total B	197,5	205,7
C. Défense		
Titre III. Fonctionnement	26,6	27,2
Titres V et VI. Investissements	14,7	15,2
Sous-total C	41,4	42,4
D. Total des dépenses du budget général (A + B + C)	277,9	288,3
E. Solde des comptes spéciaux du Trésor	0,3	– 0,5
F. Total des charges (D + E)	283,3	287,8
G. Recettes nettes	227,8	242,9
H. Solde général (G – F)	– 55,5	– 44,9

Source : ministère de l'Économie, des finances et de l'industrie

Voir aussi

Fiche 2. Les perspectives économiques et sociales
Fiche 4. La loi organique du 1er août 2001 relative aux lois de finances

Questions de concours

→ Le poids des intérêts de la dette
→ La spécialisation des crédits dans la loi organique du 1er août 2001

LES RECETTES FISCALES DANS LA LOI DE FINANCES

L'impôt peut être défini comme un prélèvement opéré par voie de contrainte par la puissance publique, et ayant pour objectif essentiel de couvrir les charges publiques et de les répartir en fonction des facultés contributives des citoyens. Il existe différentes catégories d'impôts qui constituent les principales recettes de la loi de finances (340 milliards d'euros dans la loi de finances pour 2005).

1. L'impôt sur le revenu (IR)

L'impôt sur le revenu (55 milliards d'euros dans la loi de finances pour 2005) est dû, sur l'ensemble de leurs revenus, par toutes les personnes d'origine française ou étrangère domiciliées en France, mais aussi pour les revenus de source française pour les personnes non domiciliées en France.

1.1. La détermination de la matière imposable

Les revenus pris en compte pour le calcul de l'impôt sont, en principe, tous les revenus perçus ou devenus disponibles au cours de l'année civile concernée. Ce sont : les traitements, salaires, indemnités et rentes viagères, les revenus fonciers, les revenus de capitaux mobiliers, les plus-values non professionnelles, les bénéfices agricoles, les bénéfices non commerciaux, les bénéfices industriels et commerciaux et les rémunérations allouées aux gérants et associés.

1.2. La liquidation de l'impôt

Une fois le revenu déterminé, il y a lieu de calculer l'impôt à payer en prenant en compte divers éléments : le quotient familial, les déductions et les réductions d'impôt en fonction d'un barème et de la composition de la famille.

1.3. Le recouvrement de l'impôt

Le recouvrement de l'impôt s'effectue par voie de rôle nominatif du service du Trésor chargé de son recouvrement.

2. L'impôt sur les sociétés

L'impôt sur les sociétés (42,6 milliards d'euros dans la loi de finances pour 2005) a été créé par un décret du 9 décembre 1948.

2.1. L'assiette

Il s'agit de déterminer d'une part les personnes redevables et d'autre part le bénéfice imposable.

2.1.1. Les personnes redevables. Sont obligatoirement redevables de l'impôt sur les sociétés les sociétés anonymes, les sociétés en commandite par actions, les sociétés à responsabilité limitée si elles n'ont pas opté pour l'impôt sur le revenu. Les sociétés civiles sont imposables à l'impôt sur les sociétés lorsqu'elles se livrent à une exploitation ou à des opérations présentant un caractère industriel, commercial ou artisanal. Sont également soumis à cet impôt les établissements publics qui se livrent à des opérations à caractère lucratif.

2.1.2. La détermination du bénéfice imposable. Le bénéfice imposable est le bénéfice net réalisé par la société.

2.2. La liquidation

Elle consiste à évaluer le montant du bénéfice imposable qui est effectué selon le chiffre d'affaires réalisé par le redevable, puis de lui appliquer le taux correspondant. Il existe un taux général et des taux réduits.

L'impôt doit être payé spontanément par les contribuables sans qu'ils reçoivent d'avis d'imposition.

3. Les impôts sur la dépense

Les impôts sur la dépense comprennent principalement la taxe sur la valeur ajoutée (TVA) qui frappe l'ensemble des dépenses et d'autres impôts dont le rendement est accessoire. Ils sont essentiellement constitués par les droits d'accise et par les droits de douane.

3.1. La taxe sur la valeur ajoutée (TVA : 127,2 milliards d'euros dans la loi de finances pour 2005)

Trois catégories d'opérations sont imposables. Il s'agit des opérations imposables par nature (exemple : prestation de service), des opérations imposables par détermination de la loi (exemple : opérations immobilières) et les opérations imposables par options (exemple : c'est le cas des collectivités locales qui peuvent sur leur demande y être assujetties).

Les personnes imposables sont celles qui effectuent de manière habituelle et indépendante une activité industrielle ou commerciale.

Il existe différents taux de TVA. Le taux normal de la TVA est de 19,6 %. Un taux réduit de 5,5 % continue à s'appliquer sur certaines opérations. Les travaux d'amélioration, de transformation, d'aménagement et d'entretien portant sur des logements de plus de deux ans et les prestations d'aide à la personne rendues par des entreprises agréées bénéficient du taux réduit de TVA jusqu'au 31 décembre 2005. Un taux super-réduit de 2,1 % s'applique aux publications de presse et aux médicaments remboursables par la Sécurité sociale.

3.2. Les autres impôts sur la dépense

Il s'agit principalement des droits d'accise et de douane.

La taxe intérieure sur les produits pétroliers (TIPP : 20,2 milliards d'euros dans la loi de finances pour 2005) est la seule contribution indirecte dont le rendement est significatif. La taxe est perçue lors de la mise en consommation des produits. Les autres impôts indirects procurent un rendement relativement faible. Il s'agit notamment des droits de consommation sur les tabacs.

Les droits de douane ont été supprimés entre les pays de l'Union européenne et réduits envers les autres pays.

4. Les impôts sur le capital

Le patrimoine d'une personne peut être taxé au moment de sa transmission. Il s'agit d'une imposition propre : les droits d'enregistrement auxquels on assimile par tradition juridique les droits de timbre. Le capital peut être également imposé du seul fait de sa détention. Cette imposition prend la forme de l'impôt de solidarité sur la fortune.

4.1. Les droits d'enregistrement et de timbre

Les droits d'enregistrement (26,4 milliards d'euros dans la loi de finances pour 2005) sont généralement perçus à l'occasion de l'établissement d'actes notariés. Ces droits sont selon les actes fixes ou progressifs mais, dans la majorité des cas, ils sont proportionnels au montant du patrimoine transmis.

Il existe plusieurs catégories de droits de timbre. La première catégorie est constituée par les droits de timbre proprement dits qui sont établis sur des actes écrits spécialement visés par la loi. La deuxième catégorie concerne les droits fixes de délivrance de documents (passeports, etc.).

4.2 L'impôt de solidarité sur la fortune (ISF)

Cet impôt (2,7 milliards d'euros dans la loi de finances pour 2005) a été créé par la loi de finances pour 1989.

Sont soumis à l'ISF uniquement les personnes physiques qui possèdent, au 1er janvier de l'imposition, un patrimoine excédent un seuil d'imposition fixé par la loi et réévalué chaque année en fonction de l'inflation. Cet impôt est établi par foyer fiscal.

La loi a prévu de nombreuses exonérations. Il s'agit, entre autres, des objets d'antiquité, d'art ou de collection, les droits de propriétés artistique, etc.

La déclaration de l'ISF doit être souscrite au plus tard le 15 juin de chaque année par le contribuable lui-même qui doit calculer la somme à payer en déduisant du montant de sa fortune ses dettes et les exonérations prévues par la loi. Une déclaration insincère est sanctionnée par une majoration de 10 %.

Cet impôt a une portée fiscale et financière réduite.

Voir aussi

Fiche 24. Les opérations de recettes, de dépenses et de trésorerie

Questions de concours

→ L'impôt sur le revenu : assiette et recouvrement
→ Les grandes catégories d'impôts sur la dépense

4

La réglementation de la comptabilité publique trouve sa source dans les textes législatifs et réglementaires, mais aussi dans la jurisprudence des juridictions financières et administratives et dans la doctrine. L'article 1er du décret n° 62-1587 du 29 décembre 1962 portant règlement général sur la comptabilité publique détermine son champ d'application.

LA COMPTABILITÉ PUBLIQUE

LA RÈGLE DE LA SÉPARATION DE L'ORDONNATEUR ET DU COMPTABLE

Les opérations financières et comptables résultant de l'exécution des budgets incombent aux ordonnateurs et aux comptables publics. Selon un principe traditionnel, les fonctions d'ordonnateur et de comptable sont séparées. Cette règle est justifiée par plusieurs motifs, mais connaît quelques exceptions.

1. Principes et justifications de la règle de séparation

L'organisation des finances publiques est dominée, depuis le XIXe siècle, par le principe de la séparation des ordonnateurs et des comptables. Ce principe est consacré par l'article 20 du décret du 29 décembre 1962. Les fonctions d'ordonnateur et de comptable sont rigoureusement incompatibles : l'autorité qui décide et suit les opérations ne doit pas détenir les fonds, l'autorité qui détient les fonds ne peut décider des opérations. L'ordonnateur (maire, président du conseil général, président du conseil régional, etc.) a seul qualité pour délivrer les mandats de paiement et établir les titres de recettes, le comptable peut seul encaisser les recettes et payer les dépenses. Plusieurs motifs justifient ce principe.

1.1. Le contrôle mutuel

En confiant les finances à deux catégories distinctes d'intervenants, on a voulu instituer un contrôle réciproque.

1.2. La division du travail

La séparation des fonctions d'ordonnateur et de comptable permet une saine « division du travail ». Elle permet d'obtenir une plus grande compétence des uns et des autres. La nature des fonctions est également très différente. Les décisions des ordonnateurs doivent prendre en considération non seulement des questions de légalité, mais aussi des questions d'opportunité (par exemple, la réalisation des travaux). En revanche, les comptables sont principalement chargés d'apprécier la régularité des opérations ; ils ne doivent pas prendre en considération les questions d'opportunité.

1.3. L'unité d'action financière

Tous les fonds publics doivent être déposés dans une caisse unique sous le contrôle du ministère des Finances (règle du dépôt des fonds au Trésor).

1.4. L'aisance du contrôle

Les ordonnateurs tiennent des comptes administratifs, les comptables, des comptes de gestion. Le contrôle du juge des comptes est ainsi facilité, puisqu'il peut rapprocher les deux comptes et déceler, le cas échéant, les anomalies ou irrégularités.

De plus, en raison de la nature différente de leurs tâches, les ordonnateurs et les comptables sont soumis au contrôle de juridictions différentes : Cour de discipline budgétaire et financière pour les ordonnateurs, Cour des comptes pour les comptables.

2. Exceptions au principe

Le principe de la séparation des ordonnateurs et des comptables supporte de nombreuses exceptions en matière de recettes et en matière de dépenses.

2.1. Les exceptions en matière de dépenses

Le contrôle, si contraignant et si impératif sur les dépenses, ne permet guère de dérogations. Néammoins, tantôt l'exécution est assurée par les comptables seuls, tantôt par les ordonnateurs seuls.

2.1.1. Exécution des dépenses par les comptables seuls. Certaines dépenses peuvent être payées sans ordonnancement préalable, c'est-à-dire sans que l'ordonnateur les prescrive. C'est le cas notamment des traitements des fonctionnaires et des emprunts à la charge de l'État. Aucun ordre de paiement n'est par conséquent émis par l'ordonnateur.

2.1.2. Exécution des dépenses par les ordonnateurs seuls. Un fonctionnaire nommé régisseur d'avances peut recevoir des sommes d'argent pour faire face à de menues dépenses (fournitures, secours urgents, frais de mission, etc.). L'institution d'un tel service correspond avant tout à des exigences pratiques. L'acte créant la régie fixe le montant des fonds et la durée de mise à disposition. Le régisseur agit pour le compte et sous le contrôle d'un comptable assignataire, seul responsable.

2.2. Les exceptions en matière de recette

En matière de recettes, le principe de la séparation est beaucoup moins rigide. Quoi qu'il en soit, le problème est différent selon qu'il s'agit de recettes fiscales ou non.

2.2.1. Recettes fiscales. En matière d'impôts directs, les opérations administratives et comptables appartiennent à deux administrations différentes : les services extérieurs de la direction générale des Impôts pour l'assiette, ceux du Trésor pour le recouvrement. En effet, les services de l'assiette de la direction générale des Impôts sont seuls habilités à calculer l'impôt. Le recouvrement par contre, relève des services du Trésor.

2.2.2. Recettes non fiscales. Les régisseurs de recettes recouvrent sans titre de perception des petites sommes : droit d'entrée dans les musées, droit d'inscription dans les bibliothèques, etc. Les régisseurs de recettes agissent, dans ce cas, pour le compte des comptables publics. Ils sont nommés par arrêté. Ils perçoivent à ce titre une indemnité, calculée selon l'importance de la régie. Le montant de la régie d'avances est prévue dans l'acte constitutif de la régie. Les régisseurs sont tenus, dans certains cas, de constituer un cautionnement.

3. Les sanctions au principe

La sanction est différente selon que le principe a été méconnu par le comptable ou par l'ordonnateur.

3.1. Violation du principe par le comptable

La responsabilité personnelle et pécunière d'un comptable public peut être engagée dès lors qu'un déficit ou un manquant en deniers ou en valeurs a été constaté, qu'une recette n'a pas été recouvrée, qu'une dépense a été irrégulièrement payée ou que, par la faute du comptable, l'organisme a dû procéder à l'indemnisation d'un autre organisme public ou d'un tiers.

3.2. Violation du principe par l'ordonnateur

Toute personne qui dépense de l'argent public ou le recouvre ou le détient sans autorisation (sans titre) sera accusée de « gestion de fait » et déclarée « comptable de fait ». Pour qu'il y ait gestion de fait, il faut que les deniers détenus ou maniés soient de ceux qui doivent être encaissés ou conservés par un comptable public, et que la personne n'ait pas reçu de titre légal à cet effet. Elle encourt une amende (non amnistiable), proportionnellement à la durée et au montant des deniers maniés.

4. Les modifications apportées par la loi organique du 1er août 2001 (LOLF)

Dans le dispositif issu de la loi organique du 1er août 2001 (art. 31), les comptables occupent une place privilégiée puisqu'il leur revient de veiller à ce que les comptes de l'État soient réguliers, sincères et donnent une image fidèle de son patrimoine et de sa situation financière, en s'assurant notamment de la sincérité des enregistrements comptables et du respect des procédures.

La règle de séparation entre ordonnateur et comptable est maintenue, mais une ligne de partage est susceptible d'évoluer et inclut un partenariat actif. Des évolutions ont déjà eu lieu au niveau de l'État, comme la procédure des dépenses sans ordonnancement préalable. D'autres sont annoncées, comme la perspective d'une informatisation totale de la chaîne de paiement et de la commande jusqu'au virement bancaire ainsi que la mise en place d'un contrôle hiérarchisé en fonction des risques liés à la nature de la dépense et aux pratiques des ordonnateurs.

Le renforcement de la transparence budgétaire et comptable et la mise en place de nouvelle exigences comptables militent pour une réorganisation du réseau comptable de l'État autour du ministre chargé des finances.

Voir aussi

Fiche 39. La séparation de l'ordonnateur et du comptable

Questions de concours

- **Principe et justification du principe de la séparation de l'ordonnateur et du comptable**
- **Les sanctions en cas de violation du principe de la séparation de l'ordonnateur et du comptable**

LES RÈGLES DE LA COMPTABILITÉ PUBLIQUE

En général, la comptabilité publique regroupe l'ensemble des règles relatives aux procédures d'exécution des recettes et des dépenses des organismes publics, aux obligations et aux responsabilités des agents qui les exécutent, aux contrôles auxquels ces agents sont soumis, à la tenue et à l'exploitation de la comptabilité qui retrace l'activité de ces agents. La loi organique du 1er août 2001, prévoit trois grandes novations : réformer le cadre de la gestion publique pour l'orienter vers les résultats, assurer la transparence des informations budgétaires et favoriser les choix stratégiques en matière de finances publiques.

1. Contenu, sources et domaines

1.1. Le contenu

La définition ci-dessus rend compte de la dualité des règles générales englobées dans l'expression « comptabilité publique », qui sont de nature juridique aussi bien que comptable, et qui lui confèrent un contenu beaucoup plus large que celui habituellement reconnu à la comptabilité privée.

1.2. Des sources juridiques marquées par le pouvoir réglementaire

Peu de règles de comptabilité publique relèvent de la compétence législative. La compétence réglementaire de droit commun en matière de comptabilité publique est confirmée par l'article 45 de l'ordonnance n° 59-2 du 2 janvier 1959. Le texte fondamental en matière de comptabilité publique est ainsi représenté par le décret n° 62-1587 du 29 décembre 1962 portant règlement général sur la comptabilité publique, complété par d'autres décrets et surtout un grand nombre d'arrêtés et de circulaires pris par le ministre des Finances ou conjointement avec lui.

Le ministre des Finances joue en la matière un rôle essentiel, notamment à travers les attributions dévolues à la direction générale de la Comptabilité publique. La définition des règles générales de comptabilité des organismes publics – au sens de l'article 1er du décret de 1962 : État, collectivités locales, établissements publics – est attribuée au ministre chargé des finances, par l'article 59 du règlement général. Il édicte, conjointement avec le ministre intéressé, les règles particulières de la comptabilité tenue par chaque ministère.

1.3. Un champ d'application étendu des règles de la comptabilité publique

Aux termes de l'article 1er du règlement général, les règles de la comptabilité publique concernent l'ensemble des organismes publics. Cependant, l'unité de cet ensemble de règles n'exclut pas la flexibilité, imposée par la diversité de ces organismes, qui appelle parfois des assouplissements aux principes. L'article 2 du décret du 29 décembre 1962 prévoit ainsi la possibilité de dérogations apportées par des textes particuliers. Tel est le cas des établissements publics industriels et commerciaux dotés d'un agent comptable, pour lesquels le Gouvernement dispose d'une très grande latitude pour décider de l'application, ou de la non-application de ces règles, et non des autres règles du droit administratif.

2. Réglementation des opérations financières de l'État

Les règles de la comptabilité publique reposent sur quelques données fondamentales et sur un principe fondamental.

2.1. Une règle politique essentielle

L'évolution historique a assis le principe selon lequel l'essentiel des dépenses et des recettes de l'État étant soumis à la décision du Parlement, leur exécution par le Gouvernement doit être aménagée de manière à permettre de s'assurer que celle-ci a été respectée.

Pour s'assurer l'effectivité des règles ainsi posées et prévenir les erreurs et irrégularités, la procédure d'exécution des dépenses (essentiellement) a été divisée entre deux catégories d'agents, dont l'une contrôle l'autre avant d'exécuter les opérations et, d'autre part, à engager la responsabilité pécuniaire des agents si une opération irrégulière venait à être effectuée et à léser le trésor public.

Ainsi la séparation des ordonnateurs et des comptables est la clé de voûte du système français de comptabilité publique.

Afin d'assurer la continuité des opérations financières, il a été nécessaire d'assurer l'interconnexion de l'ensemble des encaisses, ce que réalise le principe de l'unité de trésorerie.

2.2. L'unité de trésorerie

L'ensemble des fonds des organismes publics forme ainsi une masse de trésorerie unique ; sauf dérogation spéciale, les collectivités territoriales et les établissements publics sont tenus de déposer leurs fonds au Trésor public. L'ensemble de ces disponibilités est centralisé dans le compte du Trésor à la Banque de France.

Les collectivités locales et leurs établissements publics peuvent donc, dans des cas très précis, placer leurs fonds. C'est le cas, notamment d'un emprunt mobilisé par la collectivité pour financer des investissements qui ne peuvent être réalisés dans les délais prévus, en cas de force majeure. Une procédure particulière est par conséquent exigée pour placer le montant emprunté.

C'est le cas également des dons et legs dont bénéficie une collectivité.

Les fonds des collectivités locales et de leurs établissements publics déposés au Trésor ne sont pas productifs d'intérêts.

3. Réglementation des opérations financières de l'État

La comptabilité de l'État est aujourd'hui profondément marquée par la volonté de la rapprocher des principes du plan comptable général du secteur privé.

Les trois principales conséquences de cette organisation sont représentées par la rapidité des centralisations, l'accroissement de la masse des informations disponibles, la possibilité de surmonter les inconvénients de la séparation des ordonnateurs et des comptables.

La satisfaction des différents besoins est facilitée par la diversification interne de la comptabilité de l'État. On peut ainsi distinguer la comptabilité générale et des comtabilités spéciales.

3.1. Une comptabilité générale

Elle est tenue par les comptables publics de l'État parmi lesquels les trésoriers-payeurs généraux ; il en va de même de l'agent comptable central du Trésor en raison de sa fonction de centralisation nationale pour l'ensemble des comptabilités des comptables de l'État.

3.2. Des comptabilités spéciales

Parmi elles, on trouve la comptabilité-matières, la comptabilité des valeurs inactives, des comptabilités auxiliaires comme la comptabilité spéciale des investissements de l'État et la comptabilité auxiliaire de la dépense. Ces comptabilités sont souvent de simples enregistrements d'opérations et non pas un système comptable tenu selon le système de la partie double.

La centralisation quotidienne, par l'Agence centrale du Trésor, des opérations enregistrées dans la comptabilité des receveurs des finances et des trésoriers-payeurs généraux aboutit à la production de documents destinés, les uns au contrôle de l'exécution des opérations budgétaires et de trésorerie de l'État, les autres à l'information du Gouvernement ou du public.

Les documents destinés au contrôle des finances publiques sont de deux sortes.

3.2.1. Au niveau du département. Au plan départemental, chaque trésorier-payeur doit présenter annuellement à la Cour des comptes son compte de gestion, qui rassemble toutes les opérations de dépenses et de recettes effectuées dans le département pour le compte de l'État, y compris par des comptables publics non rattachés administrativement au trésorier-payeur général (c'est le cas pour les comptables de la direction générale des Impôts).

3.2.2. Au niveau national. L'Agence comptable centrale du Trésor établit le compte général de l'administration des Finances, qui représente la synthèse de la comptabilité générale de l'État. Annexé au projet de loi de règlement du budget de l'année correspondante, il est discuté par le Parlement.

4. La réforme-modernisation de la gestion publique

Cette réforme a été initiée en 2000. Elle vise principalement :

– à la rénovation du service financier du Trésor public aux collectivités locales et à leurs établissements publics par, notamment, la mise en place de la future application du Trésor public, Hélios, pour les collectivités locales et le projet ACCORD pour l'État ;

– au développement de la carte d'achat pour les organismes publics afin de simplifier les commandes de faibles montants ;

– à la proposition de nouveaux services aux décideurs locaux : création d'un site internet, dématérialisation des opérations de masse (titres de recettes, bulletins de paye) et renforcement de l'offre de conseil financier ;

– au renforcement de l'efficacité des circuits financiers : le contrôle exhaustif doit évoluer vers le contrôle hiérarchisé, sur la base d'expérimentations. La suppression de certains contrôles a priori, comme celui des seuils des marchés, sera aussi expérimenté dans le cadre d'un accompagnement du gestionnaire dans l'amélioration de son contrôle interne ;

– à l'amélioration de la transparence des comptes publics avec la mise en place d'une véritable comptabilité d'exercice de l'État et la poursuite de la modernisation des comptabilités locales ;

– au développement des services du pôle de conseil de Lyon aux acheteurs locaux.

Voir aussi

Fiche 21. La règle de la séparation de l'ordonnateur et du comptable
Fiche 28. Le Trésor public

Questions de concours

→ **Les règles de la comptabilité publique en matière d'exécution budgétaire**
→ **Les opérations financières de l'État**

LES ORDONNATEURS ET LES COMPTABLES, AGENTS D'EXÉCUTION DU BUDGET

Les agents chargés d'exécuter le budget sont déterminés en application du principe fondamental de la séparation des ordonnateurs et des comptables, énoncé à l'article 20 du décret du 29 décembre 1962 : « Les fonctions d'ordonnateur et celles de comptable sont incompatibles. »

1. Les ordonnateurs, agents d'exécution du budget

Les ordonnateurs sont les agents chargés de prescrire les recettes et les dépenses.

Le règlement général sur la comptabilité publique de 1962 (art. 5) définit les ordonnateurs comme étant des personnes chargées de prescrire l'exécution des recettes et des dépenses. À cet effet, ajoute le texte, ils constatent les droits des organismes publics, liquident les recettes, engagent les dépenses.

Les différentes catégories d'ordonnateurs disposent de pouvoirs tant en matière de dépenses qu'en matière de recettes. À ce titre, ils ont des obligations et des responsabilités.

1.1. Les différentes catégories d'ordonnateurs

Les ordonnateurs sont principaux ou secondaires et peuvent déléguer leurs pouvoirs ou se faire suppléer en cas d'empêchement.

On peut distinguer élus et nommés.

1.1.1. Les ordonnateurs principaux.

– De l'État : les ministres sont ordonnateurs principaux des recettes et des dépenses du budget général, des comptes spéciaux du Trésor, et des budgets annexes. Toutefois, les directeurs des services dotés de budgets annexes peuvent se voir conférer la qualité d'ordonnateur principal.

– Des collectivités territoriales et de leurs établissements : les ordonnateurs des régions sont les présidents des conseils régionaux. Ceux des départements sont les présidents des conseils généraux. Les maires sont les ordonnateurs de leur commune. L'ordonnateur des établissements publics locaux (départementaux ou communaux) est le président du conseil d'administration (offices publics d'habitation à loyer modéré – hôpitaux et hospices de moins de 200 lits) ou le directeur de l'établissement (hôpitaux et hospices de plus de 200 lits).

– Des établissements publics nationaux : les ordonnateurs sont les directeurs et les autres dirigeants. Dans une université, le président de l'université est ordonnateurs principal pour le budget de l'université.

1.1.2. Les ordonnateurs secondaires. Les préfets sont en principe les ordonnateurs secondaires uniques des services déconcentrés des administrations civiles de l'État. Les collectivités locales et leurs établissements publics, ainsi que les établissements publics nationaux ne disposent que d'ordonnateurs principaux.

1.1.3. Les mandataires et les suppléants.

– Les ordonnateurs délégués : les ministres sont autorisés à déléguer leur signature aux membres de leur cabinet et aux agents supérieurs.

– Les ordonnateurs suppléants : des ordonnateurs suppléants peuvent également être désignés par les ordonnateurs principaux pour les suppléer momentanément, en cas d'absence ou d'empêchement.

1.2. Les pouvoirs des ordonnateurs

Les ordonnateurs interviennent tant en matière de recettes que de dépenses. Mais pour cela, ils doivent être accrédités auprès du comptable assignataire.

1.2.1. Compétence en matière de recettes et de dépenses. Les ordonnateurs prescrivent l'exécution des recettes. Ils engagent, liquident et établissent les titres de recettes correspondants.

En matière de dépenses, ils engagent, liquident et procèdent aux mandatements des dépenses.

Lorsque le comptable a suspendu le paiement, il en informe l'ordonnateur par écrit. L'ordonnateur peut dans certains cas le requérir de payer.

Le comptable procède alors, sauf dispositions contraires, au paiement de la dépense.

1.2.2. L'accréditation. Pour pouvoir effectuer les opérations de recettes et de dépenses décrites ci-dessus, chaque ordonnateur, qu'il soit principal ou secondaire, doit être accrédité auprès d'un comptable. Il s'agit pour l'ordonnateur d'être connu de son comptable assignataire. Il le fait en lui notifiant sa nomination et en lui produisant un exemplaire de sa signature.

On doit distinguer la responsabilité des ministres de celle des autres ordonnateurs.

1.3. La responsabilité des ministres

Les ministres encourent, dans la limite de leur attribution, les responsabilités que prévoit la Constitution. Ils sont ainsi soumis à une triple responsabilité.

1.3.1. La responsabilité politique. En tant qu'ordonnateur principal chargé de l'exécution budgétaire, un ministre peut voir sa responsabilité publique engagée, s'il se rendait coupable d'infractions financières. Dans ce cas, il est contraint de démissionner. Il pourrait être également révoqué.

1.3.2. La responsabilité pénale. Elle est expressément prévue par la Constitution en son article 68. Ainsi, en outre, en matière financière, elle est expressément prévue par l'article 9 de la loi du 10 août 1922 relative à l'organisation du contrôle des dépenses engagées. Ce texte interdit – « à peine de forfaiture » sanctionnée en principe par la dégradation civique – aux ministres d'engager des dépenses en violation des règles sur le contrôle financier. Les ministres pénalement responsables des actes accomplis dans l'exercice de leurs fonctions et qualifiés de crimes ou délits au moment où ils sont commis sont alors judiciables de la Cour de Justice de la République, institués par la loi organique du 23 novembre 1993, après avoir été mis en accusation par l'Assemblée nationale.

1.3.3. La responsabilité civile. Les ministres sont responsables sur leurs deniers personnels des dépenses qu'ils auraient ordonnées en dépassement de crédit. Mais deux raisons empêchent de condamner les ministres à réparer civilement leurs irrégularités financières :

– une raison juridique : aucune juridiction, ni administrative, ni financière, ne se reconnaîtrait vraisemblablement compétente pour mettre cette responsabilité en jeu ;

– une raison pratique : le patrimoine personnel des ministres est très généralement sans commune mesure avec les dépenses de l'État, qu'ils ont pu irrégulièrement engager.

1.4. La responsabilité des autres ordonnateurs

L'article 9 du décret de 1962 précise que les autres ordonnateurs encourent une responsabilité disciplinaire, pénale ou civile, sans préjudice des sanctions qui peuvent leur être infligées par la Cour de discipline budgétaire et financière. Mais la responsabilité des ordonnateurs est toujours très difficile à mettre en jeu.

1.4.1. Les élus locaux. On retrouve la triple responsabilité prévue pour les ministres. Ils ne sont pas, en droit, responsables devant leurs conseils, mais en fait, une mauvaise gestion financière peut les amener à démissionner. La responsabilité pénale est parfois engagée pour des infractions à la réglementation financière. Quant à la responsabilité pécunière, elle est très rarement mise en jeu pour les élus locaux.

1.4.2. Les fonctionnaires. Les fonctionnaires sont soumis à une triple responsabilité : civile, pénale et disciplinaire. De surcroît, ils peuvent être traduits devant la Cour de discipline budgétaire et financière.
– La responsabilité disciplinaire expose le fonctionnaire qui a méconnu les règles budgétaires à être frappé de sanctions disciplinaires.
– La responsabilité pénale : le nouveau code pénal punit d'emprisonnement et d'amende les administrateurs qui, sans autorisation de la loi, auraient consenti des exonérations d'impôts, de droits ou taxes ainsi que les administrateurs qui auraient pris ou reçu des intérêts dans des affaires dont ils avaient la surveillance ou dans des entreprises avec lequelles les organismes publics qu'ils représentaient, conseillaient ou contrôlaient, ont passé des marchés ou des contrats durant les cinq ans suivant la fin de leurs fonctions.
– La responsabilité civile est très rarement mise en jeu. Le fonctionnaire n'a pas les ressources suffisantes pour indemniser l'État de la dépense qu'il aurait irrégulièrement engagée.

2. Les comptables, agents d'exécution du budget

2.1. Qui sont les comptables ?

Les comptables publics sont « seuls chargés » :
– de la prise en charge et du recouvrement des ordres de recettes qui leur sont remis par les ordonnateurs, des créances constatées par un contrat, un titre de propriété ou un titre dont ils assurent la conservation, ainsi que de l'encaissement des droits au comptant et des recettes de toute nature que les organismes publics sont habilités à recevoir ;
– du paiement des dépenses sur ordre des ordonnateurs accrédités ;
– de la garde et de la conservation des fonds et valeurs appartenant ou confiés aux organismes publics ;
– du maniement des fonds et des mouvements de comptes de disponibilités ;
– de la conservation des pièces justificatives des opérations et des documents de comptabilité ;
– de la tenue de la comptabilité du poste comptable qu'ils dirigent.

2.2. Les catégories de comptables

Les comptables se répartissent en plusieurs catégories :
– les comptables d'ordre, qui tiennent des comptes et ne manient pas de deniers ;
– les comptables-matière, qui gèrent des denrées (équipement dans l'armée, comptable des hôpitaux, etc.) et ne participent pas à l'exécution du budget ;
– enfin, les comptables qui manient des deniers et effectuent des paiements : les comptables directs du Trésor et les comptables spéciaux, les comptables des administrations financières et les comptables des budgets annexes. Ces différentes catégories de comptables publics sont énumérées à l'article 67 du décret du 29 décembre 1962.

2.2.1. Les comptables directs du Trésor. Les comptables directs du Trésor ont une compétence générale. Ils sont chargés de l'exécution de toutes les opérations de recettes et de dépenses du budget général et des comptes spéciaux du Trésor, de toutes les opérations de trésorerie et, d'une manière générale, de toutes les opérations financières dont l'État est chargé, à l'exception de celles dont l'exécution est expressément confiée à d'autres comptables publics.

On distingue :

– les comptables principaux qui centralisent les opérations ;

– les comptables secondaires qui sont, essentiellement, les collaborateurs des comptables principaux.

2.2.2. Les autres catégories de comptables.

– Les comptables des administrations financières sont chargés du recouvrement des impôts, taxes, droits, redevances, frais de poursuite et de justice.

– Les comptables spéciaux n'ont qu'une compétence d'attribution. Ils jouent surtout un rôle dans l'encaissement de certaines recettes.

– Les comptables des budgets annexes sont chargés de toutes les opérations de recettes, de dépenses et de trésorerie découlant de l'exécution de ces budgets.

– Les comptables des établissements publics sont soit des comptables du Trésor, soit des comptables appartenant à un corps spécifique.

2.3. Le statut juridique des comptables

Les comptables sont, quelle que soit la nature de leurs fautes, pécuniairement responsables de celles-ci envers le Trésor. La responsabilité des comptables est régie par l'article 60 de la loi de finances du 23 février 1963 portant loi de finances pour 1963.

2.3.1. Étendue de la responsabilité. Une triple responsabilité pèse sur les comptables. Quel que soit le lieu où ils exercent leurs fonctions, les comptables publics sont personnellement et pécunièrement responsables des mouvements de fonds qu'ils effectuent sur les deniers publics ou les deniers privés réglementés (encaissement, conservation, paiement). Le comptable est responsable de la tenue de la comptabilité du poste comptable qu'il dirige et de la conservation des pièces justificatives. Enfin, il joue un rôle de « contrôleur ». À ce titre, il est personnellement et pécunièrement responsable des contrôles qu'il est tenu d'exercer en matière de recettes, de dépenses et de conservation du patrimoine.

Sa responsabilité est engagée sans qu'il soit nécessaire qu'une faute de sa part ait été prouvée. L'article 125 de la loi de finances rectificative pour 2004 a modifié l'article 60 de la loi de finances pour 1963. Dès lors qu'aucune charge provisoire ou définitive n'a été notifiée dans un délai de six ans à son encontre, le comptable est déchargé de sa gestion au titre de l'exercice concerné.

2.3.2. La garantie de responsabilité. Ces garanties sont prévues par l'article 60 II de la loi de finances pour 1963. Elles sont de deux ordres.

Le cautionnement : il est constitué par l'adhésion à une association de cautionnement mutuel.

L'hypothèque légale du Trésor grève également les immeubles appartenant au comptable avant sa nomination.

Ainsi aménagée, la responsabilité du comptable est lourde. Aussi a-t-il fallu assouplir dans certains cas le régime de cette responsabilité.

2.3.3. L'assouplissement de la responsabilité. L'assouplissement du régime de la responsabilité résulte de quatre catégories de mécanismes. En ce qui concerne les recettes, la responsabilité du comptable est dégagée lorsqu'il se trouve en présence d'un débiteur insolvable ou en cas de disparition (autre que le décès) du débiteur.

En outre, lorsque des erreurs sont commises dans l'assiette et la liquidation des droits qu'ils recouvrent, les comptables publics ne sont pas personnellement et pécuniairement responsables. Ils sont également exonérés de leur responsabilité lorsqu'ils agissent, en matière de dépenses, sur réquisition régulière de l'ordonnateur.

Par ailleurs, l'article 60 de la loi du 23 février 1963 reprend l'exception de force majeure expressément admise par le décret du 9 août 1953.

Enfin, la remise gracieuse de débet peur être prononcée au bénéfice du comptable par le ministre des finances chargé du budget.

Toutefois, est délégué aux trésoriers-payeurs généraux de département le pouvoir de se prononcer sur les demandes de sursis de versement des comptables directs du Trésor et de statuer sur les demandes en décharge de responsabilité et en remise gracieuse relatives au débets suivants :

– débets consécutifs au non recouvrement de l'impôt, dès lors que le montant de la décision de refus de sursis de versement est inférieur ou égal à 10 000 euros ;

– débets consécutifs à la constatation de différences en moins apparaissant aux états des restes à recouvrir sur contributions directes d'un montant inférieur ou égal à 1 500 euros.

2.4. L'appréciation de la responsabilité

Les quatre mécanismes qui viennent d'être décrits peuvent protéger le comptable. Les deux derniers aboutissent à une décision du ministre des Finances, indépendante de la procédure de mise en débet. Le ministre peut tenir compte des circonstances pour apprécier la force majeure, tandis que le juge des comptes ne peut pas prendre, en principe, en considération les circonstances particulières.

Voir aussi

Fiche 24. Les opérations de recettes, de dépenses et de trésorerie
Fiche 25. La Cour des comptes
Fiche 26. La Cour de discipline budgétaire et financière
Fiche 35. Les budgets locaux : le contrôle juridictionnel des comptes

Questions de concours

- **La responsabilité des ordonnateurs (et/ou des comptables)**
- **Les différentes catégories d'ordonnateurs**
- **Le rôle des ordonnateurs (et/ou des comptables) en matière d'exécution budgétaire**

LES OPÉRATIONS DE RECETTES, DE DÉPENSES ET DE TRÉSORERIE

Exécuter un budget, c'est procéder à l'encaissement des recettes, au paiement des dépenses publiques et à la gestion de la trésorerie.

1. Les opérations de recettes

1.1. La perception des impôts directs et indirects

1.1.1. Les impôts directs. Divisée en quatre phases (l'assiette, la liquidation, l'émission d'un titre de perception et le recouvrement), la perception des impôts directs respecte le principe de séparation des ordonnateurs (responsables des trois premières phases) et des comptables (en charge de la dernière).

L'opération d'assiette consiste à déterminer le montant de la matière imposable imputable à chaque contribuable, soit par un système d'évaluation directe, soit par un système déclaratif (par exemple, en matière d'impôt sur le revenu).

L'opération de liquidation consiste ensuite à fixer le montant de l'impôt dû par chaque contribuable (en général, application d'un taux au montant de la matière imposable).

Puis, un titre de perception de l'impôt est émis («le rôle nominatif») et homologué par le Préfet. Enfin, le recouvrement appartient aux comptables directs du Trésor après prise en charge des rôles homologués.

1.1.2. Les impôts indirects. L'ensemble des opérations de recettes est exécuté par l'administration fiscale, sans que s'applique la séparation ordonnateur-comptable.

Si l'opération d'assiette ne se distingue pas de celle réalisée en matière d'impôts directs (par exemple, le système déclaratif en matière de taxes sur le chiffre d'affaires) pas plus que la liquidation – voir les taux de la TVA –, il n'y a pas d'émission de titres de perception et, en matière de recouvrement, le contribuable effectue de façon générale directement le paiement de sa dette fiscale. Ce n'est qu'en cas de non paiement qu'un titre est émis.

1.2. Le recouvrement des autres créances

Ces créances, d'origines diverses, sont en général réglées spontanément par les débiteurs (par exemple, dans le cadre de conventions conclues avec l'État). Toutefois, en cas de défaillance du débiteur, il est possible de procéder à leur recouvrement forcé.

Ce recouvrement forcé doit être précédé d'une phase amiable au cours de laquelle est émis un ordre de recette contre le débiteur.

En cas d'échec de cette phase amiable, un état exécutoire est alors émis, permettant de procéder au recouvrement forcé et, ultérieurement, d'engager des poursuites contre le débiteur défaillant.

2. Les opérations de dépenses

Il existe une procédure de droit commun et d'autres procédures dérogatives.

2.1. La procédure normale d'exécution des dépenses

La procédure normale d'exécution des dépenses se décompose en deux phases : la phase administrative dévolue à l'ordonnateur et la phase comptable qui concerne le comptable.

2.1.1. La phase administrative. La phase administrative comporte trois opérations : l'engagement, la liquidation et l'ordonnancement.

L'engagement : « c'est l'acte par lequel un organisme public crée ou constate à son encontre une obligation de laquelle résultera une charge ».

La liquidation : « elle a pour objet de vérifier la réalité de la dette et d'arrêter le montant de la dépense. Elle est faite au vu des titres établissant les droits acquis aux créanciers ». La liquidation a donc un double objet : c'est l'opération qui assure que le service a été accompli, d'une part, et qui évalue le montant précis de la dépense, d'autre part. De plus, elle doit s'appuyer sur des pièces justificatives.

L'ordonnancement : c'est « l'ordre de payer la dette de l'organisme public ». C'est par conséquent l'ordre de payer adressé par l'ordonnateur au comptable. Les ordonnances de paiement (ou les mandats de paiement) sont soumis au visa des contrôleurs financiers.

2.1.2. La phase comptable. Le paiement constitue la phase comptable de la procédure d'exécution de la dépense. C'est « l'acte par lequel l'organisme public se libère de sa dette ». Le rôle du comptable est double : il est à la fois payeur et caissier.

En tant que payeur, le comptable doit effectuer, avant de payer, un certain nombre de contrôles. Il doit vérifier, en particulier, la qualité de l'ordonnateur ou de son délégué, la disponibilité des crédits, l'exacte imputation des dépenses aux chapitres qu'elles concernent, la validité de la créance, c'est-à-dire la justification du service fait, l'exactitude des calculs de liquidation, la production des justifications, éventuellement le visa du contrôleur financier et, le cas échéant, l'application des règles de prescription et de déchéance.

Lorsqu'il constate des irrégularités, le comptable doit suspendre le paiement et en informer l'ordonnateur. Dans ce cas, l'ordonnateur peut soit s'incliner (et rectifier, le cas échéant, l'irrégularité), soit requérir le comptable par écrit. Dans ce dernier cas, la responsabilité est transférée sur l'ordonnateur.

Il peut dans certains cas ne pas déférer à l'ordre de réquisition. En effet, les comptables doivent refuser l'ordre de réquisition lorsque la suspension de paiement est motivée par une indisponibilité des crédits, absence de justification de service fait, le caractère non libératoire du paiement, etc.

En tant que caissier, le comptable doit s'assurer, avant de payer, notamment de l'identité du créancier et qu'il n'y ait pas d'opposition au paiement.

2.2. Les procédures dérogatoires et simplifiées

2.2.1. Leur justification. La procédure normale d'exécution des opérations de dépenses est compliquée et lente. Aussi est-il nécessaire de disposer de procédures simplifiées. On peut en signaler deux types : le paiement sans ordonnance préalable et les régies d'avances.

Le paiement sans ordonnance préalable : l'article 31 du décret du 29 décembre 1962 prévoit que le ministre de l'Économie dresse la liste des dépenses qui peuvent être payées sans ordonnance préalable. Il s'agit des dépenses dont l'échéance est certaine et dont la liquidation ne pose pas de problèmes. Elles peuvent donc être effectuées par les comptables, sans que ceux-ci soient obligés d'attendre l'ordonnancement, qui disparaît totalement (par exemple, la rémunération des fonctionnaires). Par contre, l'ordonnateur communiquera, le cas échéant, au comptable, les modifications intervenues dans les paramètres de calcul, pour qu'il puisse calculer les sommes à payer en fonction des ces paramètres nouveaux.

Les régies d'avances : « des régisseurs peuvent être chargés, pour le compte des comptables publics, d'opérations d'encaissement ou de paiement ». On parle alors, en matière de dépenses, de régies d'avances.

Un régisseur d'avances est autorisé à payer directement des dépenses urgentes et d'un montant peu important (par exemple, les menues dépenses de matériel de bureau). Dans ce cas, les paiements ne sont pas effectués par le comptable, mais par la personne nommée régisseur d'avances. La régie d'avances est créée par arrêté conjoint du ministre du Budget et du ministre intéressé.

Le régisseur d'avances reçoit une somme globale de la part du comptable. Il effectue, au vu des justifications présentées par les créanciers, les paiements avec la somme qui lui a été avancée, soumet périodiquement ces justifications au comptable qui les contrôle, puis qui demande à l'ordonnateur d'émettre un titre collectif de régularisation, en vue, d'une part, de l'imputation des dépenses sur les crédits correspondants, et d'autre part, de la reconstitution de l'avance.

Le régisseur d'avances doit tenir une comptabilité faisant ressortir à tout moment la situation de l'avance. Il est soumis à divers contrôles, de la part du comptable, de l'ordonnateur et de l'Inspection des finances, et il doit constituer un cautionnement.

3. Les opérations de trésorerie

Pour exécuter le budget, l'État doit disposer de ressources permanentes (domaniales, fiscales, etc.), mais celles-ci peuvent être soit insuffisantes, soit irrégulières. L'État procède alors, par l'intermédiaire de ses comptables, à des opérations de trésorerie qui sont soumises à des règles et à des contraintes particulières.

3.1. Règles générales des opérations de trésorerie

Sont définis comme des opérations de trésorerie tous les mouvements de numéraires, de valeurs mobilisables, de comptes de dépôt et de comptes courants.

Elles sont exécutées par les comptables publics soit spontanément, soit sur l'ordre d'ordonnateurs ou à la demande de tiers qualifiés.

3.2. Les contraintes particulières touchant les opérations de trésorerie

3.2.1. L'obligation du dépôt au Trésor. Les organismes publics sont soumis à une obligation très stricte. Ils doivent déposer leurs fonds au Trésor. En outre, ces dépôts ne sont pas productifs d'intérêts. Des atténuations, qui varient avec la nature des organismes, sont venues tempérer ces règles trop rigoureuses.

3.2.2. L'insaisissabilité des disponibilités. La caisse et l'actif des comptes ouverts au nom des comptables publics, ès qualités, ne peuvent faire l'objet de saisies-arrêts et oppositions.

3.2.3. Le principe d'unité de caisse. Il ne peut y avoir qu'une seule caisse par poste comptable : c'est le principe d'unité de caisse. Ce principe comporte l'obligation de constater à un seul et même compte toutes les opérations en numéraire du poste comptable.

3.3. Les opérations de trésorerie

Les opérations de trésorerie comportent l'approvisionnement en fonds des caisses publiques, l'escompte et l'encaissement des traites et obligations émises au profit de l'État, la gestion des fonds déposés par les correspondants et les opérations faites pour leur compte, l'émission, la conversion, la gestion et le remboursement des emprunts et des autres dettes de l'État.

3.3.1. Disponibilités et mouvements de fonds. Les fonds du Trésor sont déposés, dans la métropole, à la Banque de France ; dans les autres territoires de la zone franc, chez les organismes d'émission ou dans les établissements bancaires ; à l'étranger, dans les établissements bancaires.

Tout prélèvement sur les disponibilités du Trésor ne peut être effectué que par l'intermédiaire d'un comptable du Trésor.

3.3.2. Traites et obligations. Les comptables publics procèdent à l'encaissement des traites et obligations qu'ils détiennent.

3.4. Les correspondants du Trésor

3.4.1. Définition. Les correspondants du Trésor sont les organismes qui sont autorisés à procéder à des opérations de recettes ou de dépenses par l'intermédiaire des comptables du Trésor. On peut citer, pour illustrer cette définition, les collectivités locales et établissements publics locaux et nationaux.

Il n'est tenu qu'un seul compte par correspondant, tenu soit par l'agent comptable central du Trésor, soit par un comptable direct du Trésor, soit par un comptable public désigné par le ministre des Finances.

En qualité d'agents du Trésor, les comptables directs du Trésor sont tenus de procéder aux opérations d'achats, de vente et d'arbitrage des rentes de l'État, des valeurs du Trésor et de la quasi-totalité des titres et obligations émis par les correspondants du Trésor.

3.4.2. Intégration des mouvements de fonds dans le circuit du Trésor. La quasi-totalité des opérations effectuées par les comptables publics se traduisent ou aboutissent à des mouvements de fonds. Chaque comptable se trouve ainsi détenir une certaine masse de disponibilités.

La Banque de France joue le rôle capital de clef de voûte de l'organisation du mouvement de fonds : elle ouvre au Trésor, comme aux banques, des comptes courants qui sont les canaux par lesquels s'effectuent tous les mouvements. Le solde du compte courant créditeur de chaque organisme à l'institut d'émission représente une sorte de monnaie : la monnaie « Banque de France ».

3.4.3. Les emprunts et engagements de l'État. Les engagements de l'État ont tous pour origine une autorisation législative.

Toutes les opérations d'emprunts de l'État sont effectuées sur l'ordre du ministre de l'Économie et des finances et prises en compte par le Trésor.

Voir aussi

Fiche 20. Les recettes fiscales dans la loi de finances

Questions de concours

- → Les principales ressources du budget de l'État
- → Les procédures d'exécution des dépenses
- → Les opérations de trésorerie de l'État et leurs contraintes
- → Les ressources fiscales de l'État

25 LES CONTRÔLES DE L'EXÉCUTION DU BUDGET

LA COUR DES COMPTES

La Cour des comptes a été créée par Napoléon Ier, par la loi du 16 juillet 1807 et le décret du 28 décembre 1807. Elle est l'héritière des chambres des comptes qui avaient été organisées en 1347, par le roi Philippe le Long.

1. L'organisation et le fonctionnement de la Cour des comptes

La Cour des comptes est une juridiction de l'ordre administratif. C'est donc le Conseil d'État qui est compétent pour statuer en cassation sur les arrêts qu'elle rend.

1.1. L'organisation

1.1.1. Le personnel. Les membres de la Cour des comptes ont la qualité de magistrat et sont inamovibles. La Cour des comptes se compose d'un premier président, de sept présidents de chambre, de conseillers maîtres, de conseillers référendaires et d'auditeurs.

1.1.2. L'organisation générale de la Cour des comptes. Présidée par le premier président qui fixe les attributions des différentes chambres, la Cour des comptes se compose :
– d'un parquet composé d'un procureur général, d'un premier avocat général et d'avocats généraux. Le procureur général exerce le ministère public ;
– de sept chambres présidées par un président de chambre ;
– d'un secrétariat général qui assure l'administration de la Cour.

1.2. Le fonctionnement de la Cour des comptes

Les décisions de la Cour résultent de délibérations prises en la forme collégiale. La Cour délibère, soit :
– par chambre ou section de chambre : les chambres sont les formations de base ;
– en formation interchambres : elles sont constituées sur décision du premier président pour l'examen de rapports relevant de plusieurs chambres ;
– en chambre du conseil : elle délibère, entre autres, sur l'exécution de la loi de finances ;
– en chambres réunies : elles assurent l'unité de la jurisprudence ;
– en audience solennelle : elle est réunie pour l'ouverture de l'année judiciaire, l'installation de magistrats et la lecture de la déclaration annuelle de conformité. C'est la seule formation de la Cour qui siège en public.

2. Les attributions de la Cour des comptes

La Cour des comptes a des compétences en matière juridictionnelle et administrative.

2.1. Les attributions juridictionnelles de la Cour des comptes

La Cour des comptes est une juridiction administrative spécialisée, c'est la juridiction financière de droit commun ; sa compétence est absolument générale pour statuer sur les comptes de tous les comptables de l'État.

2.1.1. Le domaine de la compétence de la Cour des comptes. Tous les comptables de deniers publics de l'État, des départements, des communes et de leurs établissements publics sont justiciables de la Cour des comptes, soit en premier ressort, soit en appel.

La compétence de la Cour des comptes est d'ordre public. Elle statue sur tous les comptables de l'État et des établissements publics nationaux pourvus d'un agent comptable. Les comptes doivent être transmis à la Cour : les comptables « doivent rendre des comptes au moins une fois l'an » et « les comptes sont produits annuellement à la Cour des comptes, appuyés des pièces générales et justificatives. »

2.1.2. La procédure devant la Cour des comptes. La procédure est comparable à celle suivie devant les juridictions administratives, avec toutefois, quelques particularités : elle est inquisitoire. C'est ainsi que les conseillers rapporteurs « procèdent à toutes investigations qu'ils jugent utiles sur pièces et sur place. Celles-ci comportent, en tant que de besoin, toutes demandes de renseignements, enquêtes et expertises... » La procédure est essentiellement écrite, contradictoire et confidentielle.

2.1.3. Le jugement des comptes. Le compte est soumis à une chambre de la cour : le conseiller maître présente le rapport. Le procureur général peut présenter des observations. Un contre-rapporteur fait connaître son avis sur chacune des propositions formulées.

Après délibérations, la formation de jugement rend une décision sur chaque proposition. L'arrêt qui est prononcé peut être un arrêt de décharge ou de débet.

– L'arrêt de décharge intervient lorsque le compte s'avère régulier. Cet arrêt de décharge devient arrêt de quitus lorsque le comtpable quitte définitivement sa fonction.

– L'arrêt de débet intervient lorsque le comptable ne justifie pas régulièrement toutes les opérations de recettes et de dépenses. Chaque compte, irrégulier par défaut, donne lieu à deux arrêts, un arrêt provisoire et un arrêt définitif.

L'arrêt provisoire : la Cour enjoint au comptable de produire des justifications ou d'effectuer un reversement. Le comptable dispose d'un délai de deux mois pour régulariser la situation de son compte.

L'arrêt définitif : selon les réponses ou les résultats, la Cour rend un arrêt de levée d'injonction, ou déclare, par un arrêt définitif, le comptable en débet. La responsabilité du comptable est donc mise en jeu à la suite de cet arrêt. Cependant, si le comptable apporte la preuve que le déficit est imputable à une cause de force majeure, il bénéficie d'une décharge de responsabilité prononcée par le ministre chargé du Budget. Les comptables qui n'ont pas obtenu la décharge de leur responsabilité peuvent présenter au ministre de l'Économie et des finances chargé du Budget, une demande de remise gracieuse de débet.

2.1.4. Les limites du rôle juridictionnel de la Cour des comptes. La Cour des comptes juge les comptes des comptables. Elle n'exerce aucune juridiction à l'égard des ordonnateurs. Celui-ci est assuré par la Cour de discipline budgétaire et financière.

2.1.5. Les voies de recours. Les arrêts de la Cour des comptes peuvent faire l'objet de recours en révision et en cassation.

2.2. Les attributions administratives de la Cour des comptes

La Cour des comptes dispose de moyens d'informations qui lui permettent d'informer les autorités compétentes des irrégularités qu'elle a éventuellement constatées.

2.2.1. Les différents contrôles exercées par la Cour des comptes.

– Le contrôle de l'exécution des lois de finances : l'assistance la plus importante de la Cour des comptes intervient au moment du dépôt de la loi de règlement devant le parlement. En effet, le projet de loi de règlement doit être accompagné « d'un rapport de la Cour des comptes et de la déclaration générale de conformité entre les comptes individuels des comptables et la comptabilité des ministres». Mais à compter du budget 2006, le projet de la loi sera accompagné d'un rapport de la Cour des comptes certifiant la régularité, la sincérité et la fidélité des comptes de l'État.

Les projets de lois de finances rectificatives sont désormais accompagnés d'un rapport de la Cour des comptes sur les mouvements de crédits opérés par voie administrative (loi organique du 1er août 2001).

Le rapport de la Cour sur l'exécution des lois de finances de l'année n – 1 est désormais publié en juin de l'année n.

– Le contrôle de la gestion des ordonnateurs : la Cour s'assure, à travers la vérification des opérations des comptes, de la conformité de celles-ci aux dispositions législatives et réglementaires. En cas d'irrégularité, les appréciations de la Cour sont portées à la connaissance des autorités.

– Le contrôle des entreprises publiques : il s'agit d'une compétence de droit commun reconnue à la Cour. Elle concerne les entreprises publiques, dès lors que celles-ci sont majoritairement détenues par l'État.

– Le contrôle des organismes de Sécurité sociale : ce contrôle administratif a été confié à la Cour des comptes par la loi du 31 décembre 1949. Il est exercé soit directement par la Cour, soit par des comités départementaux d'examen.

– Le contrôle des organismes bénéficiaires de concours financiers publics : ce contrôle s'applique aux concours financiers versés par tous les organismes soumis au contrôle de la Cour, quelle que soit la forme de ce concours. Il concerne par conséquent les associations, fondations et tout autre organisme non soumis aux règles de la comptabilité publique. Néanmoins, les vérifications de la Cour dans ce domaine sont facultatives.

– Le contrôle des comptes d'emploi des organismes faisant appel à la générosité publique : le contrôle est facultatif et porte exclusivement sur l'emploi des fonds collectés auprès du public.

La loi organique élargit les missions de contrôle de la Cour des comptes en matière d'exécution des lois de finances. La Cour est chargée de réaliser progressivement plusieurs rapports à destination du Parlement, comme le rapport d'orientation budgétaire (à compter de 2003), et un rapport sur le projet de loi de règlement (à compter de 2007).

2.2.2. Les moyens de communication conférés à la Cour des comptes.

L'examen des pièces justificatives, fournies par les comptables publics à l'appui de leurs comptes, permet à la Cour des comptes de formuler des observations sur la gestion des ordonnateurs. Ces observations sont communiquées à l'administration et au Gouvernement, afin d'informer les autorités administratives des irrégularités constatées. La Cour établit chaque année un rapport public remis au président de la République et publié au *Journal officiel.*

2.3. Mission d'inspection

La Cour des comptes est chargée d'une fonction permanente d'inspection à l'égard des chambres régionales et territoriales des comptes. Cette fonction est confiée à une mission présidée par un magistrat de la Cour des comptes ayant le grade de conseiller maître (article 1er de la loi du 26 décembre 2001).

Voir aussi

Fiche 21. La règle de la séparation de l'ordonnateur et du comptable

Questions de concours

→ Le rôle de la Cour des comptes en matière juridictionnelle
→ Organisation et attributions de la Cour des comptes

LA COUR DE DISCIPLINE BUDGÉTAIRE ET FINANCIÈRE

La Cour de discipline budgétaire et financière (CDBF) est compétente pour assurer le contrôle juridictionnel des ordonnateurs. Comme la Cour des comptes, la CDBF présente chaque année un rapport public annexé à celui de la Cour des comptes, qui retrace l'activité de la juridiction.

1. Organisation et compétence

1.1. Organisation

La CDBF est une juridiction mixte paritaire composée de magistrats de la Cour des comptes et de membres du Conseil d'État. Elle est présidée par le premier président de la Cour des comptes. Elle comprend deux conseillers d'État et deux conseillers maîtres à la Cour des comptes. Les fonctions du ministère public sont assurées par le procureur général près la Cour des comptes, assisté d'un avocat général de la Cour des comptes. Le secrétariat de la CDBF est assuré par les services de la Cour des comptes.

1.2. Compétence

1.2.1. Les personnes justiciables de la CDBF. Relèvent de la compétence de la CDBF les membres des cabinets ministériels, les fonctionnaires ou agents civils ou militaires de l'État, les agents d'une collectivité territoriale ou d'un groupement de collectivités territoriales et les représentants, administrateurs ou agents des organismes soumis au contrôle de la Cour des comptes ou des chambres régionales des comptes.

Ainsi la CDBF peut juger des ordonnateurs (même si les principaux échappent à sa juridiction), des administrateurs, mais aussi des comptables patents ou de fait pour des infractions commises à l'occasion de l'exercice de leurs fonctions.

La loi du 28 novembre 1995 a prévu que les dirigeants des entreprises publiques ou sociétés dans lesquelles l'État est majoritaire seraient justiciables de la CDBF en cas de négligence ou de faute grave de gestion.

En revanche, les membres du Gouvernement ne sont pas justiciables de la CDBF ; les élus locaux sont en principe exclus de la compétence de la CDBF. Ils sont cependant assujettis à sa juridiction pour les actes commis dans l'exercice de leurs fonctions dans trois cas : réquisition de paiement afin d'avantager injustement autrui, refus, abstention ou retard d'exécution d'une décision de justice et lorsque leurs agissements auront entraîné la condamnation de la collectivité ou de l'établissement public à une astreinte consécutive à l'inexécution totale ou partielle ou à l'exécution tardive d'une décision de justice. Ils sont également susceptibles d'être jugés par la CDBF lorsque leur responsabilité est mise en cause à l'occasion de fonctions connexes à leur mandat.

1.2.2. Les infractions sanctionnées. Les infractions relevant de la CDBF sont de trois types :
– les infractions aux règles d'exécution des dépenses et des recettes, ou de gestion des biens (exemple : ordonnancement sans visa du contrôleur financier ;
– l'octroi d'avantages injustifiés : est justiciable toute personne qui aura procuré ou tenté de procurer à autrui un avantage injustifié, pécuniaire ou en nature, entraînant un préjudice pour la collectivité (exemple : versement irrégulier d'indemnités) ;

– les infractions au respect de la chose jugée. La loi du 16 juillet 1980 a créé deux infractions réprimées par la CDBF : il s'agit, d'une part, du manquement aux règles relatives à l'engagement et à l'ordonnancement des dépenses résultant d'une décision de justice passée en force de chose jugée et, d'autre part, des agissements d'un agent qui auraient entraîné la condamnation de l'administration à une astreinte pour non-exécution de la chose jugée.

2. La procédure et les sanctions

2.1. La saisine

La CDBF est saisie par le procureur général près la Cour des comptes agissant soit d'office, soit à la demande des autorités suivantes : le président de l'Assemblée nationale ou le président du Sénat, le Premier ministre, le ministre des Finances ou les autres ministres pour les faits relevés à la charge des fonctionnaires et agents placés sous leur autorité, la Cour des comptes, les chambres régionales des comptes ou tout créancier d'une personne morale de droit public en cas de non-mandatement dans les quatre mois d'une somme résultant d'une décision juridictionnelle passée en force de chose jugée.

La CDBF peut être saisie dans un délai de cinq ans à compter du jour où aura été commis le fait de nature à donner lieu à sanction.

2.2. La procédure

La saisine de la CDBF est adressée au procureur général qui peut décider soit du classement du dossier, soit de son transfert auprès du président de la Cour de discipline budgétaire et financière. Dans ce cas, celui-ci désigne un rapporteur chargé de l'instruction.

Lorsque l'instruction est close, le dossier est transmis au procureur général qui peut décider le classement de l'affaire ou son renvoi devant la CDBF.

La procédure devant la CDBF est contradictoire. Les audiences ne sont pas publiques.

2.3. Les sanctions

La sanction peut être morale ou pécuniaire. Cependant, compte tenu de la durée et de la complexité de la procédure, la CDBF se réunit peu souvent chaque année et rend peu d'arrêts.

2.4. Les voies de recours

Deux voies de recours sont prévues :

– le recours en révision, en cas de découverte de faits ou de documents qui établissent qu'il n'y avait pas d'infraction ou que le condamné n'en était pas responsable. Ce pourvoi est porté devant la CDBF elle-même ;

– le pourvoi en cassation est interjeté par le procureur général ou par le condamné. Il doit être fondé sur l'incompétence, le vice de procédure, la fausse interprétation ou la violation de la loi. Ce pourvoi est présenté devant le Conseil d'État.

Voir aussi

Fiche 23. Les ordonnateurs et les comptables, agents d'exécution du budget

Questions de concours

- → Les sanctions infligées par la Cour de discipline budgétaire et financière
- → Les justiciables de la Cour de discipline budgétaire et financière

LE CONTRÔLE PARLEMENTAIRE

Le contrôle parlementaire intervient soit en cours d'exécution budgétaire, soit a posteriori à l'occasion du vote de la loi de règlement.

1. Le contrôle du Parlement en cours d'exécution

Ce contrôle consiste en un droit d'information sur l'exécution du budget.

1.1. L'information des parlementaires

Les parlementaires peuvent solliciter, sur l'exécution du budget, des informations au moyen de questions écrites ou orales avec ou sans débat adressées au Gouvernement, ou par l'intermédiaire de commissions d'enquête sur des faits précis et de missions d'études.

Ils reçoivent d'office certaines informations comptables et les rapports des organes de contrôle (rapport du conseil des Impôts et rapport de la Cour des comptes, par exemple).

L'information des parlementaires est également assurée par divers indicateurs, dont par exemple la situation du budget de l'État.

1.2. L'information des commissions des finances

L'information des commissions des finances s'effectue soit directement, soit par les rapporteurs budgétaires.

1.2.1. Les commissions des finances. La commission des finances de chaque assemblée reçoit du ministre des Finances des situations mensuelles des dépenses réparties par titre et par ministère, des relevés de rentrées fiscales mensuelles par type d'impôts et des situations trimestrielles des dépenses engagées.

Chaque commission peut également demander une enquête à la Cour des comptes ou auditionner son premier président. Les ministres peuvent également être entendus en vue d'explications sur l'exécution de la loi de finances. Lorsqu'une mission de contrôle et d'évaluation donne lieu à des observations notifiées au gouvernement, celui-ci y répond, par écrit, dans un délai de deux mois.

1.2.2. Les rapporteurs budgétaires. Les rapporteurs spéciaux des commissions des finances « suivent et contrôlent, sur pièces et sur place, l'emploi des crédits inscrits au budget du ministère sur lequel ils ont présenté un rapport, et tous les renseignements d'ordre financier et administratif de nature à faciliter leur mission doivent leur être fournis ».

2. Le contrôle après exécution

Ce contrôle de l'exécution budgétaire s'effectue lors du vote de la loi portant règlement définitif du budget. Cette adoption doit intervenir après la clôture de l'exercice budgétaire.

Cette loi « approuve les comptes et règle définitivement le budget de l'État ». Cette procédure comporte trois phases distinctes.

2.1. La préparation de la loi

Cette préparation est réalisée par les services du ministère des Finances. Dès la fin de l'exercice budgétaire, les comptables de l'État procèdent aux opérations de régularisation, puis arrêtent leurs comptes. Chaque ministre établit en outre un rapport de gestion.

Après la confrontation effectuée entre les écritures des comptables et celles des ordonnateurs, le ministre des Finances prépare le projet de loi de règlement.

2.2. Le contrôle de la Cour des comptes

La Cour des comptes assiste le Parlement et le Gouvernement dans le contrôle de l'exécution des lois de finances. Pour exercer son contrôle, la Cour reçoit le compte général et les comptes individuels. Elle reçoit également le projet de loi de règlement et les rapports de gestion des ordonnateurs.

Après examen, la Cour établit un rapport. C'est sur ce rapport que les parlementaires tirent l'essentiel de leurs arguments lors de la discussion du projet de loi.

La Cour rend aussi une déclaration générale de conformité. La loi organique du 1er août 2001 stipule que les comptes de l'État feront l'objet, à compter du budget 2006, d'une certification par la Cour, de leur régularité, de leur sincérité et de leur fidélité. Le rapport de la Cour sur l'exécution des lois de finances de l'année n – 1 est désormais publié en juin de l'année n, c'est-à-dire au moment où les rapporteurs de chaque assemblée préparent leurs questionnaires budgétaires (loi organique du 1er août 2001).

2.3. Le vote du Parlement

Le projet de loi est déposé et distribué au plus tard à la fin de l'année qui suit la clôture de l'exercice budgétaire.

La loi organique de 1959 confère à la loi de règlement le caractère de loi de finances. En revanche, l'ensemble des règles relatives à l'élaboration des lois de finances, et notamment les délais d'examen et d'adoption prévus aux articles 47 de la Constitution et 39 de la loi organique (40 jours pour l'Assemblée nationale, 20 jours pour le Sénat en première lecture et 70 jours au total) n'est pas applicable aux lois de règlement. En effet, le 19 juillet 1983, le Conseil constitutionnel a jugé que la nécessité d'assurer la continuité de la vie nationale à laquelle les règles relatives aux délais d'examen répondent « ne saurait être invoquée quand il s'agit de lois de règlement ». Par cette décision, le Conseil constitutionnel a introduit une différence entre la loi de finances initiale et la loi de règlement.

Si le projet de loi de règlement doivent être déposé par le Gouvernement dans le délai imparti, la discussion et l'adoption du texte doit intervenir généralement dans l'année qui suit le dépôt. Ce délai peut être toutefois plus long. Il est arrivé, dans le passé, que le projet soit déposé sur le bureau du Parlement avec 5 ou 6 ans de retard. Dans le cadre de la loi organique du 1er août 2001, l'article 46 fixe au 1er juin de n + 1 la date limite de dépôt du projet de loi de règlement de l'année n qui doit être adopté avant l'examen du projet de loi de finances de n + 2.

À l'occasion du vote de cette loi, le Parlement peut discuter l'ensemble de la politique du Gouvernement en termes de bilan. À cette occasion, ce contrôle pourrait, éventuellement, aboutir à la mise en jeu de la responsabilité politique des ministres. Or, dans la pratique, le vote de la loi de règlement est devenu un vote de ratification.

Voir aussi

Fiche 25. La Cour des comptes

Questions de concours

- → **Le Parlement et la loi de règlement**
- → **Le contrôle du Parlement sur l'exécution de la loi de finances**

28 LES CONTRÔLES DE L'EXÉCUTION DU BUDGET

LE TRÉSOR PUBLIC

La fonction originelle du Trésor public, qui est d'assurer l'exécution financière de la loi de finances, se décompose en une gestion de la trésorerie et une gestion de la dette de l'État.

1. La gestion de la trésorerie de l'État

1.1. Les spécificités de la trésorerie publique

En vertu du principe de l'unité de caisse, l'ensemble des ressources financières de l'État, constituant sa trésorerie, sont déposées sur un compte courant unique, domicilié à la Banque de France.

Outre ceux de l'État, sont aussi déposés sur ce compte les fonds des correspondants du Trésor : essentiellement les collectivités territoriales et les établissements publics.

Chaque jour, les encaissements et décaissements effectués par près de 5 000 comptables publics sont centralisés en temps réel sur le compte du Trésor à la Banque de France.

La variation quotidienne de ce compte se calcule en milliards d'euros, voire en dizaines de milliards d'euros.

1.2. Les contraintes particulières

Ce compte du Trésor à la Banque de France doit toujours être créditeur, la Banque n'ayant pas le droit d'autoriser des découverts ou d'accorder d'autres types de crédit au Trésor public.

Les déficits budgétaires ne peuvent donc pas être financés par la création monétaire.

Autre particularité, le Trésor n'agit pas comme un trésorier d'entreprise qui doit placer au mieux des excédents. Le Trésor public doit, lui, s'endetter dans les meilleures conditions possibles pour faire face à la fois au déficit de l'exécution budgétaire, ainsi qu'au remboursement du capital des emprunts antérieurs.

Pour assurer la couverture des besoins financiers de l'État, le Trésor émet sur les marchés financiers des titres financiers standardisés : les obligations assimilables du Trésor (OAT) à long terme (jusqu'à 30 ans), les bons du Trésor à taux fixe et intérêt annuel (BTAN) à moyen terme (de deux à cinq ans), et les bons du Trésor à taux fixe et intérêt précompté (BTF) à court terme (de un mois à un an).

2. La gestion de la dette de l'État

2.1. L'alourdissement de la dette

L'endettement public brut est passé de 21 à plus de 65 points de produit intérieur brut (PIB) entre 1980 et 2005. La dette brute est passée de 90 milliards d'euros en 1980 à plus de 1 000 milliards d'euros vingt-cinq ans plus tard, soit une multiplication par plus de dix et un accroissement annuel moyen de plus de 13 %. Dans le même temps, la durée moyenne de la dette s'est allongée, les prêts à court terme étant remplacés par un financement obligataire. Elle s'est aussi renchérie. Cette modification de la structure de la dette publique a pour conséquence de soumettre l'État aux contraintes des emprunteurs.

Le poids des intérêts de la dette publique s'est, de façon logique, considérablement accru. Les charges d'intérêt supportées par le budget de l'État qui absorbaient 5 % des recettes fiscales nettes en 1980 sont de 40,3 milliards d'euros dans la loi de finances pour 2005 et elles représentent près de 14 % du budget général. Un alourdissement considérable des contraintes budgétaires s'en est suivi.

Cette hausse des charges de la dette a engendré un effet « boule de neige » : la progression des intérêts entraîne en effet mécaniquement une augmentation des déficits publics qui, à son tour, est source d'endettement supplémentaire.

Aujourd'hui, la France a un stock de dette élevé qui dépasse le seuil fatidique des 60 % du PIB figurant parmi les critères de qualification pour l'euro. Cette tendance préoccupante, qui a vu l'endettement tripler en dix ans, se poursuit en 2005, la dette atteignant un « pic » de 65,6 points de PIB. La charge liée à la dette publique s'élève ainsi à plus de 16 000 euros par habitant.

Confrontée au vieillissement de la population, la France doit s'engager dans une politique de réduction de l'endettement, tout en s'efforçant de dégager une épargne publique pour préparer le choc des retraites.

2.2. La modernisation de la gestion de la dette publique

Les émissions d'emprunts par l'État respectent des procédures de transparence et de régularité vis-à-vis du marché. Une fois la loi de Finances adoptée, le ministre de l'Économie, des finances et de l'industrie publie, en général en fin d'année, un programme prévisionnel d'émission à moyen et long terme pour l'année budgétaire. Ce programme indique à l'avance au marché le montant des émissions de l'année à venir et la répartition entre les différentes catégories d'emprunts (OAT et BTAN).

Le Trésor fait également connaître le calendrier trimestriel des adjudications de BTF.

Depuis 1985, la technique retenue pour les émissions d'emprunts est celle de l'adjudication, pour offrir à tous les investisseurs des conditions de concurrence équitables.

L'agence France Trésor, créée en 2001 par la direction du Trésor, vise elle aussi la régularité de l'émission de la dette publique française. Les émissions se déroulent de la façon suivante : au plus tard quatre jours ouvrés avant l'adjudication pour les OAT et les BTAN et deux jours ouvrés pour les BTF, après consultation des spécialistes en valeur du Trésor, qui rassemblent les établissements financiers les plus actifs sur le marché des titres d'État, l'agence France Trésor communique au marché les caractéristiques des titres mis en vente, ainsi que les quantités proposées, sous la forme d'une fourchette globale pour les OAT et les BTAN et d'un montant fixe pour les BTF.

En outre, le Trésor privilégie l'émission par assimilations successives de titres sur une même ligne d'emprunt, d'où le terme d'obligations assimilables du Trésor. Cette pratique permet de diminuer ainsi le coût d'endettement de l'État. Ainsi, le 1er janvier 2004, la dette française comptait 17 lignes de plus de 15 milliards d'euros et 30 lignes de plus de 10 milliards d'euros.

Enfin, l'État cherche à stabiliser la durée moyenne de sa dette, soit entre cinq et sept ans, pour la durée de vie moyenne de la dette négociable de l'État (6 ans et 180 jours en février 2005). En février 2005, plus de 48 % de la dette négociable de l'État était détenue par des non-résidents.

Voir aussi

Fiche 2. Les perspectives économiques et sociales
Fiche 9. L'équilibre budgétaire

Questions de concours

→ Les titres de la dette de l'État
→ La gestion de la trésorerie publique

5 LES FINANCES LOCALES

Partie intégrante des finances publiques, les finances locales ont connu de nombreuses mutations intervenues depuis la fin des années 1970, en particulier les lois de décentralisation. Longtemps tenues pour secondaires, les finances locales occupent désormais une place considérable dans les finances publiques. Elles sont néanmoins dépendantes des subventions et participations qui proviennent de l'État. De même, le pouvoir normatif reconnu aux collectivités locales en matière fiscale est tout à fait limité.

29 NOTIONS BUDGÉTAIRES

LES PRINCIPES BUDGÉTAIRES

L'élaboration des budgets des collectivités locales repose sur des règles de portée générale : les principes généraux du droit budgétaire. Ceux-ci connaissent, toutefois, des adaptations ou des atténuations.

1. L'annualité, principe du vote et de l'exécution annuelle

Le principe d'annualité, apparu d'abord en droit budgétaire étatique, a été transposé ensuite aux collectivités locales. L'exercice budgétaire commence le 1er janvier et se termine le 31 décembre de la même année. Ce principe comporte deux conséquences : le budget est voté annuellement et doit être exécuté dans l'année.

Toutefois, la règle de l'annualité connaît des aménagements qui se justifient par la nécessité d'assurer la continuité de la gestion financière de la collectivité.

1.1. Le prolongement de l'année budgétaire, la journée complémentaire

Elle permet de prolonger sur l'année suivante l'exécution du budget de l'année précédente. En effet, les dépenses de fonctionnement engagées avant le 31 décembre peuvent être liquidées, mandatées et payées jusqu'au 31 janvier de l'exercice suivant. C'est ce délai d'un mois qui est appelé «journée complémentaire».

1.2. Le budget supplémentaire

Il se présente à la fois comme :
- un budget de report qui assure la liaison entre deux exercices successifs, en reprenant les résultats de l'exercice précédent ;
- un budget rectificatif et additif qui comprend les ajustements des recettes et des dépenses du budget primitif du même exercice et, éventuellement, les recettes et les dépenses nouvelles.

1.3. Les anticipations autorisées dans l'exécution budgétaire

Jusqu'au vote du budget, l'exécutif local est en droit, jusqu'à l'adoption du budget primitif, de mettre en recouvrement les recettes et d'engager les dépenses de la section de fonctionnement dans la limite de celles inscrites au budget de l'année précédente. Il est également en droit de mandater les dépenses afférentes au remboursement en capital des annuités de la dette venant à échéance avant le vote du budget.

Par ailleurs, l'ordonnateur peut, sur approbation de l'assemblée délibérante, engager, liquider et mandater des dépenses d'investissement avant l'adoption du budget, dans le limite du quart des crédits ouverts au budget précédent, hors remboursement de la dette. Pour les dépenses à caractère pluriannuel incluses dans une autorisation de programme, l'exécutif local peut les liquider et les mandater dans la limite des crédits de paiement prévus au titre de l'exercice par la délibération d'ouverture d'autorisation de programme (art. L. 1612-1 CGCT).

2. L'unité budgétaire, principe du document unique

Comme pour l'État, ce principe s'applique aux collectivités locales et à leurs établissements publics. Il s'agit de donner aux assemblées délibérantes une vision globale et complète de la vie financière de la collectivité. Toutefois, l'extension des activités des collectivités locales a entraîné un certain démembrement de sa personnalité juridique. L'exception à ce principe réside, par conséquent, dans la présence de budgets annexes dont bénéficient certains services spécialisés, sans disposer pour autant de la personnalité juridique. Ces services sont dotés de l'autonomie budgétaire et financière.

Cette atteinte au principe d'unité, justifiée par un souci de clarté de gestion, se trouve atténuée. L'assemblée délibérante de la collectivité se prononce sur les budgets annexes dans les mêmes conditions que sur le budget principal. De plus, tout budget annexe est produit à l'appui du budget principal, afin de faciliter le contrôle de l'assemblée délibérante, le contrôle de légalité et le contrôle du juge des comptes.

3. L'antériorité, principe du vote avant toute exécution

Le budget, acte de prévision et d'autorisation, doit être voté avant le 1er janvier. Son caractère prévisionnel exige qu'il soit arrêté avant le début de l'année à laquelle il se rapporte.

Si ce principe est rigoureusement appliqué pour le budget de l'État, le législateur a défini des aménagements pour les budgets locaux. Pour ceux-ci, cette dérogation est accordée au motif principal que des données fiscales et financières essentielles ne sont portées à la connaissance des autorités locales qu'au cours des deux premiers mois de l'année. Ainsi, les budgets locaux peuvent-ils être votés au cours du premier trimestre de l'année en cours.

4. L'universalité, principe à double exigence

Comme le budget de l'État le budget local doit décrire l'intégralité des produits et des charges, sans affectation des unes aux autres, et sans compensation ou contraction entre elles. Ce principe correspond à une double exigence.

4.1. La non-affectation

La non-affectation des recettes aux dépenses est de règle. Toute recette a vocation à financer n'importe quelle dépense. Le principe de non-affectation connaît de nombreuses dérogations. Dons, legs, subventions et participations sont régulièrement affectés à des charges.

4.2. La non-contraction

Ce principe signifie que toutes les recettes et toutes les dépenses sont inscrites pour leur montant brut. C'est la règle du produit brut, ou de non-contraction.

5. La spécialité, principe portant sur l'étendue de l'autorisation budgétaire

Ce principe s'applique également aux budgets locaux. Les crédits budgétaires de dépenses sont limitatifs au niveau auquel ils ont été votés. Les crédits sont votés par chapitre et, si l'assemblée délibérante en décide ainsi, par article. Le niveau de spécialisation des crédits s'impose aux exécutifs locaux. Le principe de spécialité connaît des dérogations. Le droit budgétaire autorise les assemblées locales à voter certains crédits sans que leur affectation soit précisée à l'avance. C'est le cas des crédits pour dépenses imprévues, inscrits aussi bien en section de fonctionnement qu'en section d'investissement, pour un montant qui ne doit pas excéder certaines limites. Ce crédit peut être librement utilisé par l'exécutif local à condition de rendre compte à l'assemblée locale de l'emploi de ces fonds dès la première session qui suit la réalisation de ces dépenses.

6. L'équilibre budgétaire, principe fondamental et obligatoire

À la différence de l'État, l'équilibre budgétaire est un principe fondamental en matière de législation budgétaire locale. Véritable obligation juridique, imposée par la loi et assortie de sanctions en cas de non-respect, il ne souffre aucune exception.

Les conditions de réalisation de l'équilibre réel d'un budget local (art. L. 1612-4 CGCT) sont au nombre de trois.

6.1. Le remboursement en capital des annuités d'emprunt par des ressources propres

Les principales ressources sont les excédents d'investissement reportés, le prélèvement de la section de fonctionnement au profit de la section d'investissement, les ressources propres de la section d'investissement tels que le FCTVA et la TLE. Cette condition signifie que la collectivité ne peut emprunter pour rembourser ses emprunts précédents.

6.2. Les recettes et les dépenses évaluées de façon sincère

Cette notion d'« évaluation » implique que les dépenses ne doivent pas être sous-estimées ni les recettes surestimées.

6.3. Vote en équilibre de chacune des sections de fonctionnement et d'investissement

Il s'agit donc d'un équilibre par section. Toutefois à ce principe général sont prévues deux exceptions.

6.3.1. Les reprises sur section d'investissement. La section de fonctionnement, exceptionnellement, peut être équilibrée par des ressources de la section d'investissement provenant, d'une part, des excédents d'attributions au titre du FCTVA dans la limite des charges d'intérêt inscrites en fonctionnement, et d'autre part, de quelques taxes fiscales ou parafiscales.

6.3.2. Les déséquilibres autorisés. Est autorisé, exceptionnellement, le vote du budget en déséquilibre par excès de recettes. En effet, l'article L. 1612-6 du CGCT indique que « n'est pas considéré comme étant en déséquilibre le budget dont la section de fonctionnement comporte ou reprend un excédent reporté par décision du conseil municipal, ou dont la section d'investissement comporte un excédent, notamment après inscription des dotations aux amortissements et aux provisions ».

Cet article signifie que, d'une part, les excédents reportés inscrits au budget n'ont pas, à due concurrence de leur montant, à être compensés par des dépenses et, d'autre part, la contrepartie des dotations aux amortissements et aux provisions n'a pas à financer obligatoirement de nouveaux investissements.

7. La sincérité budgétaire

La sincérité budgétaire est un principe comptable applicable aussi bien à l'État qu'aux collectivités locales, tant en recettes qu'en dépenses. Pour l'État, la sincérité budgétaire des lois de finances et la sincérité des comptes de l'État sont prévues par la loi organique.

S'agissant des collectivités locales, la sincérité budgétaire est prévue par l'article L. 1612-4 du CGCT qui définit l'équilibre budgétaire.

Par ailleurs, la sincérité du compte administratif dépend de la sincérité des restes à réaliser, qui doivent refléter la réalité.

Voir aussi

Fiches 5 à 10. Les principes traditionnels du droit budgétaire

Questions de concours

- → Les principes budgétaires des collectivités territoriales
- → Le principe de l'équilibre budgétaire appliqué aux collectivités territoriales

LES BUDGETS LOCAUX : LES DOCUMENTS

Les documents budgétaires et comptables locaux sont multiples. Selon leur portée juridique, on peut les classer en deux grandes catégories distinctes : les uns constituent des actes de prévision et d'autorisation (budget primitif, budget supplémentaire et décisions modificatives) ; les autres sont des documents comptables retraçant l'exécution du budget (compte administratif et compte de gestion).

1. Les documents de prévision et d'autorisation

Le budget est un acte juridique par lequel sont prévues et autorisées toutes les recettes et toutes les dépenses d'une collectivité. Le budget recouvre, en pratique, plusieurs documents – le budget primitif, le budget supplémentaire et éventuellement un ou plusieurs budgets annexes. L'ensemble de ces documents constituent le budget de la collectivité.

1.1. Le budget primitif

Le budget primitif est chronologiquement le premier budget voté. Il constitue le document budgétaire essentiel puisqu'il prévoit et autorise l'ensemble des recettes et des dépenses de la collectivité.

Le budget constitue un état prévisionnel des recettes et des dépenses. Si les sommes portées aux chapitres et articles des recettes présentent un caractère évaluatif, les crédits budgétaires inscrits aux chapitres des dépenses déterminent les limites dans lesquelles doit se tenir l'ordonnateur.

Il s'agit d'un acte juridique par lequel l'assemblée délibérante de la collectivité autorise l'exécutif à effectuer des dépenses et à recouvrer des recettes. Le budget primitif doit être adopté avant le 1er janvier de l'exercice budgétaire auquel il se rapporte, mais en pratique, l'article L. 1612-1 du Code général des collectivités territoriales permet son adoption jusqu'au 31 mars ou jusqu'au 15 avril les années de renouvellement des organes délibérants, voire 15 jours après la date de communication des informations indispensables à son établissement (art. L. 1612-2 CGCT).

Le budget est soumis aux règles de l'annualité, de l'antériorité, de l'universalité, de l'unité, de l'équilibre et de la spécialité des crédits. Le budget n'est exécutoire qu'à la double condition d'avoir été publié et transmis au représentant de l'État.

1.2. Le budget supplémentaire

Le budget supplémentaire, contrairement au budget primitif, n'est pas obligatoire. Il peut être adopté dès que le budget primitif devient exécutoire, jusqu'à la fin d'un exercice, c'est-à-dire jusqu'au 31 décembre. Parfois dénommé «décision rectificative n°1», le budget supplémentaire est établi au cours de l'année à laquelle il se rapporte, après qu'auront été arrêtés les comptes de résultat de l'exercice précédent. Il a une double fonction. C'est un budget rectificatif et un budget de report.

En tant que budget rectificatif, il permet, en cours d'exercice, de modifier par des réajustements les prévisions du budget primitif.

Mais le budget supplémentaire est aussi un budget de report. Il assure ainsi la liaison entre deux exercices en intégrant dans le budget en cours les résultats globaux (déficits ou excédents) de la gestion budgétaire de l'année précédente. Toutefois, les assemblées délibérantes peuvent être amenées à prendre des décisions modificatives.

1.3. Les autres décisions modificatives

Il peut arriver qu'au cours de l'année budgétaire, et avant que le vote du budget supplémentaire puisse être élaboré, des modifications spécifiques s'imposent. Dans ce cas, des décisions modificatives peuvent être adoptées dans les mêmes formes requises pour les budgets. La décision modificative, prise sous la forme de délibération de l'assemblée délibérante locale, peut être votée pendant toute la période d'exécution budgétaire.

Des décisions modificatives peuvent intervenir jusqu'à la fin de l'année qu'elles concernent. Toutefois, l'article L. 1612-11 du CGCT a prévu que certaines décisions modificatives pourraient être adoptées jusqu'au 21 janvier suivant s'il s'agit de réaliser des opérations d'ordre ou d'ajuster les crédits de fonctionnement destinés à régler des dépenses engagées avant le 31 décembre.

1.4. Les budgets annexes

Différents documents budgétaires (budget primitif, budget supplémentaire) peuvent donner lieu à une présentation dissociée, faisant apparaître, d'une part, le budget principal et, d'autre part, un ou plusieurs budgets annexes. Ce système conduit à extraire du budget principal les opérations financières de certains services publics locaux dotés de l'autonomie financière, mais dépourvus de personnalité juridique.

Ce sont pour l'essentiel les services dont l'activité porte sur la production de biens ou de services donnant lieu au paiement d'un prix pour l'usager (exemple : service de l'eau ou de l'assainissement, abattoir).

Les budgets annexes sont soumis aux mêmes règles de présentation, d'élaboration, de vote, d'exécution et de contrôle que le budget principal auquel ils se rattachent.

2. Les documents retraçant l'exécution du budget

Deux documents interviennent après la clôture de l'exercice. Il s'agit du compte administratif et du compte de gestion.

2.1. Le compte administratif établi par l'ordonnateur de la collectivité

Le compte administratif présente des résultats de l'exécution du budget. Il constitue un compte rendu de l'exécutif en sa qualité d'ordonnateur à l'assemblée délibérante. Il permet à celle-ci de vérifier que les opérations financières ont été effectuées dans les limites arrêtées lors du vote du budget.

La structure et la contexture du compte administratif, identiques à celles du budget, contribuent à faciliter les comparaisons et les vérifications. Pour chaque chapitre et article budgétaires, le compte administratif fait apparaître les prévisions, les réalisations et les « restes à réaliser », en recettes et en dépenses. En ce qui concerne la section d'investissement, les restes à réaliser seront repris au budget supplémentaire.

Des balances font ressortir les résultats globaux réels excédentaires ou déficitaires. Le compte administratif est soumis à l'approbation de l'assemblée délibérante qui doit l'arrêter par un vote avant le 30 juin de l'année suivant l'exercice auquel il se rapporte (art. L. 1612-12 CGCT). En application de cet article, le compte administratif est considéré comme arrêté par l'assemblée délibérante dans la mesure où une majorité ne se dégage pas contre.

Le compte administratif est soumis aux mêmes règles de publicité que le budget et doit être transmis au représentant de l'État, au plus tard 15 jours après la date limite fixée pour son adoption. Dans l'hypothèse où le compte administratif fait apparaître un déficit dans l'exécution du budget de la collectivité – supérieur à 10 % des recettes de fonctionnement pour les communes de moins de 20 000 habitants et à 5 % des recettes de fonctionnement pour les autres cas –, le préfet doit saisir la chambre régionale des comptes en vue de la mise en place de mesures de redressement (art. L. 1612-14 CGCT).

Lorsqu'un budget a été déféré à la chambre régionale des comptes pour déséquilibre et réglé par le représentant de l'État, le compte administratif doit être délibéré avant l'adoption du budget suivant et les résultats de ce compte repris dans ce budget.

Comme le budget, le compte administratif doit être assorti d'une série de documents annexes (état de la dette, du personnel...).

2.2. Le compte de gestion établi par le comptable

Le comptable public doit rendre des comptes au moins une fois par an. Cette reddition des comptes se concrétise par la production d'un compte de gestion, visé par l'ordonnateur et soumis à l'approbation de l'assemblée délibérante.

Le compte de gestion est une récapitulation de la comptabilité du comptable. La comparaison des deux comptes constitue une source de vérification de la comptabilité de la collectivité.

Le compte de gestion est transmis au plus tard le 1er juin de l'année qui suit l'exercice auquel il se rapporte à l'ordonnateur de la collectivité, afin qu'il le soumette au vote de l'assemblée délibérante. Après vérification complémentaire sur pièces, effectuée par le comptable supérieur, le compte de gestion, accompagné de ses pièces justificatives, est transmis à la chambre régionale des comptes, qui pourra ainsi exercer son contrôle juridictionnel sur les comptes du comptable public.

Voir aussi

Fiche 29. Les principes budgétaires

Questions de concours

- → **Le budget primitif, acte de prévision**
- → **Élaboration et approbation du compte administratif**

INSTRUCTIONS BUDGÉTAIRES ET COMPTABLES

Depuis plusieurs années, l'État s'est préoccupé d'uniformiser le mode de présentation des inscriptions budgétaires et comptables des collectivités locales. Toutefois, pour tenir compte de la diversité de l'importance des différentes collectivités locales, des nomenclatures plus ou moins détaillées ont été prévues. Après la M14, qui a rénové en 1997 les règles comptables et budgétaires des communes, l'objectif de la M52 (départements), de la M61 (SDIS) et de la M71 (régions) est de mettre en conformité la comptabilité et le budget de ces organismes au plan comptable général de 1982 (PCG).

1. Deux sections budgétaires indépendantes

Les budgets locaux, qu'il s'agisse du budget primitif ou supplémentaire, du budget principal ou des budgets annexes, comprennent, en général, deux sections distinctes : la section de fonctionnement et la section d'investissement. Cette distinction conduit à distinguer les opérations relatives en fonctionnement courant des services de celles qui portent sur la valeur patrimoniale de la collectivité.

1.1. La section de fonctionnement

Dénommée à l'origine section ordinaire, la section de fonctionnement d'un budget local retrace toutes les opérations de dépenses et de recettes relatives à la gestion courante des services locaux. Elle regroupe toutes les dépenses nécessaires au fonctionnement des services locaux et qui reviennent régulièrement chaque année : frais de personnel, fournitures, entretien, etc. Sont également retracées les dépenses de participation de la collectivité aux charges d'organismes extérieurs (exemple : participation au financement d'un syndicat intercommunal), ainsi que celles qui concernent le paiement d'intérêts des emprunts. En contrepartie de ces dépenses, la section de fonctionnement dispose de ressources, en principe régulières, constituées notamment des recettes fiscales provenant des quatre grandes taxes directes, ainsi que d'autres impôts, des produits d'exploitation et domaniaux ainsi que des dotations en principe versées par l'État ou d'autres collectivités locales. Cette section regroupe les opérations des classes 6 et 7.

1.2. La section d'investissement

Appelée autrefois section extraordinaire, cette section comprend les opérations de dépenses ou de recettes qui ont pour effet d'augmenter ou de réduire la valeur patrimoniale de la collectivité. Sur ces critères, elle retrace en dépenses :
- le remboursement de l'emprunt en capital antérieurement contracté ;
- les achats de biens (mobilier, véhicules) et d'immeubles ;
- les travaux de construction d'ouvrages et de grosses réparations ;
- des participants en capital (subventions à verser, prêts ou avances...).

Les recettes de la section d'investissement sont constituées quant à elles :
- de subventions d'équipements reçus ;
- du produit des emprunts ;
- du produit des aliénations de biens meubles et immeubles ;
- du prélèvement de la section de fonctionnement à la section d'investissement ;
- des amortissements et provisions ;
- des taxes d'urbanisme ;
- des dotations de l'État (FCTVA, DGE, etc.).

2. Deux classements gradués des comptes budgétaires

Les dépenses et les recettes des deux sections sont regroupées selon un plan de classement qui emprunte ses grandes lignes au plan comptable général des entreprises du secteur privé. Elles sont subdivisées en chapitres et articles.

2.1. Le classement par chapitre

Lorsque le budget de la collectivité est voté par nature, les numéros de chapitres sont en principe constitués par les deux premiers chiffres, de type décimal, du plan comptable. Ils regroupent les dépenses et les recettes de même nature (dépenses de personnel, travaux d'entretien, etc.).

En section de fonctionnement, les dépenses sont décrites aux comptes de la classe 6, et les recettes aux comptes de la classe 7. En section d'investissement, les recettes et les dépenses sont décrites aux comptes des classes 1, 2 et 3.

Avec la nomenclature M14, certains chapitres sont toutefois définis indépendamment de la nomenclature par nature. Cette nomenclature prévoit également des chapitres globalisés qui regroupent des comptes par nature présentant une certaine homogénéité (par exemple, l'ensemble des « charges à caractère général » sont codifiées 011), et aussi des chapitres par opération qui permettent de regrouper des dépenses d'investissement (acquisition, travaux, etc.) aboutissant à la réalisation d'un ouvrage ou de plusieurs ouvrages de même nature.

2.2. Classement par article

L'article quant à lui constitue une subdivision du chapitre.

Il est désigné par une numérotation à trois chiffres. Au moment du vote du budget, les assemblées délibérantes peuvent le voter soit par chapitre, soit par article.

Voir aussi

Fiche 30. Les budgets locaux : les documents
Fiches 45-46. La fiscalité directe
Fiche 51. Les dotations de compensations
Fiche 53. Le fonds de compensation de la TVA
Fiche 54. Les autres dotations et subventions d'équipement
Fiche 55. Les produits d'exploitation et du domaine

Questions de concours

- → **Les dépenses et les recettes de la section de fonctionnement**
- → **Les dépenses et les recettes de la section d'investissement**
- → **Section d'investissement et section de fonctionnement**

LES BUDGETS LOCAUX : LA PRÉPARATION ET LE VOTE

L'élaboration du budget des collectivités locales comporte toujours deux phases. La première consiste dans la préparation du budget par l'exécutif local, la seconde dans son vote par l'assemblée délibérante.

1. La préparation du budget : un rôle prépondérant pour l'exécutif local

Comme toute décision à caractère financier, le budget des collectivités locales est soumis à des contraintes diverses, notamment économiques et juridiques.

1.1. Les contraintes économiques

Le budget local doit être compatible avec les possibilités financières de la collectivité. En effet, le choix des dépenses publiques est limité par l'étendue des ressources de la collectivité.

1.2. Les contraintes juridiques

Le budget local doit obéir à des règles précises et satisfaire à certaines obligations comme le respect des principes budgétaires, le caractère des dépenses et les procédures d'élaboration et de vote du budget local.

1.3. Les autorités chargées de la préparation du budget

La préparation du budget d'une collectivité locale relève de la responsabilité de son exécutif. Dans cette mission, il est secondé par les services de la collectivité et le comptable public. Les services de la collectivité procèdent au recensement des éléments nécessaires à la mise au point du budget, permettant ainsi une évaluation des produits et charges que comprendra le budget en cours d'élaboration.

Ces évaluations seront éventuellement corrigées en fonction de facteurs nouveaux tels que l'augmentation des tarifs des services locaux ou celles relatives aux taxes locales. Toutefois, l'exécutif local ne peut élaborer le budget sans solliciter par avance l'avis des membres de l'assemblée délibérante. C'est pour satisfaire à cette obligation qu'existe un «débat d'orientation budgétaire» obligatoire pour les départements, pour les communes de plus de 3 500 habitants et pour les régions. Il doit intervenir dans les deux mois qui précèdent l'examen du budget.

1.4. Forme et contenu du budget local

Sa préparation est normalisée par les instructions budgétaires et comptables. Il comporte deux sections, la section d'investissement et la section de fonctionnement, divers chapitres et articles.

1.4.1. La section d'investissement. Les dépenses d'investissement s'appliquent essentiellement à des opérations non répétitives, c'est-à-dire non renouvelables à l'identique chaque année. Le financement de cette section est assuré soit par des ressources définitives (dotations et subventions de l'État, des cessions d'actifs et prélèvement sur recettes de fonctionnement), soit par des emprunts.

1.4.2. La section de fonctionnement. Les dépenses de fonctionnement sont constituées par les dépenses courantes nécessaires au fonctionnement des services de la collectivité. Elles reviennent régulièrement chaque année.

Le financement de cette section est assuré par des ressources en principe régulières.

1.5. La technique de préparation du budget local

Les techniques de préparation budgétaire mises en œuvre sont multiples. Elles sont de plus en plus fondées sur l'analyse financière de la collectivité. Cette analyse comprend généralement deux phases :
– la phase rétrospective permet de dresser un diagnostic sur le passé financier de la collectivité. Cette analyse va servir de fondement à l'analyse prospective ;
– la phase prospective a pour objectif, à partir d'une prévision d'évolution des produits et des charges de la collectivité, de déterminer les marges de manœuvre dont peut disposer la collectivité pour financer ses programmes d'investissement.

S'ensuit un chiffrage aussi sincère que possible des dépenses et des recettes prévisionnelles de la collectivité pour l'exercice à venir. Cette prévision budgétaire est réalisée article par article à partir des données du (ou des) dernier(s) compte(s) administratif(s) arrêté(s) ; elle intègre les éventuelles modifications physiques, économiques ou financières intervenues depuis lors, telle l'évolution des bases fiscales et de l'indice des salaires.

S'agissant des recettes, certaines informations chiffrées proviennent des services de l'État. Il s'agit des éléments permettant le calcul des taux d'imposition des quatre taxes directes locales et du montant de diverses dotations accordées par l'État telles que la DGF et la DGE.

La dernière étape de l'élaboration budgétaire consiste à calculer le produit fiscal nécessaire à l'équilibre budgétaire. Sur ce point, il appartient à l'exécutif local de faire des propositions à l'assemblée délibérante.

2. Le vote du budget : acte de prévision et d'autorisation de l'assemblée délibérante

Comme le budget de l'État, le budget des collectivités locales est un acte de prévision mais aussi d'autorisation.

2.1. Procédure préalable au vote

Préalablement à son vote par l'assemblée délibérante, dans les grandes ou moyennes collectivités, le budget est soumis à l'avis d'une ou plusieurs commissions d'études (commission des finances, le plus souvent).

En ce qui concerne les régions, le comité économique et social doit être saisi pour avis sur les orientations générales du projet de budget régional. Les assemblées délibérantes disposent de très larges pouvoirs d'amendement du projet présenté par leurs exécutifs. Elles peuvent modifier, accepter ou refuser les propositions qui leur sont faites.

Les seules limites qui affectent les droits des assemblées délibérantes en matière de vote du budget sont celles relatives à l'obligation d'inscrire les dépenses obligatoires et de ne pas dépasser les taux maximum d'imposition.

2.2. Le vote

Les crédits sont votés par chapitre, et si l'assemblée délibérante en décide ainsi, par article (art. L. 2312-2 CGCT). Les budgets sont votés dans des délais précis.

2.2.1. Le budget primitif. Il doit être adopté au 1er janvier de l'exercice auquel il s'applique (art. L. 1612-1 CGCT). Mais ce délai demeure théorique car les collectivités locales ne disposent pas toujours à cette date des informations indispensables à l'établissement du budget, communiquées par les services de l'État. La liste de ces informations a été fixée par le décret n° 82-1131 du 29 décembre 1982. Aussi le législateur a-t-il fixé au 31 mars de l'exercice auquel ils s'appliquent la date limite d'adoption des budgets locaux (au 15 avril, en cas de renouvellement des assemblées délibérantes). Les dates du 31 mars et du 15 avril peuvent être reportées respectivement au 1er juin ou 15 juin lorsque le budget a été réglé et rendu exécutoire par le représentant de l'État. Toutefois, lorsque la collectivité ne dispose pas de ces informations avant le 15 mars, l'assemblée délibérante dispose d'un délai de 15 jours à compter de la communication des éléments par les services de l'État pour arrêter le budget local (art. L. 1612-1 susvisé).

Le non-respect de ces échéances entraîne la saisine de la chambre régionale des comptes.

Le budget est exécutoire à la date de sa transmission au contrôle de légalité, laquelle doit intervenir au plus tard 15 jours après le délai limite fixé pour son adoption.

Pour les régions, si le budget a été rejeté au 20 mars de l'exercice auquel il s'applique (30 avril en cas de renouvellement de l'assemblée), le président du conseil régional peut présenter un nouveau projet dans les dix jours, qui sera adopté s'il n'y a pas de majorité requise pour un contre-projet.

2.2.2. Le budget supplémentaire. Le budget supplémentaire peut être adopté à tout moment jusqu'au 31 décembre de l'année en cours.

2.2.3. Le compte administratif. L'assemblée délibérante se prononce par un vote sur le compte administratif avant le 30 juin de l'année suivant l'exercice clos. L'exécutif local doit se retirer au moment du vote. Le compte administratif est arrêté si une majorité de voix ne s'est pas dégagée contre son adoption.

L'article L. 1612-12 du CGCT prévoit que «lorsque le compte administratif fait l'objet d'un rejet par l'assemblée délibérante, le projet de compte administratif joint à la délibération de rejet tel que présenté selon le cas par le maire, le président du conseil général ou le président du conseil régional, s'il est conforme au compte de gestion établi par le comptable, après avis rendu sous un mois par la chambre régionale des comptes, saisie sans délai par le représentant de l'État, est substitué au compte administratif pour la mise en œuvre des dispositions prévues aux articles L.1424-35 (contributions aux services d'incendie et de secours) ; L. 2531-13 (fonds de solidarité des communes de la région Île-de-France) ; L. 3334-8 (solidarité financière entre les départements) ; L. 4332-5 (fonds de correction des déséquilibres régionaux) et L. 4434-9 (quotes-parts du fonds de correction des déséquilibres régionaux destinés aux régions d'outre-mer) et pour la liquidation des attributions au titre du fonds de compensation pour la taxe sur la valeur ajoutée prévue à l'article L. 1615-6».

Dans les quinze jours suivant son adoption, le budget doit être mis à la disposition du public. Celui-ci est avisé de la mise à disposition de ces documents par tout moyen de publicité au choix de l'exécutif local (art. L. 2313-1 CGCT). Cet article ajoute que dans toutes les collectivités (autres que les communes de moins de 3 500 habitants), deux catégories de documents supplémentaires doivent être mis à la disposition du public. Il s'agit des annexes budgétaires et des documents relatifs à l'exploitation des services publics délégués.

Voir aussi

Fiche 31. Instructions budgétaires et comptables
Fiche 38. Les budgets locaux : le contrôle budgétaire

Questions de concours

- Élaboration et adoption du budget d'une collectivité territoriale
- Les contraintes liées à l'élaboration du budget d'une collectivité territoriale

33 NOTIONS BUDGÉTAIRES

LES BUDGETS LOCAUX : LES AGENTS D'EXÉCUTION

Les agents chargés d'exécuter le budget local sont les ordonnateurs et les comptables publics locaux. Les fonctions d'ordonnateur et celles de comptable public sont incompatibles.

1. Les ordonnateurs, exécutifs locaux

Pour l'exécution du budget des collectivités locales, l'ordonnateur est l'exécutif de la collectivité. Il s'agit du maire pour la commune, du président du conseil général pour le département et du président du conseil régional pour la région. S'agissant des établissements publics rattachés aux collectivités locales, l'ordonnateur est le président du conseil d'administration de ces établissements.

Dans l'exercice de ses attributions, l'ordonnateur jouit d'une assez grande liberté d'action. Il dispose dans de nombreux cas d'un pouvoir discrétionnaire d'appréciation. C'est ainsi qu'il peut, en particulier, ne pas effectuer la dépense pour laquelle des crédits ont été accordés. La responsabilité de l'ordonnateur est engagée lorsqu'il réquisitionne le comptable qui a suspendu le paiement d'une dépense ou en cas d'inexécution d'une décision de justice. Dans ces deux cas, l'exécutif est passible de la Cour de discipline budgétaire et financière.

2. Les comptables publics, détenteurs du monopole du maniement des fonds publics

Les comptables des collectivités locales sont des fonctionnaires de l'État, et plus précisément des comptables directs du Trésor ayant la qualité de comptable principal. Ces agents sont nommés par le ministre de l'Économie, des Finances ou du Budget.

Conformément aux dispositions de l'article 11 du décret n° 62-1587 du 29 décembre 1962, les comptables publics sont seuls chargés :
- de la prise en charge et du recouvrement des ordres de recettes ;
- du maniement des fonds et des mouvements des comptes de disponibilités ;
- de la garde et de la conservation des fonds et valeurs appartenant ou confiés aux organismes publics ;
- de la tenue de la comptabilité du poste comptable qu'ils dirigent ;
- de la conservation des pièces justificatives des opérations et des documents de comptabilité ;
- du paiement des dépenses.

Le comptable procède donc aux paiements et aux encaissements sur ordre de l'ordonnateur. Dans les conditions fixées par la loi, les comptables publics sont personnellement et pécuniairement responsables des opérations dont ils sont chargés aux termes de l'article 11 cité ci-dessus, et des contrôles qu'ils sont tenus d'exercer. Les comptes des comptables publics font l'objet d'un contrôle systématique des chambres régionales des comptes.

Voir aussi

Fiche 35. Les budgets locaux : le contrôle juridictionnel des comptes
Fiche 40. Les différentes phases de la dépense

Questions de concours

- ➜ **Le rôle du comptable dans l'exécution budgétaire**
- ➜ **Les agents chargés d'exécuter un budget local**
- ➜ **L'exécution des budgets locaux**

LES BUDGETS LOCAUX : LE CONTRÔLE

Le budget est une délibération qui, comme toutes les autres délibérations, est exécutoire dès qu'elle a été transmise au représentant de l'État et qu'elle a été publiée. Les actes budgétaires des collectivités locales sont soumis au contrôle de légalité et au contrôle spécifique.

1. Le contrôle de légalité, contrôle de régularité

1.1. L'exercice du contrôle par le représentant de l'État

Aux termes de l'article 72 de la Constitution du 4 octobre 1958 : «Les collectivités territoriales de la République sont les communes, les départements... Ces collectivités s'administrent librement par des conseils élus dans les conditions prévues par la loi.»

Les actes budgétaires des collectivités locales suivent le régime de droit commun des actes des collectivités locales. Ils sont soumis à un contrôle de légalité, exercé par le représentant de l'État ou son délégué dans les conditions fixées par la loi. Ce contrôle de légalité est fondé sur trois principes :
- les actes des collectivités territoriales sont immédiatement exécutoires sauf exceptions ;
- le contrôle s'exerce a posteriori et ne porte que sur la légalité des actes ;
- le contrôle fait intervenir le représentant de l'État et le juge administratif.

Pour ce qui concerne les actes budgétaires, il porte notamment sur :
- la régularité du vote local de l'assemblée délibérante (respect des principes budgétaires) ;
- la réalité de l'intérêt local des dépenses ;
- la régularité du vote des taux et des taxes directes locales (respect des taux plafonds, respect des règles de variation des taux entre eux) ;
- l'institution régulière des taxes ou d'impositions nouvelles ou autres ressources fiscales ;
- la régularité de la fixation des tarifs des services publics locaux.

1.2. Les modalités du contrôle

Le représentant de l'État dispose de deux mois pour déférer au tribunal administratif l'acte qu'il estime contraire aux textes en vigueur. Le préfet peut assortir son recours d'une demande de sursis à exécution.

Les actes budgétaires ne peuvent être déférés par le préfet au juge administratif dans la mesure où ils sont soumis au contrôle budgétaire devant les chambres régionales des comptes en application du Code des juridictions financières et du Code général des collectivités locales. Les délibérations à caractère budgétaire peuvent être cependant déférées si elles sont entachées de vices propres (défaut d'information, quorum...).

La décision du juge peut consister soit en une annulation totale, soit en une annulation partielle de l'acte litigieux. Elle est susceptible d'appel devant le Conseil d'État. Par ailleurs, les articles L. 1612-1 à 1612-20 du CGCT prévoient un contrôle supplémentaire et spécifique pour les actes budgétaires.

2. Le contrôle budgétaire, contrôle spécifique

Le contrôle budgétaire est institué par les articles 7, 8, 9 et 11 de la loi du 2 mars 1982 – intégrés au Code général des collectivités territoriales.

2.1. Les caractéristiques du contrôle budgétaire

Ce contrôle est organisé par la loi et ne concerne que les actes budgétaires *stricto sensu*, c'est-à-dire le budget primitif, le budget supplémentaire et les décisions modificatives, tant pour le budget principal que pour les budgets annexes. Par conséquent, ce contrôle ne s'applique pas aux actes des collectivités locales qui ne constituent pas à proprement parler des actes budgétaires.

Le contrôle budgétaire a une finalité différente de celle du contrôle de légalité. Alors que ce dernier a pour objet de faire constater, par la juridiction administrative, l'illégalité d'un acte d'une collectivité locale et d'en obtenir ainsi l'annulation, le contrôle budgétaire vise, quant à lui, non pas à la suppression d'un acte mais à son remplacement par un autre. Le contrôle de légalité vise à mettre fin à une situation de violation de la loi, le contrôle budgétaire tend à ce que chaque collectivité locale puisse être dotée d'un budget.

Le contrôle budgétaire existait avant les lois de décentralisation. Il était exercé par le seul préfet et prenait notamment la forme d'un pouvoir de substitution en vertu duquel le représentant de l'État réglait lui-même le budget de la collectivité locale (le représentant de l'État ne détenait ainsi qu'un pouvoir d'appréciation discrétionnaire).

2.2. Les conditions de l'exercice du contrôle budgétaire

La loi du 2 mars 1982 a considérablement modifié les conditions d'exercice de ce contrôle, en faisant intervenir dans la procédure de contrôle un nouvel organisme, la chambre régionale des comptes. Celle-ci, dans ce cadre, n'agit pas comme juridiction. Elle intervient dans une procédure administrative de type consultatif. Elle assume un rôle de conseil à l'égard du représentant de l'État. Elle a, en outre, à proposer aux élus locaux les modalités de rétablissement des équilibres fondamentaux décrits par loi. Les chambres régionales des comptes sont dotées d'une triple compétence en matière de contrôle. Un contrôle budgétaire (ce contrôle s'est substitué à celui exercé par le représentant de l'État, antérieurement à la loi du 2 mars 1982), un contrôle juridictionnel et un contrôle de gestion.

Le contrôle budgétaire est assuré par les chambres sur saisine, le plus souvent, du représentant de l'État. La chambre peut être saisie dans quatre cas :
- la non-adoption du budget primitif dans les délais égaux ;
- l'absence d'équilibre réel du budget ;
- le défaut d'inscription au budget d'une dépense obligatoire ;
- les déficits importants constatés après l'exécution du budget.

La transmission du budget de la collectivité à la chambre régionale des comptes suspend son exécution jusqu'au terme de la procédure. Toutefois, cette transmission ne paralyse pas la vie budgétaire et financière de la collectivité.

Voir aussi

Fiche 38. Les budgets locaux : le contrôle budgétaire

Questions de concours

- **→ Le contrôle de légalité appliqué au budget local**
- **→ Le contrôle juridictionnel exercé sur les budgets**

LES BUDGETS LOCAUX : LE CONTRÔLE JURIDICTIONNEL DES COMPTES

Créées par l'article 82 de la loi n° 82-213 du 2 mars 1982 (art. L. 210-11 du CJF), les chambres régionales des comptes constituent les juridictions des comptes du 1er degré (appel devant la Cour des comptes, cassation devant le Conseil d'État). Outre leur mission juridictionnelle, elles ont une mission de contrôle budgétaire et une mission de contrôle de gestion.

1. Une procédure fondamentale : le jugement des comptes des comptables en titre (patents)

Les opérations des comptables des collectivités locales et de leurs établissements publics locaux sont soumis en règle générale au jugement de la chambre dont ils relèvent. En effet, depuis 1983, la chambre régionale des comptes a compétence pour «juger dans son ressort l'ensemble des comptes des comptables publics des collectivités territoriales et de leurs établissements publics ainsi que les comptes des personnes qu'elle a déclarées comptables de fait» (art. L. 211-1 du CJF), la Cour des comptes statuant en appel. Le premier président de la Cour des comptes peut déléguer aux chambres régionales des comptes le jugement des comptes de certains établissements publics nationaux, comme les chambres d'agriculture et les chambres de commerce et d'industrie.

Toutefois, pour les communes et établissements publics locaux de moins de 3 500 habitants (à l'exception de la Nouvelle Calédonie) et ayant moins de 750 000 euros de recettes ordinaires, le contrôle juridictionnel a été remplacé par une simple procédure d'apurement administratif effectuée par les comptables supérieurs du Trésor. Le seuil est apprécié tous les cinq ans sur la base du dernier compte administratif établi par la collectivité. Les comptes des comptables doivent être produits à la chambre régionale des comptes dont ils relèvent, au plus tard le 31 décembre qui suit la clôture de l'exercice auquel ils se rapportent. La procédure de contrôle comporte plusieurs étapes : l'instruction, le rapport, le jugement et les voies de recours.

1.1. L'instruction

Chaque conseiller de la chambre prend en charge les comptes qui lui ont été confiés par le président au titre du programme annuel de vérification. Le magistrat instructeur peut vérifier sur pièces et sur place la régularité des recettes et des dépenses. Il peut se faire communiquer tous documents relatifs à la gestion des comptes contrôlés.

La chambre régionale des comptes peut procéder à l'audition de tout représentant, fonctionnaire, administrateur de l'organisme contrôlé, ainsi que tout fonctionnaire de l'État et de tout membre des services d'inspection et des corps de contrôle. Au terme de ces investigations, le conseiller instructeur établit un rapport.

1.2. Le rapport

Les observations issues de la vérification sont consignées dans un rapport écrit par le magistrat rapporteur chargé d'instruire le dossier. Le commissaire du gouvernement près la chambre présente par écrit ses conclusions (observations) sur les différents points traités dans le rapport.

1.3. Le jugement

Le conseiller en charge du dossier présente obligatoirement son rapport devant la collégialité composée d'un nombre impair de sièges et la formation délibère ensuite. La procédure est secrète. La formation juge en huis clos, et les magistrats sont tenus au secret des délibérations. La procédure est contradictoire. Le comptable est déchargé de sa gestion si ses comptes sont en ordre.

1.4. Les voies de recours

Les chambres régionales des comptes statuant en premier ressort, leurs jugements définitifs peuvent être déférés en appel à la juridiction financière supérieure, la Cour des comptes.

2. Une procédure exceptionnelle : le jugement des gestions de fait

La gestion de fait a été évoquée pour la première fois par le décret du 31 mai 1862. Elle est désormais régie par l'article 60 XI de la loi de finances du 23 février 1963 qui dispose : «Toute personne qui, sans avoir la qualité de comptable public ou sans agir sous son contrôle, s'ingère dans le recouvrement de recettes affectées ou destinées à un organisme public doté d'un poste comptable doit, indépendamment des poursuites pénales pouvant être engagées de ce chef, rendre compte au juge financier de l'emploi des fonds et valeurs qu'elle a irrégulièrement détenus ou maniés.»

La gestion de fait constitue à la fois une infraction aux règles de la comptabilité publique et un délit pénal. Il convient de préciser quels sont les éléments constitutifs de la gestion de fait et d'évoquer ensuite les conséquences d'une telle gestion irrégulière.

L'action en déclaration de gestion de fait est prescrite pour les actes constitutifs de gestion de fait commis plus de dix ans avant la date à laquelle la chambre régionale des comptes en est saisie ou s'en saisit d'office (art. 38 loi du 21 décembre 2001).

2.1. Les éléments constitutifs de la gestion de fait

Pour qu'il y ait gestion de fait, il faut qu'un maniement de deniers publics soit opéré sans titre légal.

2.1.1. Le maniement des fonds. Il inclut le recouvrement de recettes, le paiement de dépenses et la détention de deniers publics, qui ne peuvent être réalisés que par un comptable patent, c'est-à-dire un comptable public habilité.

2.1.2. Le défaut de titre légal. Ont un titre légal pour manier les fonds publics les comptables publics, leurs mandataires, leurs subordonnés et les régisseurs de recettes ou d'avances. En revanche, n'ont pas de titre légal les ordonnateurs, les fonctionnaires et les personnes étrangères aux fonctions publiques. Ils seront déclarés comptables de fait pour le maniement des deniers publics qu'ils auront effectués sans titre légal. Lorsqu'une gestion de fait est déclarée, elle est soumise aux mêmes juridictions et entraîne pour ses auteurs les mêmes obligations et responsabilités qu'une gestion régulière.

2.2. Les conséquences de la gestion de fait

Le comptable de fait doit rendre compte de sa gestion irrégulière au juge des comptes sous les mêmes obligations et responsabilités que le comptable patent.

2.2.1. La reddition des comptes. L'article 60 XI de la loi du 23 février 1963 précitée assujettit les comptables de fait aux mêmes obligations que les comptables patents, c'est-à-dire à l'établissement et à la production du compte de leurs opérations au juge financier, assorti de toutes les pièces justificatives.

L'article 86 de la loi de finances rectificative pour 2001 modifié par l'article 125 de la loi de finances rectificative pour 2004 a complété l'article 60 V de la loi du 23 février 1963 par un alinéa ainsi rédigé : « Le premier acte de la mise en jeu de la responsabilité ne peut plus intervenir au-delà du 31 décembre de la sixième année suivant celle au cours de laquelle le comptable a produit ses comptes au juge des comptes ou, lorsqu'il n'est pas tenu à cette obligation, celle au cours de laquelle il a produit les justifications de ses opérations ». Dès lors qu'aucune charge provisoire ou définitive n'a été notifiée dans ce délai à son encontre, le comptable est déchargé de sa gestion au titre de l'exercice concerné. En matière de gestion de fait et d'amende, la formation délibère hors la présence du rapporteur et du ministère public. Le droit à audition en matière de gestion de fait et d'amende s'exerce dans le cas de l'audience publique. L'audience publique intervient au stade du jugement définitif et non provisoire.

2.2.2. L'apurement du débet. Le juge des comptes examine le compte, et fixe « la ligne de compte » qui fait apparaître le montant des recettes admises, celui des dépenses allouées et, s'il y a lieu, l'excédent des recettes sur les dépenses.

Dans son jugement définitif sur le compte, la chambre régionale des comptes peut :
– soit décharger le comptable de fait et le déclarer quitte de sa gestion, s'il a satisfait aux injonctions ;
– soit le déclarer en débet, auquel cas le débet est apuré si le comptable de fait verse avec ses deniers personnels la somme mise à sa charge.

Le comptable de fait peut, s'il n'a pas déjà fait l'objet de poursuites en application de l'article 433-12 du Code pénal, être condamné à une amende calculée suivant l'importance et la durée de la détention ou du maniement des deniers publics.

S'agissant de fonctionnaires ou agents publics comptables de fait, peuvent leur être appliquées également des sanctions disciplinaires prises par l'autorité hiérarchique selon les procédures en vigueur dans la fonction publique.

Un élu local déclaré comptable de fait, en cours de mandat, est suspendu de sa qualité d'ordonnateur jusqu'à ce qu'il ait reçu quitus de sa gestion (loi du 21 décembre 2001).

Voir aussi

Fiche 23. Les ordonnateurs et les comptables, agents d'exécution du budget
Fiche 25. La Cour des comptes

Questions de concours

→ Le contrôle juridictionnel exercé par les chambres régionales des comptes
→ Le contrôle juridictionnel : procédure et voies de recours

LES BUDGETS LOCAUX : LE CONTRÔLE ADMINISTRATIF

Au-delà du jugement des comptes du comptable, les chambres régionales des comptes ont pour mission de s'assurer de l'« emploi régulier des crédits, fonds et valeurs », elles examinent la gestion des collectivités territoriales, de leurs établissements publics, ainsi que des établissements, sociétés, groupements et organismes divers lorsqu'ils bénéficient d'un concours financier de plus de 1 524 euros ou dans lesquels ils détiennent un pouvoir prépondérant. Cet examen peut même viser leurs filiales.

1. L'objet de l'examen de la gestion : l'emploi régulier et la bonne utilisation des fonds publics

Il ne s'agit plus d'un contrôle depuis la loi du 5 janvier 1988 mais d'un examen.

1.1. Le contenu de l'examen de la gestion

S'agissant de l'examen de gestion, il a été admis, dès l'origine, qu'il ne se limitait pas à un simple contrôle de régularité des recettes et des dépenses, mais qu'il pouvait déboucher sur l'appréciation de la qualité et de l'efficacité de la gestion d'une collectivité locale.

L'examen de la gestion porte sur la régularité des actes de gestion, sur l'économie des moyens mis en œuvre, et sur l'évaluation des résultats atteints par rapport aux objectifs fixés par l'assemblée délibérante ou par l'organe délibérant (art. 36 loi du 21 décembre 2001) ; il est interdit à la chambre d'exercer un contrôle d'opportunité. En effet, le juge financier n'est pas compétent pour remettre en cause les choix des élus, car il ne peut contrôler l'opportunité des décisions financières des ordonnateurs. En revanche, il a le pouvoir d'émettre des observations sur la qualité de la gestion locale.

1.2. L'examen de la gestion de certaines personnes morales de droit privé

Comme celle de la Cour des comptes, la compétence des chambres régionales des comptes s'étend à de nombreux autres organismes. L'article L. 211-4 du CJF dispose que : «La chambre régionale des comptes peut assurer la vérification des comptes des établissements, sociétés, groupements et organismes, quel que soit leur statut juridique, auxquels les collectivités territoriales... apportent un concours financier supérieur à 1 524 euros ou dans lesquelles elles détiennent, séparément ou ensemble, plus de la moitié du capital ou des voix dans les organes délibérants ou exercent un pouvoir prépondérant de décision ou de gestion».

L'article L. 211-5 du CJF ajoute : «La chambre régionale des comptes peut assurer la vérification des comptes des filiales des établissements, sociétés, groupements et organismes visés à l'article L. 211-4, lorsque ces organismes détiennent dans lesdites filiales, séparément ou ensemble, plus de la moitié du capital...»

Les organismes susceptibles d'être contrôlés comprennent principalement les sociétés d'économie mixte et les associations. Le contrôle de ces organismes satellites peut être exercé afin d'avoir une vision globale consolidée de la situation financière de la collectivité.

2. Le déroulement de la procédure de l'examen de la gestion : une procédure contradictoire et écrite

2.1. La procédure d'examen de la gestion

L'initiative de cet examen de gestion relève en principe de la juridiction financière elle-même. Il peut être engagé à la demande du représentant de l'État ou de l'autorité territoriale. Les conseillers rapporteurs disposent des pouvoirs d'investigation les plus larges et le fait d'y faire obstacle peut être puni d'une amende de 15 244 euros.

La procédure est simplifiée à l'extrême. Lorsque le président de la chambre a décidé le contrôle des comptes et la gestion d'un organisme, il le notifie à cet organisme et à la collectivité dont il relève et, le cas échéant, à l'ordonnateur (ou les ordonnateurs) précédemment en fonction, pour toute ou partie de la période examinée. Cette lettre de notification indique la période sur laquelle va porter la vérification et le nom du rapporteur qu'il a désigné. Le conseiller chargé de ce contrôle procède à l'instruction de son contrôle.

Le magistrat instructeur établit un rapport et le propose ensuite à la chambre, après avoir éventuellement recueilli l'avis du commissaire du gouvernement.

2.2. Les suites de l'examen de la gestion

À la différence du comptable qui peut être contraint par jugement de supporter personnellement les conséquences pécuniaires d'une irrégularité, l'ordonnateur ne peut se voir infliger par la chambre régionale des comptes des sanctions juridictionnelles. La chambre adresse seulement des observations aux autorités concernées. Ces observations ne sont adressées qu'au terme d'une procédure contradictoire. L'ordonnateur doit être en mesure d'apporter une réponse écrite à ces observations dans un délai qui ne peut être inférieur à deux mois.

Une fois cette procédure contradictoire achevée, les observations définitives sont ensuite délibérées par la chambre régionale des comptes. La loi du 26 décembre 2001 prévoit que les observations définitives des chambres régionales des comptes sont arrêtées sous la forme d'un rapport d'observation qui est communiqué à l'exécutif de la collectivité territoriale ou de l'établissement public et, le cas échéant pour ce qui le concerne, à l'ordonnateur ou au dirigeant qui était en fonctions au cours de l'exercice examiné.

Les destinataires du rapport d'observations disposent d'un délai d'un mois pour adresser au greffe de la chambre une réponse écrite. Dès lors qu'elles sont adressées dans le délai précité, ces réponses sont jointes au rapport. Elles engagent la seule responsabilité de leurs auteurs.

Le rapport d'observations, accompagné des réponses reçues, est communiqué par l'exécutif à son assemblée délibérante, dès sa plus proche réunion ; il est joint à la convocation adressée à chacun des membres de l'assemblée et donne lieu à un débat. Le rapport d'observations ne peut être publié ni communiqué à ses destinataires ou à des tiers à compter du 1er jour du 3e mois précédant le mois au cours duquel il doit être procédé à des élections pour la collectivité concernée et jusqu'au lendemain du tour de scrutin où l'élection est acquise (art. 42). Une demande de rectification du rapport d'observations définitives est prévue par le Code des juridictions financières (CJF).

Voir aussi

Fiche 25. La Cour des comptes

Questions de concours

- → Le contrôle de gestion appliqué aux collectivités locales
- → Le contrôle de la chambre régionale des comptes sur la gestion des collectivités locales

LES BUDGETS LOCAUX : LE CONTRÔLE POLITIQUE

Au niveau étatique, le contrôle politique est exercé par le Parlement qui a la possibilité de renverser le Gouvernement en mettant en cause sa responsabilité politique. Au niveau local, le contrôle politique est exercé par l'assemblée délibérante, qui ne peut renverser son exécutif. Elle a toutefois le droit de demander à l'ordonnateur des comptes sur sa gestion et d'examiner ceux du comptable de la collectivité. Ce contrôle peut être exercé aussi par les citoyens eux-mêmes.

1. Le contrôle permanent des assemblées délibérantes

Les assemblées délibérantes (conseils municipaux, conseils généraux, etc.) peuvent demander à l'exécutif local de rendre compte de sa gestion en procédant à l'examen et au vote du compte administratif. L'approbation du compte administratif doit intervenir avant le 30 juin de l'année suivant l'exercice clos. Le compte administratif est arrêté si une majorité de voix ne s'est pas dégagée contre son adoption. L'exécutif doit se retirer au moment du vote afin que l'assemblée délibérante puisse s'exprimer sans contrainte psychologique.

1.1. Vérification de la conformité de l'exécution budgétaire

L'examen du compte administratif est l'occasion pour le conseil de vérifier la conformité de l'exécution budgétaire avec les autorisations des dépenses et des recettes préalablement accordées par le budget. Le compte administratif doit être transmis dans les 15 jours suivant son adoption au représentant de l'État. Il appartient à celui-ci de saisir, le cas échéant, la chambre régionale des comptes.

1.2. Vote sur le compte de gestion du comptable public

Le vote de l'assemblée porte aussi sur le compte de gestion tenu par le comptable public de la collectivité. Ce document récapitule l'ensemble des opérations comptables auxquelles le comptable a procédé durant la gestion comptable annuelle. Le compte de gestion doit être transmis à l'exécutif au plus tard le 1er juin de l'année suivant l'exercice concerné.

Ce compte est également transmis à la chambre régionale des comptes qui, dans le cadre du contrôle juridictionnel qu'elle exerce sur les comptes du comptable, pourra sanctionner d'éventuelles irrégularités de gestion.

1.3. Contrôle de l'action de l'ordonnateur et du comptable durant l'exécution du budget

Outre l'examen et l'approbation du compte administratif et du compte de gestion, l'assemblée délibérante peut exercer un contrôle sur l'action de l'ordonnateur et du comptable durant l'exécution même du budget. En effet, les assemblées délibérantes peuvent, par l'intermédiaire de leur exécutif, demander, à tout moment, au comptable de produire les renseignements sur le budget en cours d'exécution, sur la situation financière ou sur la situation de la trésorerie de la collectivité.

1.4. Renforcement du droit des élus

La loi du 6 février 1992 relative à l'administration territoriale de la République a renforcé les droits des élus au sein des assemblées locales ; ainsi : « Tout membre du conseil a le droit, dans le cadre de sa fonction, d'être informé des affaires de la collectivité qui font l'objet d'une délibération. » Dans les communes de 3 500 habitants et plus, une note explicative de synthèse sur les affaires soumises à délibération doit être adressée avec la convocation aux membres du conseil. De plus, dans toutes les collectivités locales, un régime de questions orales est institué. Cette loi renforce aussi le statut des élus de l'opposition. Dorénavant, les minorités sont représentées au sein des commissions permanentes.

2. Le contrôle ponctuel des citoyens

Les lois de décentralisation ont singulièrement accru les pouvoirs et la capacité d'action des élus locaux en même temps qu'elles suscitent des interrogations sur la réalité des contre-pouvoirs et du contrôle exercé par les citoyens.

Les citoyens exercent le pouvoir politique à l'occasion du renouvellement des mandats des élus locaux. Le citoyen détient le pouvoir de réélire ou de ne pas réélire l'équipe sortante.

2.1. Le contrôle-information

Mais le véritable pouvoir que peut détenir un citoyen est celui d'être informé de manière permanente sur les affaires de la collectivité. À cet égard, la loi du 6 février 1992 affirme que : «Le droit des habitants de la commune à être informé des affaires de celle-ci et à être consulté sur les décisions qui les concernent, indissociable de la libre administration des collectivités locales, est un principe essentiel de la démocratie locale.»

Le chapitre premier de cette loi est consacré à l'information des habitants sur les affaires locales. Dans ce cas on peut parler d'un contrôle-information.

2.2. Les obligations réglementaires des collectivités territoriales

S'agissant des formations budgétaires, la loi met à la charge de certaines collectivités locales (obligatoirement pour les communes de plus de 3 500 habitants) de tenir, avant l'examen du budget, un débat sur les orientations budgétaires, comme cela existe déjà pour les conseils généraux. De plus, les collectivités sont obligées de :

- mettre à la disposition du public des documents relatifs aux bénéficiaires de délégation de service public ;
- publier les actes à caractère réglementaire dans un recueil des actes administratifs ;
- mettre à la disposition du public les budgets locaux. Ils sont mis à la disposition du public sans aucune condition de résidence. Cette mise à disposition est effectuée dans les quinze jours qui suivent leur adoption. La consultation peut s'opérer sur place. Toutefois, les administrés peuvent obtenir, à leurs frais, sans déplacement, copie des documents.

Au-delà de cette information spontanée, la loi a renforcé la possibilité pour les habitants de se faire communiquer certains documents tels que les budgets locaux auprès des services déconcentrés de l'État (préfets, sous-préfets) et du comptable.

La loi du 27 février 2002 a renforcé la publicité des délibérations concernant les indemnités de fonction des élus locaux. Elle a également rendu obligatoire l'institution de conseils de quartier dans les villes de plus de 80 000 habitants. Ces conseils ont un rôle consultatif et peuvent émettre des propositions sur toute question concernant le quartier ou la ville.

Voir aussi

Fiche 32. Les budgets locaux : la préparation et le vote

Questions de concours

- → Le rôle de l'assemblée délibérante en matière de contrôle budgétaire
- → Le contrôle politique et les budgets locaux

LES BUDGETS LOCAUX : LE CONTRÔLE BUDGÉTAIRE

La procédure budgétaire des collectivités territoriales donne lieu à une forme particulière de contrôle, exercé conjointement par les préfets et les chambres régionales des comptes (CRC) : le contrôle budgétaire. Quatre cas sont prévus.

1. Saisine des CRC pour retard ou absence d'adoption du budget

1.1. Conditions de recevabilité de la saisine

Cette procédure ne concerne que le budget primitif. Dans le cas où le budget primitif n'a pas été voté dans les délais, le préfet saisit la chambre régionale des comptes qui dispose d'un délai d'un mois pour formuler des propositions pour le règlement du budget.

1.2. Suspension des pouvoirs budgétaires de l'assemblée délibérante

La saisine de la chambre a pour effet de suspendre les pouvoirs de l'assemblée délibérante en matière budgétaire. Toutefois, afin d'assurer la continuité du service public à compter de la saisine de la chambre et jusqu'au règlement du budget par le préfet, l'organe exécutif, ordonnateur, peut mettre en recouvrement les recettes et engager, liquider et mandater des dépenses de la section de fonctionnement dans la limite de celles inscrites au budget de l'année précédente, et mandater le remboursement de la dette en capital venant à échéance avant l'adoption du budget. Il peut, en outre, sur autorisation de l'assemblée délibérante, engager, liquider et mandater les dépenses de la section d'investissement du budget, dans la limite du quart des crédits ouverts au budget de l'exercice précédent, hors crédits afférents au remboursement de la dette en capital. La délibération précise le montant et l'affectation des crédits.

1.3. Refus par l'assemblée délibérante de voter le compte administratif

Depuis la loi n° 98-546 du 2 juillet 1998, article 109, le préfet doit saisir – sans délai – la chambre régionale des comptes dans le cas où l'assemblée délibérante a refusé de voter le compte administratif.

2. Saisine de la CRC pour absence d'équilibre réel du budget

La règle de l'équilibre s'applique au budget qui comprend, au sens de l'article L.1612-4 du CGCT, le budget primitif, le budget supplémentaire, les décisions modificatives et les budgets annexes.

2.1. Les conditions de l'équilibre réel du budget

Le budget doit être voté en équilibre réel. Est en équilibre réel le budget qui remplit les trois conditions suivantes :
- l'équilibre doit être réalisé par section ;
- les recettes et les dépenses doivent être évaluées de façon sincère ;
- le remboursement de la dette en capital doit être exclusivement couvert par des ressources propres de la collectivité.

2.2. Saisine de la CRC par le préfet et suspension des pouvoirs budgétaires de l'assemblée délibérante

Lorsque le budget n'est pas voté en équilibre réel, le préfet saisit la chambre qui dispose d'un délai d'un mois pour proposer à la collectivité les mesures nécessaires au rétablissement de l'équilibre et lui demander une nouvelle délibération qui doit avoir lieu dans le mois qui suit la communication de ces propositions. Si le conseil de la collectivité n'a pas délibéré dans le délai prescrit ou si les mesures votées sont insuffisantes, le préfet règle le budget et le rend exécutoire.

Pendant toute la durée de la procédure, l'assemblée délibérante ne peut délibérer en matière budgétaire sous peine d'annulation des délibérations budgétaires adoptées.

3. Saisine de la CRC pour déficit du compte administratif

3.1. Arrêté des comptes administratifs

L'arrêté des comptes des collectivités est constitué par le vote de l'organe délibérant sur le compte administratif présenté par l'exécutif de la collectivité. Le compte administratif est arrêté si une majorité de voix ne s'est pas dégagée contre son adoption.

3.2. Déficit dans l'exécution du budget

Dans le cas où l'arrêté des comptes fait apparaître dans l'exécution du budget un déficit égal ou supérieur à 10 % des recettes de la section de fonctionnement s'il s'agit d'une commune de moins de 20 000 habitants et à 5 % dans les autres cas, le préfet saisit la chambre régionale des comptes qui propose dans un délai de deux mois les mesures nécessaires au rétablissement de l'équilibre.

4. L'absence ou l'insuffisance de crédits pour dépenses obligatoires

4.1. Les personnes autorisées à saisir la chambre

La notion de dépense obligatoire a été précisée par l'article L.1612-15 du CGCT : « Ne sont obligatoires pour les collectivités territoriales que les dépenses nécessaires à l'acquittement des dettes exigibles et les dépenses pour lesquelles la loi l'a expressément décidé. »

Toute personne y ayant intérêt, le préfet, ainsi que le comptable public concerné, peut saisir la chambre régionale des comptes pour qu'elle constate l'insuffisance ou l'absence d'une dépense obligatoire. La chambre dispose d'un mois pour se prononcer. Elle adresse une mise en demeure à la collectivité et si, dans un délai d'un mois, la mise en demeure est restée sans effet, la chambre demande au préfet d'inscrire la dépense au budget de la collectivité (inscription d'office) et propose, s'il y a lieu, la création de ressources ou la diminution d'une dépense facultative. Le refus d'un préfet d'inscrire une dépense obligatoire constitue une décision illégale et une faute lourde qui engage la responsabilité de l'État et ouvre droit à indemnité.

4.2. La procédure de mandatement d'office

À défaut de mandatement d'une dépense obligatoire par l'exécutif dans le mois suivant la mise en demeure faite à l'ordonnateur – ce délai est porté à deux mois si la dépense est supérieure à 5 % de la section de fonctionnement – le préfet y procède d'office en établissant un mandat qu'il adresse au comptable de la collectivité pour exécution. Une procédure particulière est prévue pour le mandatement d'office des intérêts moratoires et d'une dépense résultant d'une décision juridictionnelle passée en force de chose jugée.

Voir aussi

Fiche 34. Les budgets locaux : le contrôle

Questions de concours

→ Les cas de saisine de la chambre régionale des comptes en matière budgétaire
→ La procédure budgétaire devant la chambre régionale des comptes

39 NOTIONS BUDGÉTAIRES

LA SÉPARATION DE L'ORDONNATEUR ET DU COMPTABLE

L'exécution budgétaire repose sur le principe traditionnel, selon lequel les fonctions d'ordonnateur et de comptable sont incompatibles. Toutefois cette règle connaît quelques atténuations.

1. Le principe

L'article 20 du décret du 29 décembre 1962 stipule que les fonctions d'ordonnateur et de comptable sont séparées et incompatibles.

Les ordonnateurs locaux sont les maires pour les communes, les présidents des conseils généraux pour les départements, les présidents des conseils regionaux pour les régions. Ils sont chargés de l'exécution budgétaire, c'est-à-dire qu'ils engagent, liquident et établissent les titres de recettes et les mandats de paiement. Les comptables procèdent au paiement des dépenses et au recouvrement des recettes locales.

2. Exceptions au principe

Le principe connaît des exceptions aussi bien en matière de recettes que de dépenses. Il s'agit notamment des régies d'avances et des régies de recettes. Les opérations de dépenses et de recettes sont exécutées par des régisseurs qui sont des agents de la collectivité agissant pour le compte et sous le contrôle des comptables publics locaux. En matière de dépenses, le comptable fait l'avance au régisseur du montant prévu dans l'acte constitutif de la recette. Le régisseur d'avances procède alors au paiement des menues dépenses.

3. Les sanctions au principe

En cas de violation de ce principe, les ordonnateurs peuvent être déclarés comptables de fait. Dans ce cas, la chambre régionale des comptes juge leurs comptes dans les mêmes conditions que ceux des comptables patents.

La responsabilité personnelle et pécuniaire d'un compable peut être engagée en cas de manquement à ce principe.

Voir aussi

Fiche 21. La règle de la séparation de l'ordonnateur et du comptable
Fiche 23. Les ordonnateurs et les comptables, agents d'exécution du budget
Fiche 35. Les budgets locaux : le contrôle juridictionnel des comptes
Fiche 40. Les différentes phases de la dépense

Questions de concours

- **La règle de séparation de l'ordonnateur et du comptable**
- **Principe et exception à la règle de séparation de l'ordonnateur et du comptable**

40 LES DÉPENSES DES COLLECTIVITÉS TERRITORIALES

LES DIFFÉRENTES PHASES DE LA DÉPENSE

Exécuter un budget, c'est réaliser les dépenses et les recettes qui y sont prévues. Ces opérations doivent se conformer aux règles traditionnelles de la comptabilité publique telles qu'elles résultent du décret n° 62-1587 du 29 décembre 1962.

1. Les opérations de dépenses

L'opération de dépense se décompose en quatre étapes. Trois d'entre elles sont de la compétence de l'ordonnateur et constituent la phase administrative de la dépense. La dernière est effectuée par le comptable public et constitue la phase comptable de la dépense.

1.1. Le rôle de l'ordonnateur

Les opérations effectuées par l'ordonnateur sont successivement l'engagement, la liquidation et le mandatement.

1.1.1. L'engagement de la dépense. L'engagement est « l'acte par lequel un organisme public crée ou constate à son encontre une obligation de laquelle résultera une charge ». Il ne peut être pris que par le représentant qualifié de l'organisme public agissant en vertu de ses pouvoirs. Il doit rester dans la limite des autorisations budgétaires. Plusieurs conditions sont requises pour assurer la conformité de l'engagement à l'autorisation budgétaire :
– la disponibilité des crédits : l'ordonnateur ne peut engager une dépense que s'il existe des crédits disponibles au chapitre intéressé. La comptabilité des engagements a précisément pour objet de l'informer, à tout moment, du montant des crédits disponibles ;
– l'exacte imputation : pour qu'un engagement de dépense soit régulier, il faut qu'il porte sur une imputation correspondant à son objet ;
– la durée de l'autorisation : la validité de l'autorisation budgétaire est limitée dans le temps, les crédits budgétaires doivent être engagés jusqu'au 31 décembre de l'exercice concerné. En principe, et sauf pour certaines dépenses d'investissement qui peuvent être reportées sur l'exercice suivant, les crédits votés sont annulés s'ils ne sont pas utilisés avant le 31 décembre de l'année budgétaire.

1.1.2. La liquidation. La liquidation a pour objet de vérifier la réalité de la dette de la collectivité publique et d'évaluer avec précision le montant de la dépense. Lors de la liquidation, l'ordonnateur vérifie aussi l'existence d'un crédit disponible sur lequel sera imputée la dépense.

1.1.3. Le mandatement. Le mandatement est l'acte administratif donnant, conformément aux résultats de la liquidation, l'ordre de payer la dette de la collectivité. Il a un double effet :
– imputer une charge de la collectivité sur un crédit budgétaire ;
– donner l'ordre de payer au comptable public de la collectivité.

Seule l'autorité locale, ordonnateur de la collectivité ou, sous sa responsabilité, les personnes investies de délégations régulières de fonctions ou de signature (adjoint délégué ou chef de service), peut signer les mandats de paiements. Ces derniers sont transmis au comptable, accompagnés d'un bordereau récapitulatif. Y sont annexées des pièces justificatives de la dépense pour permettre au comptable d'exercer son contrôle. Certaines dépenses peuvent être débitées sur l'initiative du comptable sans faire l'objet d'un mandatement préalable. Il s'agit des dépenses dont la liquidation présente un certain caractère d'automaticité, telles que les annuités d'emprunts et les factures de gaz et d'électricité. Cette procédure dite de « débit d'office » exige cependant l'autorisation préalable de l'ordonnateur.

1.2. Le rôle du comptable public

Le comptable est chargé de procéder au paiement des dépenses locales, c'est-à-dire qu'il intervient lors de la dernière phase de la procédure d'exécution. Il doit au préalable vérifier, sous sa responsabilité, la régularité des opérations préalables à l'émission du mandat. Le contrôle qu'exerce le comptable est un contrôle de la régularité des opérations réalisées par l'ordonnateur.

1.2.1. Le contrôle sur les dépenses. En matière de dépenses, le contrôle porte sur :
– la qualité de l'ordonnateur ou de son délégué. Le comptable s'assure qu'il est comptable assignataire de la dépense et que le mandat transmis à ses services est signé par l'ordonnateur ou son délégué régulièrement habilité. L'habilitation des délégués doit faire l'objet d'un arrêté de l'exécutif local, notifié au comptable ;
– la disponibilité des crédits : le montant de la dépense ajouté aux mandats déjà émis ne doit pas excéder le crédit budgétaire intéressé ;
– l'exacte imputation de la dépense (le comptable doit vérifier l'exacte imputation des dépenses aux chapitres qu'elles concernent selon leur nature et leur objet) ;
– le caractère libératoire du paiement : le comptable doit s'assurer que le paiement sera fait au véritable créancier de la collectivité ;
– la validité de la créance à travers la certification du « service fait » – qui est assurée par le visa de l'ordonnateur sur la pièce justificative – de l'exactitude de la liquidation. Tous ces contrôles sont exercés par le comptable à l'aide des pièces justificatives qui lui sont transmises à l'appui des mandats. L'article D. 1617-19 du CGCT détaille les pièces justificatives exigées par les comptables à l'appui des mandats de paiement émis par les ordonnateurs locaux.

Lorsque le comptable a suspendu le paiement d'une dépense, l'ordonnateur a la possibilité :
– soit de procéder au retrait de la dépense, l'ordonnateur ne souhaite pas – en définitive – que la dépense soit mise en paiement ;
– soit de procéder aux régularisations nécessaires ;
– soit d'exercer le droit de réquisition qui lui est dévolu par l'article L. 1617-3 du CGCT.

1.2.2. La réquisition du comptable. L'exercice du pouvoir de réquisition doit s'effectuer selon une procédure précise. L'acte de réquisition fait l'objet d'une transmission au représentant de l'État pour être exécutoire, et à la chambre régionale des comptes. En cas de réquisition, l'ordonnateur engage sa propre responsabilité. Toutefois, le comptable peut refuser de se conformer à cet ordre dans diverses hypothèses énumérées par la loi : insuffisance de fonds disponibles, dépense ordonnancée sur des crédits irrégulièrement ouverts ou insuffisants ou sur des crédits autres que ceux sur lesquels elle devrait être imputée, absence totale de justification de service fait ; défaut du caractère libératoire du règlement et absence de caractère exécutoire de la décision de l'ordonnateur.

D'une manière générale, à l'issue des contrôles dont il a la charge, le comptable appose son visa sur le mandat et procède au paiement.

2. Les opérations de recettes

L'exécution des recettes locales comporte deux phases : la phase administrative au cours de laquelle l'ordonnateur local établit un titre de recette, et la phase comptable au cours de laquelle le comptable exécute ce titre.

2.1. L'élaboration des titres de recettes

Le titre de recette est l'acte par lequel l'exécutif, après avoir constaté l'existence d'une créance au profit de la collectivité locale et en avoir fixé son montant, prescrit son recouvrement par le comptable local.

Parfois, certaines recettes peuvent être encaissées avant l'émission du titre par l'ordonnateur (recettes fiscales, subventions notamment). Dans ce cas, la phase comptable précède la phase administrative qui se présente alors comme une simple régularisation.

2.2. Le recouvrement des recettes locales

L'encaissement ou le recouvrement des recettes locales est effectué par le comptable. Celui-ci est personnellement et pécuniairement responsable des recouvrements. C'est à lui qu'il appartient d'engager les poursuites à l'encontre des débiteurs qui ne s'acquittent pas volontairement de leur dette.

3. Une procédure exceptionnelle et dérogatoire : les régies d'avances et de recettes

Pour faciliter les opérations de dépenses ou de recettes qui doivent être effectuées soit rapidement, soit en des lieux ou à des heures qui ne permettent pas l'intervention du comptable, comme les droits d'entrée perçus sur place (piscine, stade, etc.), les menues dépenses de fonctionnement, il peut être créé, par décision de l'assemblée délibérante de la collectivité, avec l'accord du comptable, des régies de recettes (pour encaisser les recettes) et des régies d'avances (pour payer les dépenses). Dans ces cas, les régisseurs et régisseurs suppléants de la collectivité sont nommés par arrêté de l'exécutif local sur avis conforme du comptable. Les régisseurs agissent pour le compte et sous le contrôle du comptable. Le régisseur peut, en contrepartie de sa responsabilité, bénéficier d'une indemnité spécifique calculée sur le montant de la régie.

Voir aussi

Fiche 21. La règle de la séparation de l'ordonnateur et du comptable

Questions de concours

- → Le rôle de l'exécutif en matière d'exécution de la dépense publique
- → Les contrôles exercés par le comptable dans la procédure d'exécution des dépenses

41 LES DÉPENSES DES COLLECTIVITÉS TERRITORIALES

LE RÉGIME JURIDIQUE DES DÉPENSES LOCALES

En matière de détermination de leurs dépenses, les collectivités locales ne disposent pas d'une entière liberté. Elles peuvent se voir interdire par l'État la réalisation de certaines dépenses considérées comme interdites, ensuite elles peuvent se voir imposer par l'État la réalisation de certaines dépenses considérées comme obligatoires. Les collectivités locales ne disposent du pouvoir de librement décider leurs dépenses que de manière résiduelle. Le domaine dans lequel peut s'exercer un tel pouvoir est celui des dépenses dites facultatives.

1. Des dépenses imposées : les dépenses obligatoires

Il n'y a pas véritablement de concept de dépenses obligatoires. C'est la loi qui indique le caractère d'une dépense. Ainsi l'article L. 1612-15 du CGCT dispose que : « Ne sont obligatoires pour les collectivités territoriales que les dépenses nécessaires à l'acquittement des dettes exigibles et les dépenses pour lesquelles la loi l'a expressément décidé. »

Sont donc obligatoires les dépenses qui résultent d'une disposition législative expresse et celles qui constituent des dettes exigibles.

1.1. La diversité des dépenses obligatoires

Aux termes de l'article L. 1612-15 du CGCT précité, les dépenses des collectivités locales ont un caractère obligatoire lorsqu'elles relèvent de l'une des deux catégories suivantes.

1.1.1. Les dépenses expressément désignées comme obligatoires par la loi. Les lois qui mettent des dépenses à la charge des collectivités locales sont extrêmement nombreuses. Pour les communes, une liste non limitative des dépenses obligatoires est donnée par le CGCT dans ses articles L. 2321-1 et 2321-2. Pour les départements, une liste de même type est donnée par l'article 3321-1 du CGCT. D'autres textes sont venus ajouter des dépenses à ces listes très anciennes et en particulier ceux intervenus depuis les lois de décentralisation de 1982. Il s'agit notamment des lois relatives aux transferts de compétences qui ont mis des nouvelles dépenses obligatoires à la charge des collectivités locales.

Toutefois, comme toute nouvelle loi peut mettre une dépense à la charge des collectivités locales, il en résulte qu'il n'existe pas de liste exhaustive des dépenses obligatoires. Néanmoins, les articles 2321-2 pour les communes et 3321-1 pour les départements du Code général des collectivités territoriales fournissent une liste de celles-ci dans laquelle figurent notamment : les dépenses de personnel, les dépenses d'entretien et de maintien en bon état, les dépenses relatives à certains services publics (enlèvement des ordures ménagères, service public de l'enseignement).

1.1.2. Les dettes exigibles. La notion de dette exigible a été définie par la jurisprudence administrative. Selon la jurisprudence, une dette est exigible lorsqu'elle remplit les conditions suivantes :
– son origine juridique doit être certaine : loi, contrat, décision de justice, etc. ;
– les conditions auxquelles est subordonnée l'obligation de la collectivité doit être effectivement remplie : exécution du contrat, réalisation du dommage, etc. ;
– son montant ne doit faire l'objet d'aucune contestation sérieuse, ni dans son principe, ni dans son montant.

La dette exigible peut donc être contractuelle comme le remboursement des emprunts contractés par la collectivité ou non contractuelle. Dans ce cas, elle résulte soit d'un engagement unilatéral de la collectivité, une décision d'accorder une subvention par exemple, soit d'une décision de justice passée en force de chose jugée condamnant une collectivité locale au paiement d'une somme déterminée par la décision elle-même.

1.2. L'incidence juridique des dépenses obligatoires

Le caractère obligatoire des dépenses se traduit par l'obligation impérative pour la collectivité locale de les inscrire à son budget et l'obligation impérative de les exécuter. Dans l'hypothèse où une collectivité omettrait ou refuserait de se soumettre à ces obligations, la chambre régionale des comptes peut être saisie.

2. Des dépenses exclues : les dépenses interdites

Sont interdites les dépenses contraires à la réglementation en vigueur et les dépenses ne présentant pas un intérêt local.

2.1. Les dépenses interdites par la loi

Les subventions aux cultes sont interdites parce que contraires à l'article 2 de la loi du 9 décembre 1905 sur la séparation des églises et de l'État. De même sont interdites les subventions à l'enseignement privé sauf lorsqu'elles sont destinées à un établissement privé lié à l'État par un contrat (loi du 30 octobre 1886 sur l'enseignement primaire).

2.2. Les dépenses ne présentant pas un intérêt public local

Sont interdites les dépenses qui interviennent dans un domaine étranger à la compétence des collectivités territoriales. Sont par conséquent interdites les dépenses assumées dans le seul intérêt d'une personne privée, ainsi que les dépenses d'ordre politique.

Entre ces deux limites constituées d'une part par les dépenses obligatoires et d'autre part par les dépenses interdites, le pouvoir des élus locaux de décider des dépenses peut s'exercer librement. Cet espace de liberté constitue le domaine des dépenses facultatives.

3. Des dépenses autorisées : les dépenses facultatives

Entrent dans cette catégorie toutes les dépenses des collectivités qui ne sont ni interdites, ni obligatoires.

Le contenu de cette catégorie est très disparate. Il varie d'une collectivité à une autre et selon leur taille et leur richesse.

Voir aussi

Fiche 38. Les budgets locaux : le contrôle budgétaire

Questions de concours

- → La règle de séparation de l'ordonnateur et du comptable
- → Principe et exception à la règle de séparation de l'ordonnateur et du comptable

LES DÉPENSES DES COMMUNES

Pour la gestion des services publics communaux et d'équipement collectifs, la commune assure des dépenses dans des domaines divers. Indépendamment de cette diversité de dépenses, il s'agit d'analyser les dépenses des communes en se référant aux compétences qu'elles exercent.

1. L'enseignement

Les communes ont, depuis la loi Ferry de 1881, la charge de l'enseignement public du premier degré (écoles primaires). Elles assurent aussi la charge de l'enseignement pré-élémentaire (écoles maternelles). À l'exception de leur rémunération, elles ont cependant à leur charge les frais de logement des instituteurs.

Une commune peut également participer aux dépenses d'établissements d'enseignement privé de 1er degré sous contrat dans les conditions strictement définies par la loi. À ces dépenses directement relatives à l'école primaire et maternelle peuvent s'ajouter d'autres dépenses périscolaires (colonies de vacances, classes de découverte...).

2. Les activités sportives, culturelles et de loisirs

L'action sportive des communes a toujours été déterminante, tant au niveau des équipements qu'à celui du fonctionnement des services. La quasi-totalité des équipements sportifs en France appartiennent aux communes qui ont supporté les coûts de réalisation d'ouvrages onéreux (stades, terrains de sport, gymnases, piscines, etc.) et qui les entretiennent.

Dans le domaine spécifique de la culture, l'action des communes a connu un développement spectaculaire en multipliant les formes d'action à travers des théâtres et des conservatoires de musique, des bibliothèques, des musées, des maisons de la culture, etc.

Le secteur des loisirs et des activités socio-éducatives présente le même type d'intervention que celui des sports dans des domaines très diversifiés tels que les centres aérés, les maisons des jeunes et de la culture, les centres de loisirs, etc.

3. Transports et communication

Il s'agit tout d'abord des dépenses relatives à l'entretien de la voirie communale et de ses dépendances. Ces dépenses portent sur la création ou la rectification de tracé des voies et chemins mais aussi sur leur réparation et nettoiement. À ces dépenses sont rattachées celles liées aux frais d'acquisition et de mise en place des dispositifs de signalisation (panneaux, feux de trafic, etc.) et des réseaux d'éclairage public.

À côté de ces dépenses de voirie, les communes peuvent aussi intervenir dans le financement des services de transports urbains, qu'ils soient scolaires ou non et exploiter les ports de plaisance.

4. La santé et l'action sociale

En matière d'action sociale, les communes interviennent par la gestion des services sociaux à l'intention des plus défavorisés par l'intermédiaire du centre communal d'action sociale (CCAS). La participation financière obligatoire aux dépenses d'aide sociale légale, gérées par le département, a été supprimée depuis le 1er janvier 2000 et prise en compte dans le produit de la dotation globale de fonctionnement (DGF).

Pour ce qui concerne la santé, les communes comptant de plus de 20 000 habitants sont tenues de créer un bureau d'hygiène et de désinfection.

5. L'urbanisme et le logement

Les interventions des communes en matière d'urbanisme sont présentes sous deux formes principales.

Il s'agit d'abord de l'« urbanisme prévisionnel » (élaboration des schémas directeurs, du plan local d'urbanisme, etc.).

En revanche, c'est l'« urbanisme opérationnel » qui se traduit par la réalisation d'opérations d'aménagement urbain, qu'il s'agisse de création de nouveaux quartiers d'habitation ou d'activité économique (notamment les zones d'aménagement concerté et les lotissements) ou de la rénovation des anciens quartiers, qui induit de lourdes charges pour les communes.

En matière de logement, les communes ont été amenées à intervenir essentiellement dans le secteur du logement social, le plus souvent par l'intermédiaire des organismes d'HLM qui bénéficient, à ce titre de la part des communes, des garanties de leurs emprunts.

6. L'action économique

L'action économique, longtemps limitée à l'organisation des foires et marchés, a été étendue depuis la loi du 2 mars 1982, qui leur accorde de nouvelles possibilités d'interventions économiques, par le développement notamment des structures d'accueil (zones industrielles ou artisanales, par exemple).

L'aide aux entreprises en difficulté est interdite aux communes depuis la loi du 5 janvier 1988. Dans le cas des aides directes, les communes ne peuvent intervenir qu'en complément des actions régionales, si celles-ci n'atteignent pas les plafonds fixés par les textes. Les aides indirectes prennent surtout la forme de garanties d'emprunts.

Les communes peuvent intervenir pour assurer, lorsque l'initiative privée est défaillante, le maintien en milieu rural des services nécessaires à la population. Ces interventions doivent respecter le principe de liberté du commerce et de l'industrie.

7. La sécurité des personnes et des biens

En matière de police générale, les missions de prévention et de répression des infractions aux lois et règlements relèvent de la police nationale dans les communes de plus de 10 000 habitants ou assimilées, et de la gendarmerie nationale pour les autres communes.

Dans les communes rurales, le maire et les agents de police municipale sont chargés de l'ordre public.

Depuis la loi de mai 1996, dans chaque département les sapeurs-pompiers sont regroupés au sein d'un corps départemental, à l'exception des centres de première intervention qui peuvent demeurer en dehors de cette nouvelle organisation. Le service départemental d'incendie et de secours regroupe ces deux entités, dont les attributions respectives sont déterminées au regard d'un schéma départemental d'analyse et de couverture de risque.

Voir aussi

Fiche 33. Les budgets locaux : les agents d'exécution
Fiche 41. Le régime juridique des dépenses locales

Questions de concours

- → Les principales dépenses communales
- → Les grandes catégories de dépenses communales

LES DÉPENSES DES DÉPARTEMENTS

Les charges des départements sont, depuis les lois de décentralisation, dominées par les dépenses d'aide sociale et de voirie. Les budgets départementaux sont également marqués par la part importante de dépenses dites de « transfert », qui comprennent toutes sortes de participations, allocations ou prestations versées au bénéfice de tiers publics ou privés (aide sociale, subventions d'équipement aux communes, etc.). Les dépenses, dans leur diversité, s'organisent autour des grands domaines d'intervention du département.

1. L'action sanitaire et sociale

La loi du 22 juillet 1983 reconnaît au département une compétence de droit commun en matière d'action sanitaire et sociale.

Il s'agit d'un domaine très large dont les charges constituent la part essentielle des dépenses de fonctionnement des départements.

Les départements assurent la responsabilité des principales prestations d'aide sociale : aide médicale générale, aide sociale à l'enfance et à la mère, aides aux personnes âgées...

Dans le domaine de la protection sanitaire, le département assure le dépistage du cancer, la prophylaxie de la tuberculose et des maladies vénériennes ou assure la lutte contre la lèpre.

Depuis le 1er janvier 2000, la couverture maladie universelle (CMU) modifie la participation des départements en matière d'aide sociale : en effet, la CMU a remplacé l'aide médicale qui permettait aux personnes dépourvues de couverture sociale de pouvoir se faire soigner à domicile ou en établissement hospitalier.

La loi du 20 juillet 2001 a créé l'allocation personnalisée d'autonomie (APA). Cette allocation, gérée par les départements, est financée par un « fonds de financement de l'allocation personnalisée d'autonomie qui est alimenté par une fonction de la contribution sociale généralisée (CSG), par une participation des régimes obligatoires d'assurances vieillesse en complément de l'apport des départements ».

L'allocation est attribuée à toute personne, âgée, en perte d'autonomie, dès lors qu'elle répond aux conditions de base fixée par la loi. Elle permet de financer toute une palette de services (aide ménagère, accueil de jour, aides techniques...). La commission de l'APA, créée dans chaque département, propose au président du conseil général le montant de l'allocation correspondant aux besoins du demandeur, en tenant compte de ses ressources. Cette allocation remplace la prestation spécifique dépendance (PSD).

La loi du 18 mars 2003 a modifié les conditions d'attribution de l'APA. Elle allonge le délai d'ouverture des droits et renforce le contrôle sur son utilisation par la personne âgée dépendante. La loi du 18 décembre 2003 portant décentralisation en matière de RMI et créant un revenu minimum d'activité (RMA) prévoit de confier la pleine responsabilité de l'allocation RMI et le pilotage de l'insertion aux départements. Le financement de ces actions est constitué d'une partie de la taxe intérieure sur les produits pétroliers (TIPP) versée par l'État.

2. L'enseignement et les transports scolaires

Les dépenses d'éducation sont constituées par les dépenses liées aux collèges et les dépenses de transports scolaires. Depuis 1986, le département assure la charge des collèges. Il supporte à ce titre la construction, l'équipement, l'entretien et le fonctionnement des collèges, à l'exception des dépenses pédagogiques (achats de livres...) et de personnel qui demeurent à la charge de l'État.

En matière de transport scolaire, les départements se sont vu attribuer une compétence générale en la matière, sauf à l'intérieur des périmètres des transports urbains. La charge la plus lourde découle des transports scolaires.

3. Le développement rural et l'aide aux communes

Les interventions en faveur des communes, notamment rurales, sont diverses. Elles se manifestent par des subventions d'aide à l'équipement, des bonifications d'intérêts, des prêts, etc.

Le département supporte aussi, le plus souvent, une partie importante des charges du service départemental d'incendie et de secours.

4. Le développement culturel, le tourisme et le cadre de vie

Les actions directes sont peu importantes ou très spécialisées, mais se manifestent surtout par les aides financières en faveur d'organismes publics ou privés. Les aides sont déterminantes pour certaines activités sportives, culturelles et de loisirs (gîtes ruraux, stations de sport d'hiver, plans d'eau touristiques, etc.). Les départements sont compétents pour élaborer et mettre en œuvre une politique de protection et de gestion des espaces naturels sensibles. Ils peuvent également établir et financer des plans départementaux d'itinéraires de promenades et de randonnées pédestres. Les départements assurent les services des archives départementales et des bibliothèques centrales de prêt.

5. La voirie départementale et les communications

Ce secteur entraîne des dépenses d'entretien et de grosses réparations ainsi que la construction de voies nouvelles.

Les départements peuvent participer par des fonds de concours aux améliorations de voirie nationale en considération de l'intérêt local. Les départements se sont vu attribuer la gestion des ports maritimes de commerce et de pêche (sauf pour les ports d'intérêt national).

6. Le développement économique

Voir Fiche 58. Les compétences des collectivités dans le domaine économique

7. La décentralisation acte II

La réforme constitutionnelle a été adoptée le 17 mars 2003. Elle doit être complétée par une série de lois organiques et ordinaires. Les nouvelles compétences vont surtout bénéficier aux départements et aux régions.

La loi constitutionnelle du 28 mars 2003 relative à l'organisation décentralisée de la République affirme toute la place des collectivités locales dans l'organisation institutionnelle. Trois lois organiques mettront en œuvre ces dispositions constitutionnelles. Les lois organiques relatives au référendum local et à l'expérimentation pour les collectivités territoriales ont été publiées au *Journal officiel* du 2 août 2003 (lois du 1er août 2003). La loi n° 2004-809 du 13 août 2004 relative aux libertés et aux responsabilités locales transfère principalement l'aide aux entreprises et la formation professionnelle aux régions, l'action sociale et la gestion des routes nationales aux départements. Elle confie aussi aux départements et aux régions la gestion des techniciens, ouvriers et personnels de service (TOS) des collèges et lycées.

Questions de concours

- → **Les dépenses départementales**
- → **Les grandes catégories de dépenses des départements**

LES DÉPENSES DES RÉGIONS

Deux traits caractérisent les finances régionales : la part relativement importante des dépenses d'investissement et le poids des participations et des subventions versées à des tiers publics ou privés.

1. L'enseignement et la formation professionnelle

Les régions ont la charge de l'essentiel du secteur de la formation professionnelle et d'apprentissage où leur rôle se manifeste par le financement de nombreux organismes de formation publics ou privés.

En ce qui concerne l'enseignement, les régions ont la charge des lycées et établissements assimilés. Elles assurent le financement de ces établissements, à l'exception des dépenses pédagogiques (achats de livres, etc.) et des dépenses de personnel qui restent à la charge de l'État.

2. Les interventions économiques

Le rôle de la région en la matière est essentielle. Ces interventions prennent des formes diverses : primes régionales à la création d'entreprises, primes régionales à l'emploi, prêts et avances à taux privilégiés, bonifications d'intérêt, etc., étant précisé que pour l'action des aides directes, la compétence régionale prévaut sur celle des autres collectivités territoriales. Les communes et les départements ne peuvent intervenir en matière d'aides directes qu'à titre complémentaire.

La région peut également intervenir à travers des aides indirectes, conjointement avec les autres collectivités. À la différence des aides directes, la région n'a pas seule l'initiative de l'attribution des aides indirectes. Les aides indirectes sont très variées : aide à la formation professionnelle, études, diagnostics, etc. Certaines de ces aides sont réglementées. Il s'agit notamment des garanties en matière d'emprunt. La région peut concourir au redressement d'entreprises en difficultés, dans les conditions analogues à celles des départements.

Depuis 1984, les régions ont la responsabilité des aides au renouvellement et à la modernisation de la flotte de pêche côtière ainsi que des aides aux entreprises de cultures marines.

La loi du 27 février 2002 relative à la démocratie de proximité a modifié le cadre législatif des aides directes aux entreprises. Ces aides sont constituées de subventions, des avances remboursables, des prêts et des bonifications d'intérêts. Ces aides sont déterminées par délibération du conseil régional, dans le respect des règles communautaires relatives aux aides publiques.

L'article 138 de la loi de finances pour 2004 prévoit que l'insertion professionnelle des jeunes en difficulté est confiée à la région en contrepartie d'une dotation indexée sur la dotation globale de fonctionnement.

La loi n° 2004-809 du 13 août 2004 relative aux libertés et aux responsabilités locales supprime la distinction entre aides directes et aides indirectes attribuées par la région.

3. Les transports et communications

Les régions sont associées à l'élaboration de la politique globale des transports de l'État.

Par ailleurs, la région n'a pas la charge directe d'un réseau routier. Les régions concernées exercent aussi des compétences de gestion de certaines voies navigables et de ports fluviaux.

4. La planification et l'aménagement du territoire

La région constitue le niveau privilégié de négociation et de concertation pour l'élaboration de la planification des interventions publiques. C'est dans le cadre régional que sont négociés, notamment, les contrats de plan (État-région) et certaines interventions européennes.

La loi du 13 décembre 2000 relative à la solidarité et au renouvellement urbain (SRU) généralise les transports ferroviaires régionaux de voyageurs. Cette compétence est dévolue aux régions à compter du 1er janvier 2002. Pour l'exercice de leurs compétences, les régions doivent passer une convention avec la SNCF précisant les conditions d'exploitation et de financement des services régionaux.

5. Les autres interventions régionales

Les régions peuvent, à l'instar des autres collectivités locales, intervenir dans d'autres domaines, par exemple en faveur du développement culturel, par des actions propres et par la répartition d'une dotation culturelle en provenance de l'État. Elles peuvent également s'engager, de manière ponctuelle, dans des actions multiples en faveur du développement rural (chartes intercommunales notamment), de l'équipement sanitaire et social, etc.

La loi du 27 février 2002 relative à la démocratie de proximité a prévu des transferts dans deux domaines : l'environnement et le patrimoine culturel. Le plan régional pour la qualité de l'air relève désormais du conseil régional ; la loi permet au conseil régional de classer des réserves naturelles régionales. Est prévu de manière expérimentale le transfert de compétences de l'État dans le domaine de la « conduite » de l'inventaire des monuments et richesses artistiques de la France, d'autorisations de travaux sur les monuments et leurs abords, etc.

Voir aussi

Fiche 58. Les compétences des collectivités dans le domaine économique

Questions de concours

- → Les dépenses régionales
- → Les grandes catégories de dépenses régionales

LA FISCALITÉ DIRECTE : LES QUATRE TAXES LOCALES

Créées en 1974-1976 en remplacement des « quatre vieilles » – contributions directes créées pendant la Révolution –, les quatre taxes directes locales sont des recettes des budgets locaux. Toutefois, ce n'est qu'à partir de 1981 (loi du 10 janvier 1980) que les conseils généraux et municipaux ont voté le taux de chacune de ces quatre taxes et non plus un produit global. Depuis 1989, le régime fiscal des régions est aligné sur celui des autres collectivités locales.

1. La taxe foncière sur les propriétés non bâties

1.1. Champ d'application

La taxe foncière sur les propriétés non bâties est due chaque année par les propriétaires de terres ou terrains de toute nature situés en France et non couverts de constructions, à l'exception de ceux qui sont expressément exonérés par la loi. La base d'imposition est constituée par la valeur locative cadastrale diminuée de 20 % pour charges d'entretien.

Des exonérations sont prévues pour certains biens fonciers, à titre permanent ou temporaire.

1.2. Les exonérations

1.2.1. Les exonérations à titre permanent. Certaines propriétés bénéficient d'une exonération totale. Cela concerne :
– les propriétés de l'État, des départements, des régions, des communes et de certains établissements et organismes affectés à un service public et non productives de revenus ;
– les voies publiques ;
– les fleuves et rivières navigables et flottables ;
– les sols et terrains soumis à la taxe foncière sur les propriétés bâties.

1.2.2. Exonérations à titre temporaire. Sont exonérés à titre temporaire :
– les terrains ensemencés, plantés ou replantés en bois de plein droit pendant trente ans ;
– sur délibération des collectivités territoriales, les terrains nouvellement plantés en noyers pendant huit ans ou plus et les terrains plantés en arbres truffiers pendant les quinze premières années suivant la plantation ;
les terrains plantés en oliviers : l'exonération est décidée par l'assemblée délibérante, à titre permanent ou temporaire.

2. La taxe foncière sur les propriétés bâties

La taxe sur les propriétés bâties, assise sur 50 % de la valeur locative des bâtiments d'habitation et à usage professionnel, est due par le propriétaire des immeubles.

2.1. Exonérations permanentes

Sont exonérés de manière permanente, notamment :
– les propriétés publiques de l'État, des régions, des départements, des communes et de certains établissements et organismes publics affectés à un service public ou d'utilité générale et non productives de revenus ;
– les édifices affectés à l'exercice public du culte ;

– les locaux diplomatiques ;
– les bâtiments ruraux affectés à un usage agricole de manière permanente et exclusive (écuries, caves, greniers, etc.).

2.2. Exonérations temporaires

Ces exonérations sont soit de courte durée (2-5 ans) dans les zones franches urbaines, soit de longue durée (10-15 ou 25 ans) en faveur de certains logements sociaux affectés à l'habitation principale.

3. La taxe d'habitation

La taxe d'habitation est due, en principe, par toute personne physique ou morale disposant dans la commune d'une habitation meublée à titre privatif, que ce soit en qualité de propriétaire, de locataire ou à tout autre titre (occupation gratuite par exemple). La part régionale de la taxe d'habitation a été supprimée à compter de 2001. Une dotation est versée chaque année aux régions par l'État pour compenser la perte qu'elles subissent.

3.1. Les abattements

Pour les logements affectés à l'habitation principale, la base d'imposition à la taxe d'habitation subit des abattements obligatoires pour charges de famille : 10 % de la valeur locative moyenne des locaux de la collectivité pour chacune des deux premières personnes à charge et 15 % pour chacune des suivantes. Les assemblées délibérantes peuvent majorer ces taux de 5 à 10 %.

Un abattement général à la base, facultatif, peut être décidé par le conseil. Il peut être de 5, 10 ou 15 % de la valeur locative moyenne. Enfin, un abattement spécial à la base peut être institué par les conseils pour certaines catégories de contribuables (de revenus modestes).

À côté de ces abattements existent des exonérations totales ou partielles.

3.2. Les exonérations permanentes

Le dégrèvement est accordé au titre de la résidence principale en faveur :
– des membres du corps diplomatique et consulaire ;
– des établissements publics scientifiques, d'enseignement, d'assistance ;
– de certaines personnes de condition modeste, pour leur résidence principale uniquement, qui sont âgées de plus de 60 ans, non soumises à l'impôt sur le revenu, ainsi qu'en faveur des titulaires du revenu minimum d'insertion (RMI) et les adultes handicapés aux ressources modestes, pour leur habitation principale.

3.3. Les exonérations partielles

Les contribuables qui remplissent les conditions d'occupation et dont le montant des revenus de l'année précédente n'excède pas la limite prévue à l'article 1417 du Code général des impôts sont dégrevés d'office de la taxe d'habitation, à concurrence du montant de l'imposition excédant une certaine limite révisée chaque année.

4. La taxe professionnelle

La taxe professionnelle s'est subsituée à la patente en 1976. Elle est due en principe, chaque année, par toutes les personnes physiques ou morales qui exercent à titre habituel une activité professionnelle non salariée. Elle ne porte que sur les activités exercées en France. Pour qu'une activité soit soumise à la taxe professionnelle, il faut donc :
– qu'elle présente une activité habituelle, ce qui implique que les opérations soient effectuées de façon répétitive ;
– qu'elle soit exercée à titre professionnel, ce qui exclut les activités sans but lucratif ;

– qu'il s'agisse d'une activité non salariée, c'est-à-dire exercée de manière indépendante.

La base d'imposition de la taxe professionnelle est constituée de deux éléments :
– la valeur locative des immobilisations corporelles utilisées par le redevable pour les besoins de sa profession (terrains, constructions, installations, matériel et outillage...) ;
– une fraction du montant des salaires ou, plus exceptionnellement pour certaines activités, un pourcentage des recettes.

La loi de finances pour 1999 a introduit une vaste réforme de la taxe professionnelle qui a abouti, dans un délai de cinq ans, à la suppression totale de la part des salaires. Ainsi, à compter de 2003, la fraction imposable des salaires est totalement exclue de la base d'imposition de la taxe professionnelle.

Des réductions applicables à la base sont prévues : la réduction pour embauche et investissement ; la réduction en faveur des artisans qui emploient trois salariés ou plus ; l'abattement général à la base de 16 % depuis 1987.

Mais la loi prévoit un certain nombre d'exonérations soit permanentes, soit temporaires.

4.1. Les exonérations permanentes

Ces exonérations sont assez nombreuses, on peut citer :
– les activités agricoles, artisanales ou d'intérêt général poursuivies par les collectivités publiques ;
– les activités artistiques (peintres, sculpteurs, graveurs, etc.) ;
– les activités de l'enseignement privé ;
– les activités de publication de presse périodique ;
– certaines activités libérales comme les sages-femmes ou les avocats stagiaires.

À côté de ces exonérations permanentes sont prévues des exonérations temporaires de taxe professionnelle.

4.2. Les exonérations temporaires

Les exonérations temporaires sont accordées sur décision des collectivités locales. D'autres exonérations sont octroyées de plein droit sauf décision contraire des collectivités locales. Il s'agit notamment :
– des exonérations temporaires facultatives dans le cadre de l'aménagement du territoire. Les entreprises peuvent bénéficier d'une exonération temporaire lorsqu'elles réalisent dans certaines zones territoriales certaines opérations limitativement énumérées par la loi ;
– de l'exonération des médecins et auxiliaires médicaux qui s'installent dans les communes de moins de 2 000 habitants. Ces activités peuvent être exonérées, sur délibération des collectivités locales, pour les deux années qui suivent leur installation.

Ces pertes ouvrent droit à une compensation financière versée par l'État.

Une commission « Taxe professionnelle » a été créée. Elle est chargée de réfléchir à la transformation de l'actuelle taxe professionnelle. L'objectif est de substituer à l'actuelle taxe un dispositif fiscal nouveau, non pénalisant sur le plan économique et dans le respect du principe d'autonomie financière des collectivités territoriales.

Voir aussi

Fiche 51. Les dotations de compensations

Questions de concours

➜ La fiscalité directe locale
➜ Les impôts directs des collectivités territoriales

LA FISCALITÉ DIRECTE : LES AUTRES IMPÔTS DIRECTS

Si les quatre taxes directes locales constituent l'essentiel de la fiscalité directe locale, cette dernière est aussi composée d'autres prélèvements complémentaires, qui demeurent néanmoins accessoires.

1. La taxe d'enlèvement des ordures ménagères (TEOM)

La taxe d'enlèvement des ordures ménagères est une taxe facultative librement instituée par les communes ou leurs groupements sur le territoire desquels fonctionne un service d'enlèvement des ordures ménagères. Elle se présente comme une taxe additionnelle à la taxe foncière sur les propriétés bâties. En effet, elle est recouvrée en même temps, dans les mêmes conditions, et sur la même assiette que la taxe foncière sur les propriétés bâties. Elle est établie au nom du propriétaire qui peut la répercuter sur son locataire. La collectivité vote le produit de cette taxe au niveau nécessaire à l'équilibre financier du service, et l'administration fiscale vote le taux.

À compter de 2005, les communes et leurs EPCI à fiscalité propre ayant institué la TEOM voteront directement son taux.

Le service d'enlèvement des ordures ménagères peut être financé soit au moyen de la taxe, soit au moyen d'une redevance pour service rendu (sans aucun caractère fiscal), soit sur les recettes du budget.

Par conséquent, les communes ou les établissements publics locaux qui assurent l'enlèvement des ordures ménagères peuvent choisir d'instituer une redevance en lieu et place de la taxe. Dans ce cas, il s'agit d'un produit d'exploitation qui doit être calculé en fonction du service rendu à chaque usager. Elle n'a pas un caractère fiscal et n'est par conséquent plus recouvrée par l'État mais par la collectivité ou l'établissement concernés.

L'institution de la redevance entraîne automatiquement la suppression de la taxe.

La taxe d'enlèvement des ordures ménagères ne porte pas sur les propriétés qui bénéficient d'une exonération permanente de la taxe foncière sur les propriétés bâties.

1.1. Exonération de plein droit

Sont exonérés :
– les propriétés exonérées de façon permanente au titre de la taxe foncière sur les propriétés bâties ;
– les usines et tous les terrains et locaux situés dans leur enceinte ;
– les locaux situés dans la partie de la commune où ne fonctionne pas le service d'enlèvement des ordures ménagères.

1.2. Exonération de manière facultative

Sur délibération du conseil municipal ou de l'organe délibérant du groupement des communes avant le 15 octobre d'une année pour être applicable l'année suivante :
– les locaux à usage commercial ou industriel ;
– les immeubles munis d'un appareil d'incinération d'ordures ;
– les redevables de la redevance spéciale.

2. La taxe de balayage

La taxe de balayage est un impôt direct facultatif. Il est perçu au profit des communes ou groupements de communes lorsqu'ils assurent le balayage des voies livrées à la circulation publique. Elle est due par les propriétaires des immeubles riverains des voies publiques qui peuvent la répercuter sur leurs locataires.

3. La redevance communale et départementale des mines

Cette redevance s'applique aux entreprises minières en lieu et place de la taxe professionnelle dont ces dernières sont exonérées.

Impôt direct obligatoire perçu au profit des communes et des départements, la redevance est calculée à partir des tonnages nets extraits ou livrés (charbon, pétrole brut, gaz naturel, cuivre, étain...). Cette redevance ne s'applique pas aux hydrocarbures extraits de gisements situés au-delà d'un mille marin des lignes de base. Les tarifs sont fixés annuellement par arrêté ministériel et évoluent chaque année comme l'indice de valeur du produit intérieur brut total, tel qu'il est estimé dans la loi de finances. La redevance des mines se caractérise par le mode de répartition de son produit puisqu'il fait l'objet d'une redistribution entre une pluralité de bénéficiaires.

3.1. Redevance départementale

Le produit de la redevance départementale des mines est attribué au département sur le territoire duquel se trouve la concession. Si celle-ci s'étend sur plusieurs départements, le produit est réparti entre ces différents départements au prorata du tonnage extrait au cours de l'année précédente sous chacun de leurs territoires respectifs.

3.2. Redevance communale

La répartition s'effectue différemment selon qu'il s'agit de substances minérales ou d'hydrocarbures liquides ou gazeux (régime spécifique). Ainsi, lorsqu'il s'agit de substances minérales autres que les hydrocarbures, 35 % du produit est conservé par les communes d'implantation, 10 % est réparti entre les communes sièges des exploitants, au prorata des tonnages extraits sur leurs territoires respectifs et 55 % va alimenter un fonds commun réparti au prorata de la population entre les communes où sont domiciliés les salariés employés à l'exploitation minière.

4. L'imposition forfaitaire sur les pylônes électriques

Impôt direct obligatoire, cette taxe frappe d'une imposition forfaitaire annuelle les pylônes électriques à très haute tension à partir de 200 kilovolts.

Les redevables sont les concessionnaires du réseau de distribution d'énergie électrique, c'est-à-dire pour l'essentiel EDF.

Voir aussi

Fiche 32. Les budgets locaux : la préparation et le vote

Questions de concours

→ Les impôts indirects des collectivités territoriales
→ La taxe d'enlèvement des ordures ménagères

47 LES RESSOURCES DES COLLECTIVITÉS TERRITORIALES

LA FISCALITÉ INDIRECTE DES RÉGIONS

Très diversifiée, la fiscalité indirecte n'occupe qu'une place limitée dans l'ensemble des ressources fiscales des collectivités locales. Elle est composée d'un grand nombre de prélèvements dont la nature diffère selon les collectivités. Si sa part reste encore globalement modeste, elle s'est néanmoins accrue, pour les départements et les régions.

1. La taxe sur les certificats d'immatriculation des véhicules (carte grise)

Cet impôt était jusqu'en 1984 perçu par l'État. Il a été transféré aux régions pour compenser les charges nouvelles liées aux transferts de compétences et notamment dans le domaine de la formation professionnelle continue, de l'apprentissage et de l'éducation. C'est la plus importante des taxes régionales.

La région fixe librement le taux de cette taxe (taux unitaire par cheval vapeur). C'est de ce taux que découlent les différents tarifs de la taxe sur les cartes grises.

Toutefois ce taux unitaire est réduit de moitié pour :
- les véhicules utilitaires d'un poids total autorisé en charge supérieur à 3,5 tonnes ;
- les tracteurs non agricoles ;
- les motocyclettes ;
- certains véhicules de plus dix ans.

Sont en revanche exonérés de cette taxe :
- les véhicules appartenant à l'État ;
- les véhicules des agents diplomatiques et consulaires ;
- les véhicules neufs affectés à la démonstration, détenus par les concessionnaires et les agents de marque, dès lors que le poids autorisé en charge n'excède pas 3,5 tonnes ;
- les cartes grises délivrées à la suite d'un changement de domicile ou d'un changement d'état matrimonial.

Certains véhicules bénéficient d'une réduction des trois quarts du taux unitaire. Il s'agit des véhicules suivants de plus de 10 ans d'âge :
- les véhicules utilitaires d'un poids total autorisé en charge supérieure à 3,5 tonnes ;
- les tracteurs non agricoles ;
- les motocyclettes.

La loi de finances pour 1999 donne la possibilité aux conseils régionaux d'exonérer en totalité à concurrence de la moitié du montant de la taxe les véhicules non polluants (dits propres). Il s'agit des véhicules qui fonctionnent, exclusivement ou non, au moyen de l'énergie électrique, du gaz naturel ou du gaz de pétrole liquéfié (GPL). La taxe est exigible sur les certificats d'immatriculation des véhicules délivrés dans le ressort territorial de la région. Elle est due par le propriétaire du véhicule. Elle est perçue par les services des préfectures au moment de la délivrance des certificats d'immatriculation.

2. La taxe sur les permis de conduire

Cette taxe obligatoire, assimilée à un droit de timbre, est exigible sur les permis de conduire des véhicules automobiles, des motocyclettes et de tous autres véhicules à moteur. Pour les véhicules automobiles, cette taxe couvre toutes les extensions de validité de conduire. Elle est perçue à un taux unique fixé librement par les conseils régionaux.

Le fait générateur de la taxe résulte de la délivrance des permis de conduire ou des duplicata. La taxe n'est pas due lorsque la délivrance du permis de conduire est consécutive à un changement d'état matrimonial. Elle est perçue par les services préfectoraux à l'occasion de la délivrance des permis de conduire ou de leur duplicata. À compter du 1er septembre 1998, le droit d'examen pour l'obtention du permis de conduire des véhicules automobiles, motocyclettes et tous autres véhicules à moteur est supprimé.

3. La taxe additionnelle aux droits de mutation

Taxe facultative, cette taxe était additionnelle à un impôt d'État.

Avec le transfert au département, en 1984, des droits d'enregistrement, elle est devenue une taxe additionnelle aux droits départementaux d'enregistrement. Cette taxe que le conseil régional avait la faculté d'instituer, a été supprimée totalement, à compter du 1er janvier 1999, par la loi de finances pour 1999. Cette suppression s'applique depuis le 1er septembre 1998 pour les ventes d'immeubles d'habitation et de garage.

Les régions perçoivent une compensation, en contrepartie de la suppression de cet impôt.

Le montant de cette compensation, revalorisée en fonction de l'évolution de la DGF en 1998, évolue chaque année, comme la DGF, depuis 1999.

La région Île-de-France perçoit en outre une redevance pour création de bureaux. C'est un prélèvement à caractère obligatoire perçu dans des zones comprises dans la région d'Île-de-France et délimitées par décret.

Toutefois la loi du 3 décembre 1982 a supprimé la redevance pour les constructions de locaux à usage industriel et pour les transformations de locaux d'une autre nature en locaux à usage industriel. Cette redevance est due par les constructeurs.

Le produit de la taxe est affecté par la région Île-de-France au financement d'équipements nécessaires au desserrement d'activités industrielles ou tertiaires dans certaines parties de la région et les infrastructures routières d'intérêt régional.

Sont toutefois exonérés, dans les établissements industriels, les bureaux dépendants de locaux de production ainsi que les autres bureaux d'une superficie inférieure à 1 000 m^2 et les locaux de recherche.

Voir aussi

Fiche 32. Les budgets locaux : la préparation et le vote

Questions de concours

- → Les principales taxes indirectes régionales
- → La fiscalité indirecte des régions

LA FISCALITÉ INDIRECTE DES DÉPARTEMENTS

La fiscalité indirecte des départements se composait principalement de deux impôts : la taxe différentielle sur les véhicules à moteur (vignette) et les droits d'enregistrement. À ces deux principales taxes s'ajoutent d'autres taxes indirectes dont le rendement est assez faible.

1. La taxe différentielle sur les véhicules à moteur (vignette)

La taxe différentielle sur les véhicules à moteur appelée « vignette », payable normalement en novembre 2000 (millésime 2001), a été supprimée pour les particuliers. Les pertes pour les départements sont intégralement compensées par l'État.

2. La taxe départementale de publicité foncière ou le droit départemental d'enregistrement

La loi de finances pour 1999 a réformé l'ensemble des droits de mutation, pour réduire le coût pour les particuliers et pour les entreprises. Aussi, les droits départementaux se trouvent allégés et la taxe régionale est supprimée.

Cette taxe, due par l'acquéreur, frappe les ventes et tous les autres actes civils et judiciaires translatifs de propriété ou d'usufruit de biens immeubles à titre onéreux.

L'impôt est perçu sur le prix du bien cédé, augmenté des charges, le cas échéant, ou sur la valeur vénale si elle est supérieure.

Les conseils régionaux peuvent exonérer de la taxe les cessions de logements réalisées dans certaines conditions par les organismes d'HLM. Ils peuvent également exonérer les offices d'HLM pour leurs acquisitions d'immeubles d'habitation acquis ou construits par des accédants à la propriété en difficulté.

Le régime de cet impôt départemental est presque entièrement fixé par la loi. Les taux ainsi fixés par la loi sont susceptibles d'être modifiés, dans certaines limites, chaque année par le conseil général du département.

3. Les autres taxes indirectes des départements

Les autres taxes indirectes susceptibles d'alimenter les budgets départementaux sont des taxes ayant le même champ d'application que certaines taxes indirectes communales. Soit elles ont la même assiette que les taxes communales (taxe départementale sur les espaces naturels sensibles), soit elles se présentent comme des taxes additionnelles à des taxes communales (taxe départementale sur les remontées mécaniques, taxe sur l'électricité, taxe additionnelle à la taxe de séjour, surtaxe sur les eaux minérales, etc.).

Voir aussi

Fiche 32. Les budgets locaux : la préparation et le vote

Questions de concours

- → Les grandes taxes indirectes départementales
- → La fiscalité indirecte des départements

LA FISCALITÉ INDIRECTE DES COMMUNES

La fiscalité indirecte des communes est constituée d'une multitude de taxes, dont le rendement est faible. Les impôts indirects communaux peuvent être regroupés en cinq grandes catégories.

1. Les taxes assimilées à des droits d'enregistrement

Deux prélèvements peuvent être rattachés à cette catégorie.

1.1. Le droit de timbre sur les permis de chasser

Impôt obligatoire, il est perçu au profit des communes où la demande de visa est présentée.

À tarif unique sur tout le territoire (30 euros par permis), il est perçu à l'occasion de la délivrance du permis de chasser ou de son visa annuel. En sont redevables les personnes sollicitant la délivrance d'un permis de chasser.

La taxe annuelle demandée lors des validations du permis de chasse ainsi que la taxe demandée à la remise de duplicata de permis de chasse sont supprimées à compter de 2002 sans compensation. Le droit de timbre de 9 euros perçu au profit de l'État est maintenu.

1.2. La taxe additionnelle aux droits d'enregistrement sur les mutations à titre onéreux

C'est un impôt perçu au profit des communes de plus de 5 000 habitants, ou classées stations balnéaires, thermales, climatiques, de tourisme ou de sports d'hiver.

Dans les autres communes, autres que celles mentionnées ci-dessus, la taxe additionnelle est perçue au profit d'un fonds de péréquation départemental, dont les ressources sont réparties par le préfet, suivant un barème établi par le conseil général, en fonction de l'importance de la population, de la voirie, de l'effort fiscal, etc.

Cette taxe est perçue obligatoirement et automatiquement, sans que le conseil municipal ait à prendre de délibération pour l'instituer.

Les communes peuvent décider d'exonérer de taxe additionnelle les acquisitions d'immeubles ruraux effectuées par les jeunes agriculteurs.

Le débiteur de l'impôt est le nouveau propriétaire d'un bien.

2. Les taxes liées à des opérations d'urbanisme ou d'équipement

L'objet de ces quatre taxes est de faire participer les constructeurs aux charges d'équipements collectifs revenant aux communes et rendues nécessaires par les implantations de logements.

Les communes peuvent décider l'institution d'une participation pour création de voies nouvelles et réseaux.

2.1. La taxe locale d'équipement (TLE)

C'est la plus importante de ces taxes. Elle est perçue de plein droit (sauf décision contraire du conseil municipal) dans les communes de plus de 10 000 habitants et dans celles de la région d'Île-de-France figurant sur une liste prévue par un décret du 5 octobre 1972. Elle s'applique de manière facultative dans les autres communes.

La taxe est due par tout bénéficiaire d'une autorisation de construire (sauf exonérations expresses comme celles prévues en faveur des bâtiments agricoles ou des offices d'HLM et des propriétés publiques bénéficiant de l'exemption permanente de taxe foncière sur les propriétés bâties).

Le taux de la taxe est librement fixé par le conseil municipal dans les limites légales (minimum 1 %, maximum 5 %).

Le paiement de la taxe intervient en deux fractions : un premier versement dans le délai de 18 mois à compter de la délivrance du permis de construire, le second versement dans le délai de 36 mois à compter de cette même date.

2.2. Le versement pour dépassement du plafond légal de densité (PLD)

Toute construction dépassant ce plafond donne lieu de la part du constructeur à un versement pour dépassement du PLD, dans les communes qui ont maintenu ce PLD.

Les collectivités locales fixent librement le niveau du PLD, sans qu'il puisse être inférieur à 1 (1,5 à Paris).

Sont exonérés de droit les immeubles édifiés par l'État, les collectivités locales et la plupart des établissements publics administratifs, sous condition qu'ils soient affectés à un service public et non productifs de revenus.

La loi relative à la solidarité et au renouvellement urbain du 13 décembre 2000 a abrogé le dispositif du versement pour dépassement du PLD. Toutefois, les communes qui l'avaient instauré au 31 décembre 1999 peuvent le maintenir sous certaines conditions.

2.3. La participation pour dépassement du coefficient d'occupation des sols (COS)

Cette participation repose sur un mécanisme très voisin de celui du versement du PLD. Elle a été abrogée par la loi SRU. Aucune participation n'est due pour les permis de construire délivrés à compter de l'entrée en vigueur de cette loi.

2.4. La participation pour non-réalisation d'aires de stationnement

Cette participation permet aux constructeurs qui sont dans l'impossibilité technique de respecter les normes de stationnement imposées dans les plans d'occupation des sols (POS) d'être dispensés de cette obligation, soit en trouvant une solution de substitution, comme acquérir des places proches de la construction, soit en s'acquittant d'une participation pour non-réalisation d'aires de stationnement si la commune l'a instituée.

Le montant de la participation, fixé par délibération du conseil municipal, peut être uniforme ou différencié par quartier. Son montant ne peut excéder un plafond revalorisé chaque année en fonction de l'indice INSEE d'évolution du coût de la construction. La loi du 13 décembre 2000 relative à la solidarité et au renouvellement urbain (SRU) a réformé les règles relatives aux obligations de réalisation de places de stationnement dans les opérations de constructions.

3. Les prélèvements perçus à l'occasion de la fréquentation des lieux dits « publics »

3.1. Le droit de licence des débits de boissons

Impôt indirect obligatoire perçu au profit des communes, le droit de licence est dû pour les débits d'alcool pourvus d'une licence restreinte ou d'une licence de plein exercice.

Les débitants d'alcool acquittent un droit de licence valable pour un seul établissement.

Le tarif est fixé librement par le conseil municipal à l'intérieur de limites autorisées par un barème légal. Le barème est doublé pour les débits pourvus d'une licence de plein exercice. À défaut de délibération du conseil municipal, le tarif minimal s'applique. Ce droit a été supprimé par la loi de finances pour 2003. Une dotation de l'État est versée pour compenser le manque à gagner.

3.2. L'impôt sur les spectacles, jeux et divertissements

C'est un impôt indirect obligatoire qui s'applique, sauf exception, aux manifestations sportives comportant l'organisation de compétitions et pour lesquelles un prix d'entrée est exigé de la part des spectateurs, aux cercles de maisons de jeux (dont le taux de la taxe est fonction des recettes annuelles, par paliers successifs) et aux appareils automatiques de jeux. (La taxe est perçue par an et par appareil selon un tarif qui comporte quatre strates de population communale.) Il doit être reversé au centre communal d'action sociale (CCAS), à hauteur d'un tiers au moins des sommes perçues.

3.3. La taxe sur les jeux de boules et de quilles, dite « taxe sur les bowlings »

Impôt indirect facultatif perçu au profit des communes, la taxe sur les bowlings s'applique aux seules installations comportant des dispositifs électromécaniques.

Le propriétaire est solidairement responsable avec l'exploitant du paiement de la taxe.

La taxe sur les bowlings est établie en fonction du nombre de pistes comprises dans chaque installation. Son montant annuel est fixé annuellement et pour chaque piste en fonction de la strate de population à laquelle appartient la commune.

3.4. Le prélèvement communal sur le produit des jeux dans les casinos

C'est un impôt indirect facultatif qui a le caractère d'une taxe sur le chiffre d'affaires. Les redevables sont les exploitants des casinos. La base d'imposition correspond à 75 % du produit brut des jeux. Le taux inclus dans le cahier des charges, conclu entre la commune et l'exploitant du casino, est fixé dans la limite de 15 % du produit brut des jeux.

4. Les taxes liées à la publicité

4.1. La taxe sur les affiches publicitaires

Elle peut être instituée par délibération du conseil municipal dans la mesure où la taxe sur les emplacements publicitaires fixes n'a pas été instituée. Elle frappe les affiches publicitaires de toutes sortes (sauf électorales), les réclames et enseignes lumineuses.

Les taux s'appliquent selon un barème légal calculé par mètre carré ou fraction de mètre carré à la superficie totale de l'affiche.

4.2. La taxe sur les emplacements publicitaires fixes

Elle ne peut être instituée que si la précédente ne l'est pas. Sont taxables les emplacements fixes affectés à la publicité et visibles de toute voie ouverte à la circulation du public. Le redevable de l'impôt est l'exploitant ou, à défaut, le propriétaire de l'emplacement.

Les tarifs s'appliquent par mètre carré ou fraction de mètre carré de superficie utile de l'emplacement. À titre dérogatoire, sont exonérés, entre autres, le mobilier urbain lorsqu'il est utilisé comme emplacement publicitaire et les emplacements publicitaires dépendant des concessions municipales d'affichage.

4.3. La taxe sur les véhicules publicitaires

La taxe frappe les véhicules circulant sur le territoire de la commune l'ayant instituée, dès lors que ces véhicules sont utilisés ou équipés pour servir essentiellement de support à la publicité ou à des préenseignes. Le tarif applicable dans chaque commune et pour chaque véhicule quel que soit son âge est celui applicable au titre de la taxe différentielle sur les véhicules à moteur dont l'âge n'excède pas cinq ans.

5. Les taxes frappant des dépenses de consommation

Taxes facultatives, elles sont au nombre de quatre.

5.1. La taxe sur l'électricité

L'assiette de cette taxe est facultative. Elle est égale à un pourcentage du prix hors taxe de l'électricité facturée par le distributeur (EDF). Elle est due par les usagers pour les quantités d'électricité consommées sur le territoire de la commune.

Le taux maximum autorisé est fixé pour les communes à 8 % et, pour les départements, à 4 %.

5.2. La taxe de séjour

Il existe deux modalités de taxe de séjour : la taxe de séjour classique et la taxe de séjour forfaitaire. La taxe concerne toutes les communes qui font un effort de promotion en faveur du tourisme.

Les communes peuvent choisir entre deux modalités de taxe de séjour :
– la taxe de séjour classique, établie sur les personnes étrangères à la commune ;
– ou une taxe forfaitaire, établie sur les logeurs, hôteliers, propriétaires et assise sur leur capacité d'accueil (nombre de lits).

Les mutilés, malades et blessés de guerre, les enfants de moins de treize ans, les bénéficiaires de l'aide sociale, sont exemptés de taxe.

5.3. La surtaxe sur les eaux minérales

Impôt indirect facultatif, cette taxe est perçue au profit des communes sur lesquelles des sources d'eau minérale sont situées. La surtaxe est applicable en France continentale, en Corse et dans les départements d'outre-mer, à l'exception de la Guyane. Elle est due par les exploitants des sources d'eau minérale. Les communes qui instituent la taxe peuvent en fixer les tarifs, dans la limite du plafond prévu par la loi, en fonction du volume d'eau contenu dans les récipients utilisés.

Sont exonérées de la surtaxe les quantités d'eau minérale qui sont exportées et celles qui sont consommées sur place.

5.4. La taxe sur les remontées mécaniques

Sont redevables de cette taxe les entreprises exploitant des engins de remontées mécaniques. Cependant, le montant de la taxe est inclus dans le prix du titre de transport. Le taux de la taxe communale ne peut dépasser 3 % des recettes brutes provenant de la vente des titres de transport.

Voir aussi

Fiche 32. Les budgets locaux : la préparation et le vote

Questions de concours

→ Les taxes d'urbanisme communales
→ Les principales taxes indirectes des communes

LES DOTATIONS ET SUBVENTIONS DE FONCTIONNEMENT

Les concours versés par l'État aux collectivités territoriales (transferts reçus) sont constitués par des dotations et subventions pour le financement de leurs dépenses de fonctionnement.

1. La dotation globale de fonctionnement (DGF)

La DGF constitue le plus important concours de l'État aux collectivités ; elle bénéficie non seulement aux communes et à leurs groupements dotés de fiscalité propre, aux départements mais aussi aux régions, à compter de 2004. La loi de finances pour 2004 a créé une part régionale de la DGF qui se substitue aux compensations fiscales en contrepartie de la « part salaire » de taxe professionnelle, ainsi que de la taxe d'habitation et des droits de mutation à titre onéreux et aux dotations générales de décentralisation.

La loi de finances pour 2005 a prévu différentes mesures qui constituent la seconde étape de la réforme amorcée en 2004 par la loi de finances pour 2004. Toutes les collectivités sont concernées par cette dotation.

1.1. Composition de la dotation de fonctionnement des départements

1.1.1. La dotation forfaitaire. La loi a intégré dans cette dotation différents concours particuliers et compensations. Elle est désormais composée d'une dotation de base égale à 70 euros par habitant et d'une dotation de garantie pour permettre à chaque département d'atteindre le montant total de la dotation forfaitaire perçue en 2004, indexée à hauteur de 60 % du taux de progression de l'ensemble des ressources de la DGF.

1.1.2. La dotation de compensation. Créée en 2004, elle retrace d'une part l'ancien concours particulier comprenant la suppression des contingents communaux d'action sociale et d'autre part, 95 % de la part de la dotation globale de décentralisation (DGD) due à chaque département en 2003 qui ne correspondait pas à une compensation fiscale. Cette dotation évolue en fonction du taux de croissance de la DGF mise en répartition.

1.1.3. La dotation de péréquation. Constituée après déduction des montants de la dotation forfaitaire et de la dotation de compensation, à compter de 2005, elle s'organise autour de deux dotations : la dotation de péréquation urbaine (DPU) et de la dotation de fonctionnement minimale (DFM). Pour la répartition de ces dotations de péréquation, le potentiel financier se substitue au potentiel fiscal.

Le potentiel financier d'un département correspond à son potentiel fiscal majoré de la dotation de compensation et la dotation forfaitaire perçus l'année précédente, auquel est ajouté le montant moyen perçu sur les cinq dernières années au titre des droits de mutation à titre onéreux.

La dotation de péréquation urbaine (DPU) est constituée de la totalité de la dotation de péréquation perçue en 2004 par les départements urbains. Le montant de la DPU est attribué à chaque département en fonction de sa population et d'un indicateur synthétique de ressources et de charges.

La dotation de fonctionnement minimale (DFM) concerne l'ensemble des départements qui ne sont pas considérés comme urbains. Elle est déterminée en fonction du potentiel financier des départements.

1.2. La dotation de fonctionnement des régions

La DGF a été attribuée aux régions en 2004. Celle-ci était constituée de divers concours, autonomes auparavant. La DGF des régions est constituée d'une dotation forfaitaire indexée selon un taux de progression fixé par le Comité des finances locales et d'une dotation de péréquation constituée de la reprise de l'ancien Fonds de correction des déséquilibres régionaux (FCDR). Le montant de cette dotation est égal à la différence entre l'ensemble des ressources affectées à la DGF des régions et la dotation forfaitaire.

1.3. La dotation globale de fonctionnement des communes

La DGF des communes, également réformée par la loi de finances pour 2005, est constituée de la dotation forfaitaire et des dotations de péréquation.

1.2.1. Une dotation forfaitaire composée de quatre parts.

– Une dotation de base dont le montant est compris dans une fourchette de 60 à 120 euros par habitant en fonction de la taille démographique des communes.
– Une dotation proportionnelle à la « superficie » fixée en 2005 à 3 euros par hectare. Cette part est calculée sur la base de 5 euros par hectare pour les communes situées en zone de montagne.
– Une part correspondant à l'ancienne compensation de la part « salaires » de la taxe professionnelle incluse dans la dotation forfaitaire de 2004.
– Un complément de garantie pour les communes pour lesquelles la somme de la dotation de base et de la dotation proportionnelle à la « superficie » est inférieure à la dotation forfaitaire perçue en 2004.

1.2.3. Les dotations de péréquation. La péréquation communale est composée de la dotation de solidarité urbaine et de la cohésion sociale (SU), de la dotation de solidarité rurale (DSR) et de la dotation nationale de péréquation (DNP).

La loi de finances pour 2005 a prévu une réforme du mode de répartition de ces trois dotations. Désormais, le potentiel fiscal des communes est remplacé par un potentiel financier. Ce dernier est égal au potentiel fiscal majoré du montant de la dotation forfaitaire perçu par la commune l'année précédente. Par ailleurs, à compter de 2005, un effort particulier est entrepris en faveur des communes éligibles à la dotation de solidarité urbaine (DSU) et comprenant une zone urbaine sensible (ZUS) ou une zone franche urbaine (ZFU). Un effort équivalent est également réalisé au profit des communes éligibles de la dotation de solidarité rurale Bourg-centre situées en zone de revitalisation rurale (ZRR).

1.4. La DGF des établissements publics de coopération intercommunale (EPCI)

Depuis 2004, les EPCI bénéficient de deux parts de la DGF :
– une dotation d'intercommunalité calculée en fonction de la population, du potentiel fiscal et du coefficient d'intégration fiscale (CIF) ;
– une dotation de compensation qui correspond, pour chaque groupement, à la compensation part « salaires » perçue antérieurement en dehors de la DGF, ainsi que, pour certains EPCI qui existaient en 1987, des sommes antérieurement perçues au titre de la compensation des baisses de la dotation de compensation de taxe professionnelle (DCTP).

2. La dotation spéciale « instituteurs »

La loi n° 82-213 du 2 mars 1982 relative aux droits et libertés des communes, des départements et des régions avait posé le principe de l'attribution par l'État aux communes d'une dotation spéciale destinée à compenser les charges résultant de l'obligation qui leur est impartie de loger les instituteurs dans des locaux communaux ou, à défaut, de leur attribuer une indemnité dite « représentative ».

Cette dotation était initialement intégrée dans la DGF et a été retirée de celle-ci depuis le 1er janvier 1986. L'article 85 de la loi de finances pour 1989 a modifié le régime de la dotation en prévoyant deux parts :
– la première est versée aux communes pour compenser les charges afférentes aux logements effectivement occupés par les instituteurs ayant droit au logement ;
– la deuxième est versée au Centre national de la fonction publique territoriale (CNFPT) qui verse au nom de la commune, directement aux instituteurs non logés, l'indemnité représentative, dans la limite du montant unitaire. Le montant de cette dotation est appelé à diminuer au fur et à mesure de l'intégration des instituteurs dans le cadre du statut des professeurs des écoles, créé par le décret du 1er août 1990.

3. La dotation générale de décentralisation (DGD)

Instituée à partir de 1983, la DGD est destinée à compenser les dépenses nouvelles liées aux transferts de compétences et non couvertes par des transferts de ressources fiscales. La DGD évolue de la même manière que la DGF.

La DGD est constituée, en fait, pour chaque catégorie de collectivité, de plusieurs concours particuliers.

4. Les subventions spécifiques de fonctionnement

Les collectivités peuvent bénéficier de subventions spécifiques accordées par divers ministères, essentiellement celles provenant des ministères des Affaires sociales, des Transports (exemple : subvention pour l'entretien des chaussées de Paris), de l'Agriculture (exemple : subvention en faveur des collectivités administrant des forêts), de l'Intérieur (exemple : aide aux communes fusionnées) et de la Culture (exemple : subvention pour le développement culturel).

5. La dotation « élu local »

La loi du 3 février 1992 relative aux conditions d'exercice des mandats locaux a défini un statut de l'élu. Cette loi comporte des dispositions relatives notamment à la revalorisation des indemnités des maires et des adjoints. La dotation « élu local » permet de compenser le versement des indemnités de fonctions des élus municipaux aux petites communes rurales (moins de 1 000 habitants) à faible potentiel fiscal.

6. Les autres dotations

6.1. La dotation de développement rural (DDR)

La DDR favorise le financement de projets de développement économique social et touristique, ou d'actions en faveur des espaces naturels. Depuis 2000, elle est réservée aux établissements publics de coopération intercommunale (EPCI) ruraux. Elle est répartie par les préfets sous forme de subventions.

6.2. Le fonds de solidarité des communes de la région Île-de-France (FSRIF)

Créé en 1991, il a pour objectif de contribuer à l'amélioration des conditions de vie dans les communes urbaines d'Île-de-France supportant des charges particulières au regard des besoins sociaux de leur population sans disposer de ressources fiscales suffisantes. Le dispositif permet une redistribution entre les communes de la région Île-de-France, par prélèvement sur les ressources fiscales des communes favorisées au profit des communes les plus défavorisées. La loi de finances pour 2005 a aménagé ce dispositf. Les communes contributrices font l'objet d'un, voire de deux prélèvements : le premier concerne les communes au regard de leur potentiel fiscal ; le second porte sur la fiscalité des communes et des EPCI appliquant une taxe professionnelle de zone.

Voir aussi

Fiche 31. Instructions budgétaires et comptables

Questions de concours

→ Les dotations de fonctionnement versées par l'État aux collectivités territoriales
→ La dotation globale de fonctionnement

LES DOTATIONS DE COMPENSATIONS

Les concours financiers de l'État versés aux collectivités trouvent leur origine dans deux séries de circonstances qui justifient le versement de la compensation : la perte de ressources infligée par l'État à la collectivité ; l'imposition par l'État de charges nouvelles pour la collectivité.

1. La compensation de perte de ressources

L'État prend à sa charge les pertes de ressources fiscales des collectivités territoriales qui résultent de mesures d'allégement d'impôts locaux.

Ces mesures peuvent prendre la forme soit de dégrèvements de cotisation d'impôt, soit d'exonérations correspondant à une réduction de l'assiette imposable.

1.1. Les compensations liées aux exonérations ou allégements de base

Ces compensations sont versées aux collectivités en contrepartie des pertes de recettes subies du fait de diverses mesures d'allégement de base ou de plafonnement des taux de leurs impôts décidées par la loi. Elles sont calculées de manière approximative. Il en résulte que la compensation n'est que partielle.

1.1.1. La compensation pour pertes de recettes en matière de taxe professionnelle. Pour compenser les pertes liées aux allégements de la taxe professionnelle décidés par l'État, le législateur a institué en 1987 une dotation de compensation de la taxe professionnelle (DCTP). Ces diverses compensations résultent d'une série de mesures prises successivement en loi de finances et qui ont entraîné une perte de recettes de taxe professionnelle pour les collectivités locales, et notamment la compensation de la réduction (de 20 % à 18 %) de la fraction des salaires prise en compte dans les bases de la taxe professionnelle.

La loi de finances pour 1999 a prévu la suppression sur cinq ans de la part des salaires au sein des bases de taxe professionnelle. Une compensation est versée aux collectivités locales.

1.1.2. La compensation pour pertes de recettes en matière de taxe d'habitation. L'article 21 de la loi de finances pour 1992 a transformé en exonérations les dégrèvements de la taxe d'habitation et de la taxe foncière sur les propriétés bâties bénéficiant aux personnes non imposables à l'impôt sur le revenu (à l'exception du dégrèvement de la taxe d'habitation en faveur des bénéficiaires du RMI). Ces exonérations sont assorties d'une subvention compensatrice versée aux collectivités locales.

1.1.3. La compensation des exonérations de la taxe foncière sur les propriétés bâties. Désormais, l'exonération temporaire de deux ans, applicable à la part de la taxe foncière sur les propriétés bâties perçue au profit des communes et de leurs groupements sur les constructions neuves est supprimée depuis 1992 en ce qui concerne les immeubles autres que ceux à usage d'habitation. Seuls les locaux bénéficiant d'une exonération de longue durée (logements sociaux principalement) ouvriront encore droit à cette compensation.

1.1.4. La compensation des exonérations de la taxe foncière sur les propriétés non bâties. Les parts départementale et régionale de taxes foncières sur les propriétés non bâties sont supprimées. L'État compense la perte de recettes résultant de cette exonération.

1.2. Les compensations liées aux dégrèvements

Les dégrèvements accordés aux contribuables locaux sont intégralement compensés par l'État.

2. La compensation de charges nouvelles

Les lois de décentralisation ont transféré aux collectivités territoriales un certain nombre de compétences jusqu'alors détenues par l'État. Ces accroissements de charges sont compensés par le transfert aux collectivités locales de ressources équivalentes aux dépenses effectuées par l'État, à la date du transfert. Elles assurent la compensation intégrale des charges transférées.

Ce transfert est assuré globalement pour moitié au moins par un accroissement des ressources fiscales des collectivités (transfert de certains impôts de l'État) et, pour le reste, par un transfert de ressources budgétaires de l'État dans le cadre de la dotation générale de décentralisation (DGD).

2.1. La DGD des communes

Les communes n'ayant bénéficié d'aucun des transferts de fiscalité, c'est uniquement la DGD qui compense les charges qui leur ont été transférées.

Trois compétences transférées aux communes donnent actuellement lieu à une compensation, il s'agit de l'urbanisme, des services municipaux d'hygiène et de santé et des bibliothèques municipales.

2.2. Les compensations pour les régions

Les régions ont bénéficié d'un système de compensation plus complexe. Dans le domaine de la formation professionnelle continue et de l'apprentissage, la compensation a d'abord été réalisée au moyen d'un transfert de fiscalité (la taxe sur les certificats d'immatriculation des véhicules à moteur « taxe sur les cartes grises »), ensuite et pour le solde, d'une dotation de compensation particulière.

Dans le domaine de l'enseignement, les régions se sont vu transférer les compétences en matière de fonctionnement, d'entretien et de construction des lycées. Ces transferts sont compensés par la DGD. En revanche, les dépenses d'investissement (construction d'un nouvel établissement) sont compensées par une dotation spécifique : la dotation générale d'équipement scolaire (DRES).

L'organisation et le financement des services ferroviaires de voyageurs et des services routiers relèvent, depuis le 1er janvier 2002, des régions. La compensation financière de ce transfert de compétence est prise dans la dotation globale de fonctionnement. Une dotation de compensation de recettes fiscales, résultant de la suppression de la taxe additionnelle aux droits de mutation et de la part régionale de la taxe d'habitation, est versée chaque année aux régions.

2.3. Les compensations pour les départements

Les départements bénéficient d'un système identique à celui des régions, pour compenser les charges transférées en matière de collèges.

Leurs dépenses de fonctionnement sont compensées dans le cadre de la DGD et leurs dépenses d'investissement par le biais de la dotation départementale d'équipement des collèges (DDEC).

Toutefois, les départements sont concernés par d'autres transferts de compensation (action sociale et santé, ports maritimes de commerce et de pêche, transports scolaires, bibliothèques départementales de prêts, etc.) qui ouvrent droit à une compensation financière soit au moyen d'impôts transférés (vignette automobile, droits d'enregistrement), soit par le biais de la DGD.

La décentralisation du revenu minimum d'insertion (RMI) et du RMA prévue par la loi n° 2003-1200 du 18 décembre 2003 portant décentralisation en matière de RMI et créant un revenu minimum d'activité (RMA) est compensée par l'attribution aux départements d'une part de la taxe intérieure de consommation sur les produits pétroliers (TIPP). L'article 53 de la loi de finances pour 2005 prévoit que les départements se verront attribuer une deuxième fraction de taux de taxe spéciale sur les conventions d'assurances (TSCA) en contrepartie d'une réfaction opérée sur leur dotation globale de fonctionnement. Cette attribution est notamment destinée à contribuer au financement des services départementaux d'incendie et de secours (SDIS).

2.4. Les compensations des transferts de compétences opérés par la loi du 13 août 2004

Les transferts de compétences organisés par la loi n° 2004-809 du 13 août 2004 relative aux libertés et responsabilités locales seront principalement compensés par l'attribution de ressources fiscales : sont affectées aux régions une fraction de la taxe intérieure de consommation sur les produits pétroliers (TIPP) et aux départements une part du taux de la taxe spéciale sur les conventions d'assurances (TSCA) pour les contrats d'assurance contre les risques de toute nature relatifs aux véhicules terrestres à moteur.

Voir aussi

Fiche 45. La fiscalité directe : les quatre taxes locales
Fiche 47. La fiscalité indirecte des régions

Questions de concours

- Les dotations de compensations perçues par les collectivités territoriales
- Les dotations de compensations de l'État dans les budgets des collectivités territoriales

LES FONDS DE PÉRÉQUATION

Pour corriger les disparités de potentiel fiscal existant entre les communes et les différences de taux pouvant en résulter, ont été mis en place des mécanismes redistributifs destinés à doter les collectivités considérées comme fiscalement les plus pauvres de ressources supplémentaires. Ont été ainsi constitués deux fonds (départemental et national) de péréquation de la taxe professionnelle (TP). Est mis en œuvre également un mécanisme de répartition du produit des amendes de police.

1. Le fonds départemental de péréquation de la taxe professionnelle

La péréquation départementale de la TP a été instituée en même temps que la création de cette taxe en remplacement de la patente par la loi du 29 juillet 1975.

1.1. Les ressources du fonds départemental de péréquation de la TP

Il est alimenté par deux ressources : l'une, facultative, provient d'un prélèvement sur ses propres recettes de TP ; l'autre, obligatoire, est procurée par le produit de l'écrêtement des bases communales de taxe professionnelle des établissements qualifiés d'exceptionnels. Ces établissements sont ceux dont les bases de TP dépassent deux fois la moyenne des bases de TP par habitant constatée au niveau national l'année précédente.

Sur le montant des ressources de ce fonds, un prélèvement prioritaire est effectué en faveur de la commune d'implantation de l'établissement exceptionnel pour lui permettre la couverture des annuités d'emprunts contractés avant le 1er juillet 1975. Les fonds départementaux de péréquation de TP deviennent une dotation de l'État qui évolue dès 2004 comme la DGF.

1.2. Les conditions d'attribution du fonds de péréquation

De même, depuis 1993, les groupements ayant opté pour le régime fiscal de la TP de zone ou de la TP d'agglomération bénéficient aussi d'un prélèvement prioritaire sur le montant des ressources brutes du fonds départemental.

Une fois ces prélèvements opérés, les ressources qui restent, qualifiées de ressources nettes, sont réparties entre deux catégories de bénéficiaires, les communes dites « concernées » et les communes dites « défavorisées ».

Sont considérées communes concernées celles qui sont situées à proximité de l'établissement exceptionnel et en subissent de ce fait un préjudice ou une charge quelconque, comme la présence sur leur territoire d'un certain nombre de salariés.

La catégorie des collectivités défavorisées comprend aussi bien des communes que des groupements qui bénéficient de cette ressource du fait de la faiblesse de leur potentiel fiscal ou de l'importance de leurs charges.

2. Le fonds national de péréquation de la taxe professionnelle (FNPTP)

2.1. Les ressources du fonds national de péréquation de la TP

Le fonds national de péréquation de la TP a été créé par la loi du 10 janvier 1980. Ce fonds est alimenté par une cotisation de péréquation versée par les entreprises situées dans des communes appliquant un taux de TP inférieur à la moyenne nationale, par la taxe professionnelle versée par France Télécom et par une dotation de l'État.

Les ressources du fonds national de péréquation de la TP sont réparties en deux parts. La première part, la dotation de développement rural, bénéficie, sauf exception, aux groupements de moins de 60 000 habitants sous forme de subventions destinées au développement économique et social et à la protection des espaces naturels. La seconde fraction, appelée communément FNPTP, est divisée en trois parts auxquelles s'ajoute la quote-part des DOM.

2.2. La répartition du fonds national de péréquation de la TP

La part principale est répartie entre les communes qui ont un potentiel fiscal par habitant inférieur à la moyenne de la strate démographique correspondante et dont l'effort fiscal est supérieur à la moyenne de la strate démographique correspondante. En outre, depuis la loi de finances pour 1998, sont également éligibles les communes de plus de 10 000 habitants qui remplissent cumulativement les deux conditions précitées.

La deuxième part est destinée à compenser les pertes importantes de base d'imposition de la TP enregistrée d'une année sur l'autre pour les communes ou les groupements de communes. Une part résiduelle est réservée aux communes qui rencontrent des difficultés financières graves en raison d'une baisse soit de leurs bases de TP, soit de leurs ressources de redevance des mines et dont le budget a été soumis pour déséquilibre à la chambre régionale des comptes. La part résiduelle se traduit, en fait, par une subvention exceptionnelle.

Le fonds assure également les compensations versées aux collectivités locales au titre des exonérations accordées pour les extensions d'entreprises intervenues dans les zones de redynamisation urbaine ou dans les zones franches urbaines ainsi qu'une partie des établissements créés dans les mêmes zones avant 1997. Le FNPTP, au titre de la diminution des bases de TP, est désormais intégré au budget de l'État. Par ailleurs, la dotation de développement rural est séparée du FNPTP et financée directement sur le budget de l'État.

3. La répartition du produit des amendes de police

Le produit des amendes de police relatives à la circulation routière est réparti par le comité des finances locales aux communes et groupements de communes au prorata des contraventions dénombrées l'année précédente sur leur territoire.

Pour les communes et groupements de communes de moins de 10 000 habitants, leur répartition est effectuée par le conseil général.

Ce produit est destiné à améliorer les transports et la circulation routière. Il est imputé en section d'investissement et doit être utilisé pour les dépenses relatives aux transports en commun (aménagements et équipements) et à la circulation routière (parcs de stationnement, signalisation, carrefours, etc.).

Il peut être repris en section de fonctionnement pour financer les dotations aux amortissements et aux provisions.

Voir aussi

Fiche 38. Les budgets locaux : le contrôle budgétaire
Fiche 45. La fiscalité directe : les quatre taxes locales

Questions de concours

→ **Les fonds de péréquation de l'État dans le budget des collectivités territoriales**
→ **Les fonds de péréquation en matière de taxe professionnelle**

LE FONDS DE COMPENSATION DE LA TVA

Les dotations et subventions d'équipement prennent la forme de dotations globales. Elles sont affectées au financement des dépenses de la section d'investissement. Il s'agit du FCTVA et de la DGE (dotation globale d'équipement). Elles prennent aussi la forme de concours plus spécifiques attribués en vue d'une opération ou d'une série d'opérations particulières. Il s'agit dans ce cas des subventions spécifiques.

1. Les dépenses exigibles au FCTVA

1.1. Les conditions d'attribution du FCTVA

Selon les textes en vigueur, six conditions cumulatives doivent être remplies pour qu'une dépense d'investissement, comptabilisée aux comptes 21 et 23 du compte administratif de la collectivité, puisse ouvrir droit à une attribution du FCTVA :
- la dépense doit avoir été réalisée par un bénéficiaire du fonds ;
- le bénéficiaire doit être propriétaire de l'équipement pour lequel cette dépense a été engagée, ce qui exclut les travaux pour le compte de tiers, sous réserve des dispositions nouvelles introduites par les lois de finances pour 1997 et 1998 relatives aux établissements publics de coopération intercommunale (EPCI) ;
- le bénéficiaire doit être compétent pour agir dans le domaine concerné ;
- la dépense doit avoir été grevée de TVA, sauf s'il s'agit d'une des exceptions des articles 294 à 296 du Code général des impôts ;
- la dépense ne doit pas être effectuée pour les besoins d'une activité assujettie même partiellement à la TVA, sauf si elle est exclue du droit à déduction de cette taxe par application de l'article 273-2 du Code général des impôts ;
- la dépense ne doit être relative à un bien cédé ou mis à disposition d'un tiers non bénéficiaire du fonds, sauf lorsque cette mise à disposition n'est que partielle et ne fait pas obstacle, pour le plus grand nombre des usagers potentiels, à la possibilité d'y avoir accès dans des conditions d'égalité caractéristiques du service public.

Par ailleurs, le dépenses d'investissement réalisées par les collectivités territoriales et les EPCI sur la voirie nationale ou sur la voirie d'une autre collectivité territoriale dans le cadre d'une convention, sont éligibles au FCTVA.

1.2. Les dépenses exclues du FCTVA

Sont exclues du FCTVA :
- les dépenses concernant des équipements n'entrant pas à titre définitif dans le patrimoine de la collectivité ;
- les dépenses n'ayant pas supporté la TVA ou qui ont donné lieu à récupération ;
- les dépenses d'investissement réalisées pour les cantines servant des repas exclusivement aux personnels administratifs de la collectivité. Cependant, demeurent éligibles au FCTVA les dépenses d'investissement réalisées pour les cantines servant des repas exclusivement aux élèves ou aux patients des établissements de santé.

Les subventions spécifiques versées par l'État sont déduites de l'assiette du FCTVA lorsqu'elles sont calculées sur la base du montant de l'opération, taxe sur la valeur ajoutée incluse (TTC). Pour les dépenses relatives aux travaux effectués en régie, celles relatives aux frais du personnel s'y apportant doivent être retirées de l'assiette servant de base de calcul aux attributions de FCTVA. En effet, ces dépenses de personnel n'ont pas supporté le paiement de la TVA. L'article 60 de la loi de finances pour 1999 apporte une dérogation au principe de patrimonialité des collectivités locales (c'est-à-dire les biens dont les collectivités ne sont pas propriétaires). Ces collectivités peuvent bénéficier du FCTVA au titre des dépenses d'investissement réalisées sur des biens dont elles n'ont pas la propriété, dès lors qu'elles concernent des travaux de lutte contre les avalanches, les glissements de terrains, les inondations, ainsi que des travaux de défense contre la mer, des travaux pour la prévention des incendies de forêt présentant un caractère d'intérêt général ou d'urgence.

L'article 33 de la loi de finances pour 1997 permet aux établissements publics de coopération intercommunale compétents de bénéficier du FCTVA à la place des communes propriétaires pour les dépenses d'investissement réalisées en matière de voirie.

L'article 30 de la loi de finances pour 1998 a étendu cette dérogation au principe de propriété. Dorénavant, les EPCI pourront bénéficier du FCTVA à la place des communes propriétaires, pour les dépenses d'investissement réalisées dans l'exercice de leurs compétences, sur les biens mis à leur disposition par les communes membres.

Pour les autres dépenses et comme précédemment, le FCTVA est versé aux communes propriétaires des équipements.

Les dépenses réelles d'investissement réalisées par les bénéficiaires du FCTVA en 1999, 2000, 2001 et 2002 afin de réparer des dommages directement causés par les intempéries survenues en 1999 ouvrent droit à des attibutions des fonds de l'année au cours de laquelle les crédits correspondants ont été payés. La loi de finances rectificative pour 2002 laisse le soin au pouvoir réglementaire de fixer la liste des intempéries pour lesquelles l'attribution du FCTVA peut être liquidée l'année même de la réalisation des travaux, sans limitation de durée.

2. Le calcul des compensations versées aux collectivités

Les dépenses à prendre en compte sont celles qui figurent au compte administratif de la pénultième année (avant-dernier exercice budgétaire), par exemple, les attributions de l'année 2004 sont calculées à partir des données figurant au compte administratif 2002. Par dérogation à cette règle, les dépenses d'investissement visant à réparer les dommages causés par des intempéries exceptionnelles reconnues par décret et lorsque les investissements sont situés dans des communes ayant fait l'objet d'une constatation de l'état de catastrophe naturelle, ouvrent droit à attribution, l'année même, de règlement des travaux (loi de finances rectificative pour 2002, art. 74).

Toutefois, pour les communautés de communes et d'agglomération, l'assiette des dépenses éligibles est constituée des dépenses réalisées l'année même et établie au vu des états de mandatements.

La compensation versée à chaque collectivité est calculée en appliquant aux dépenses réelles d'investissement inscrites aux comptes 21 et 23 du compte administratif concerné un coefficient de restitution. Le taux de compensation forfaitaire, fixé par l'article L. 1615-6 du *CGCT* est déterminé par rapport au taux normal de TVA, soit 20,60 %.

Le taux de compensation, appliqué au montant toutes taxes comprises des dépenses réelles d'investissement éligibles, est de 16,176 %.

Le taux de compensation, de 15,656 % en 2002, est de 15,482 % à compter de 2003.

Voir aussi

Fiche 30. Les budgets locaux : les documents

Questions de concours

→ Qu'est-ce que le fonds de compensation de la taxe à la valeur ajoutée ?
→ Les dépenses éligibles au FCTVA

LES AUTRES DOTATIONS ET SUBVENTIONS D'ÉQUIPEMENT

Outre le FCTVA, les autres dotations et subventions d'équipement comprennent la dotation globale d'équipement (DGE) et les subventions spécifiques qui prennent la forme de concours.

1. Une dotation globalisée : la dotation globale d'équipement (DGE)

Instituée par l'article 103 de la loi n° 82-213 du 2 mars 1982, cette dotation de l'État est destinée à se substituer aux subventions spécifiques d'investissement. C'est une dotation libre d'emploi, inscrite en section d'investissement. Son montant est déterminé chaque année dans la loi de finances. Le régime de la DGE est différent selon les collectivités.

1.1. La DGE des communes et de leurs groupements

Les modalités de répartition et d'attribution ont été modifiées par l'article 33 de la loi n° 96-291 ter du 26 mars 1996. À compter de 1996, les collectivités éligibles sont :
– les communes de moins de 2 000 habitants (7 500 dans les DOM) ;
– les communes dont la population est comprise entre 2 000 et 20 000 habitants (7 501 à 35 000 habitants dans les DOM), dont le potentiel fiscal par habitant est inférieur à 1,3 fois le potentiel fiscal moyen des communes de métropole de même importance ;
– les groupements de communes de 20 000 habitants ou moins (35 000 dans les DOM).

La DGE est attribuée aux communes éligibles, sous forme de subvention spécifique par opération. Son principe est de rendre le concours de l'État proportionnel à l'effort d'investissement réalisé.

La dotation n'est pas versée lorsque les opérations sont susceptibles de bénéficier de subventions relevant des chapitres budgétaires non globalisés, énumérés de façon exhaustive en annexe aux décrets n°s 84-107 et 85-1510 modifiés ou lorsque les investissements concernent des bâtiments appartenant aux collectivités mais abritant des services de l'État (gendarmerie, par exemple) ou de La Poste.

Les établissements publics de coopération intercommunale de plus de 20 000 habitants (35 000 dans les DOM), dont toutes les communes membres ont une population inférieure à 3 500 habitants, et dont le potentiel fiscal de l'EPCI est inférieur à 1,3 fois le potentiel fiscal moyen par habitant de l'ensemble des EPCI de même nature, sont éligibles à la DGE.

1.2. La DGE des départements

Elle comprend deux parts et un solde réservé à chacune de ces parts.

1.2.1. La première part. Elle comprend trois fractions :
– la fraction principale, qui représente au maximum 75 % de l'enveloppe de la première part ; elle est attribuée au prorata des dépenses réelles d'investissement du département multipliées par un taux de concours – depuis 1996, sont aussi éligibles à cette fraction les centres de gestion de la fonction publique territoriale ;
– la fraction voirie est fixée à 20 % au plus de la première part. Elle est répartie entre les départements au prorata de la longueur de la voirie classée dans le domaine public départemental ; la longueur de la voirie située en zone de montagne est doublée ;

– la majoration est réservée pour les départements remplissant l'une des conditions suivantes : avoir un potentiel fiscal par habitant inférieur de 40 % au potentiel fiscal moyen par habitant de l'ensemble fiscal moyen par km^2 de l'ensemble des départements.

1.2.2. La seconde part. Cette part prend en compte l'effort de remembrement accompli par les départements. Elle est composée d'une fraction principale et des majorations.

La fraction principale, fixée à raison de 80 % au maximum des crédits de la seconde part est répartie entre les départements, au prorata des dépenses de remembrement et des subventions versées par chaque département pour la réalisation de travaux d'équipement rural. Cette répartition s'effectue sur la base d'un taux de concours.

Les majorations sont au nombre de deux, à raison de 20 % au moins. La première majoration est attribuée aux départements à faible potentiel fiscal, la seconde est versée aux départements en fonction de leurs dépenses d'aménagement foncier.

2. Les subventions spécifiques

La création des dotations globales n'a pas supprimé pour autant les subventions spécifiques. Leur majeure partie a été intégrée au sein de la DGE, constituée de concours financiers en capital ; affectées à la réalisation d'une opération spécifique, ces subventions ont constitué pendant longtemps le principal mode de financement par l'État des équipements locaux.

Les subventions spécifiques qui ont été maintenues sont versées notamment par certains ministères et sur les comptes spéciaux du Trésor.

Des subventions régionales et départementales peuvent également être accordées aux communes et à leurs groupements.

2.1. Les subventions ministérielles

Elles sont versées principalement par trois ministères et concernent les domaines suivants :

– Culture et Communication. Il s'agit des subventions d'équipement des bibliothèques de prêt, des dépôts d'archives, des musées, des salles de théâtre, etc.

– Transports. Ces subventions concernent les investissements relatifs aux transports terrestres et aux aménagements de grandes infrastructures de voirie, etc.

– Intérieur. Ces participations sont versées pour divers travaux d'intérêt local.

2.2. Les subventions des comptes spéciaux du Trésor

Il s'agit pour une part importante de celles du fonds national pour le développement des adductions d'eau (FNDAE). Ces subventions sont versées aussi par le fonds forestier national pour les dépenses d'investissement réalisées surtout par les collectivités locales.

Les subventions d'équipement versées ainsi par l'État sont des contributions facultatives, à caractère forfaitaire, distribuées en capital aux collectivités locales en vue de les aider à réaliser des investissements publics ou d'utilité collective. Elles sont attribuées préalablement aux travaux.

Voir aussi

Fiche 31. Instructions budgétaires et comptables

Questions de concours

→ La dotation globale d'équipement

→ Les principales subventions d'équipement de l'État aux collectivités territoriales

LES PRODUITS D'EXPLOITATION ET DU DOMAINE

Ces recettes sont perçues sur l'usager en contrepartie d'un service rendu ou tirées de la gestion du patrimoine des collectivités locales. La plupart des services publics locaux n'ont pas de caractère obligatoire, mais ils ont acquis un caractère impératif de fait pour les élus locaux afin de répondre aux besoins de leurs administrés.

1. Les produits d'exploitation

Il s'agit des recettes encaissées par la collectivité en contrepartie de services rendus aux usagers. Les redevances sont perçues sur l'usager, sur la base des prestations fournies, en fonction de leur prix de revient. Ces redevances sont très diverses : cantines scolaires, études surveillées, prix d'entrée dans les piscines, les musées, etc.

Les collectivités locales peuvent instituer librement une redevance pour financer les services publics mis à la disposition des usagers. Elles en fixent les tarifs.

Toutefois, la liberté des collectivités locales est limitée par le principe d'égalité des usagers devant le service public et par l'encadrement des prix de certains services.

En effet, deux secteurs importants sont encadrés actuellement. Il s'agit des cantines scolaires et des transports urbains de voyageurs. Pour ce qui est du principe d'égalité des usagers devant le service public, il est normalement interdit aux collectivités locales de pratiquer des discriminations tarifaires entre les usagers d'un service. La jurisprudence a cependant admis, sous certaines conditions, la possibilité pour les collectivités locales de pratiquer des différenciations tarifaires.

2. Les produits des domaines

Les produits du domaine sont de deux sortes : les uns tirés du domaine privé, les autres proviennent du domaine public.

2.1. Les produits du domaine privé

Les collectivités locales peuvent posséder certains biens et en tirer des revenus d'exploitation ou les aliéner.

Les revenus d'exploitation prennent différentes formes. Il s'agit le plus souvent de loyers, fermages, ventes de coupes de bois, etc.

2.2. Les produits du domaine public

Il s'agit uniquement de produits d'exploitation. Ces recettes proviennent soit d'autorisation d'occupation du domaine public (telles que les occupations des trottoirs par les terrasses des cafés), soit de permissions de voirie (exemple : les kiosques à journaux).

Voir aussi

Fiche 31. Instructions budgétaires et comptables

Questions de concours

- → Les principales recettes domaniales et d'exploitation des collectivités territoriales
- → Les recettes d'exploitation et du domaine des communes

LES EMPRUNTS

À défaut d'assurer à l'aide de ressources propres le financement de leurs investissements, mais aussi pour répartir la charge d'équipements lourds sur plusieurs exercices, les collectivités locales ont assez largement recours à l'emprunt. Le recours à l'emprunt s'effectue dans un cadre juridique et financier.

1. Le cadre juridique de l'emprunt

À la différence des autres recettes des collectivités locales qui ont un caractère définitif, l'emprunt constitue une recette à caractère provisoire et temporaire qui devra être remboursée. Ce remboursement constitue une dépense obligatoire. C'est une recette de la section d'investissement affectée obligatoirement aux financements des investissements de la collectivité. Le recours à l'emprunt nécessite une délibération de l'assemblée délibérante de la collectivité et un contrat avec l'établissement prêteur. La décision de l'assemblée délibérante de recours à l'emprunt peut être déléguée par délibération à une instance plus restreinte agissant au nom de l'assemblée délibérante (maire, président du conseil général, etc.).

1.1. La décision de recours à l'emprunt

La décision de recourir à l'emprunt relève de la compétence de l'assemblée délibérante de la collectivité. Cette compétence peut être déléguée à l'exécutif local. Les pouvoirs en matière d'emprunt ne peuvent être subdélégués par l'organe exécutif. La délibération ou la décision d'emprunt est un acte unilatéral qui précède la signature du contrat de prêt, sous peine de nullité. Ces délibérations ou décisions sont exécutoires de plein droit, dès leur publication et leur transmission au représentant de l'État.

1.2. Le contrat d'emprunt

Les collectivités locales recourent directement à l'emprunt en concluant, en général, un contrat de gré à gré avec un prêteur. Il s'agit d'un contrat aux termes duquel le prêteur s'engage à mettre à la disposition de la collectivité la somme convenue dans un certain délai. En contrepartie, la collectivité s'engage à verser, par annuités, une somme comprenant les intérêts convenus et une part du remboursement du capital emprunté – le remboursement peut être aussi mensuel, trimestriel ou semestriel.

Ces contrats peuvent être conclus avec des établissements de crédits publics ou privés, avec des compagnies d'assurances, des organismes de prévoyance ou de retraite ou avec tout autre prêteur. Le contrat de prêt est également transmis au contrôle de légalité.

Les annuités d'emprunts (remboursement du capital et intérêts) constituent des dépenses obligatoires, susceptibles de faire l'objet des procédures d'inscription et de mandatement d'office.

2. Le régime financier des emprunts

Le régime financier des emprunts des collectivités locales a été complètement modifié, ces dernières années, par le phénomène dit « de banalisation des prêts aux collectivités locales ». En effet, depuis 1982, il y a eu un décloisonnement du marché et une diversification des prêteurs qui a donc généré une banalisation des réseaux.

2.1. La banalisation des taux

Pendant de nombreuses années, les collectivités locales ont bénéficié de prêts à taux avantageux qui étaient distribués par la Caisse des dépôts, les Caisses d'épargne et le Crédit agricole. Toutefois, le caractère avantageux de ces prêts et l'amplitude des demandes ne permettaient pas à la Caisse des dépôts de satisfaire en totalité les besoins locaux. Fut ainsi organisé un rationnement de l'offre par le mécanisme du lien « subvention-prêt », pratique selon laquelle une collectivité ne peut bénéficier d'un prêt privilégié de la part du groupe Caisse des dépôts que si elle justifie au préalable l'abstention d'une subvention spécifique de l'État pour l'opération considérée. La loi du 2 mars 1982 a libéralisé le droit d'emprunter pour les collectivités locales. Dorénavant, les collectivités sont libres d'emprunter auprès de l'organisme financier de leur choix.

2.2. La banalisation des réseaux

Les collectivités locales peuvent contracter des emprunts auprès de divers partenaires financiers publics ou privés. Ce sont pour l'essentiel :
- la Caisse des dépôts et consignations et surtout les organismes qui lui sont liés, c'est-à-dire les caisses d'épargne et le Crédit local de France,
- les caisses du Crédit agricole,
- le Crédit mutuel et, plus accessoirement, le Crédit foncier de France,
- les banques, compagnies d'assurances et autres institutions spécialisées.

Toutefois deux catégories d'emprunts, assez rares en pratique, restent soumis à un certain contrôle de l'État. Il s'agit des emprunts obligatoires par voie de souscription publique et des emprunts à l'étranger, effectués directement par les collectivités locales.

En s'ouvrant sur les marchés financiers, les collectivités locales ont adopté un certain nombre de produits financiers. C'est en ce sens que l'on peut parler d'une banalisation des produits qui leur sont désormais offerts.

2.3. La banalisation des produits

Jusqu'à la mi-1984, le financement des équipements locaux était réalisé à l'aide d'un produit unique, le prêt à taux fixe et annuités constantes dont la durée pouvait aller jusqu'à trente ans. Il leur est aujourd'hui offert toute une palette de produits financiers qui se différencient les uns des autres par leur taux, leur durée, leur objet et leur condition d'amortissement. Il s'agit des prêts à taux variables ou révisables prévoyant une indexation sur le marché obligatoire (TMO-TME) ou bien sur le marché monétaire (TAM-PIBOR).

Elles peuvent également emprunter en devises, avec des possibilités de remboursement anticipé, de remboursement *in fine* (différé, c'est-à-dire à la dernière échéance), etc.

La diversification des produits financiers offre des marges de manœuvre aux collectivités locales qui se trouvent dans l'obligation de gérer en permanence leur dette pour bénéficier financièrement d'un tel système, mais surtout pour éviter les risques de surendettement qui peuvent en résulter.

Voir aussi

Fiche 38. Les budgets locaux : le contrôle budgétaire

Questions de concours

→ La banalisation des emprunts
→ L'emprunt

LES FINANCES LOCALES ET L'INTERCOMMUNALITÉ

La loi n° 99-586 du 12 juillet 1999 relative au renforcement et à la simplification de la coopération intercommunale constitue un prolongement des lois de décentralisation et un complément indispensable à la loi d'orientation du 24 juin 1999 pour l'aménagement et le développement durable du territoire. Elle apporte des modifications importantes par rapport à la loi du 6 février 1992.

1. Le régime fiscal des établissements publics de coopération intercommunale (EPCI)

Le régime fiscal des EPCI est constitué de la taxe professionnelle unique et des impôts sur les ménages.

1.1. La taxe professionnelle unique (TPU)

Les communautés d'agglomération et les communautés urbaines sont obligatoirement dotées d'une taxe professionnelle unique. Les communautés de communes nouvellement créées sont, de droit, dotées de la fiscalité propre additionnelle, mais elles ont la possibilité d'opter pour la taxe professionnelle unique. Cette option doit être prise avant le 31 décembre d'une année pour être applicable l'année suivante.

Le régime fiscal de la taxe professionnelle unique est aménagé quant aux reversements du produit de la taxe professionnelle aux communes membres de l'établissement, tant au niveau des attributions de compensation que des dotations de solidarité. En effet, comme par le passé, les retours de la taxe professionnelle s'effectuent après le financement de charges communautaires. Le premier retour est constitué par l'attribution de compensation, qui, pour chaque commune, est égale au produit de la taxe professionnelle perçue l'année précédant l'instauration de la première fiscalité communautaire, diminuée du coût des charges transférées. Cette attribution de compensation n'est plus figée dès la deuxième année sur cette base, mais recalculée lors de nouveaux transferts de charges. Lorsque l'attribution de compensation est négative, l'EPCI a la possibilité – lorsque le financement des charges absorbe la taxe professionnelle communautaire – de demander à la commune d'effectuer, à due concurrence, un versement à son profit.

1.2. La fiscalité mixte

L'EPCI a la possibilité d'instituer une fiscalité additionnelle (taxe d'habitation et taxes foncières) à la TPU par délibération du conseil de l'EPCI. Cette délibération, prise à la majorité de ses membres est applicable à compter du 1er janvier de l'année suivant la décision.

La règle des liens entre les taux est assouplie. Les EPCI ne sont plus contraints de diminuer leurs taux de taxe professionnelle quand les communes baissent les taux des impôts ménages (taxe d'habitation et taxe foncière).

Le taux de la TPU peut augmenter par rapport à l'année précédente dans la limite d'une fois et demie l'augmentation des taux de taxe d'habitation ou, si elle est moins élevée, des taux moyens pondérés des taxes ménages des communes.

Outre la fiscalité, les EPCI peuvent bénéficier d'un certain nombre de financements étatiques qui constituent de véritables incitations à la coopération intercommunale. Il s'agit notamment de la dotation globale de fonctionnement et du fonds de compensation de la TVA.

2. Les mesures financières incitatives

La loi du 12 juillet 1999 a prévu des incitations financières à la création des EPCI.

2.1. La dotation globale de fonctionnement (DGF)

La nouvelle loi modifie en profondeur les règles relatives à la DGF. Son montant est fixé annuellement par le comité des finances locales, qui le répartit entre les six catégories d'EPCI.

Les nouveaux EPCI créés par cette loi ont un avantage non négligeable. Cette loi précise que la dotation par habitant des communautés d'agglomération est fixée à 250 francs au 1er janvier 2000, l'évolution de ce montant ne pouvant être inférieure à l'évolution prévisionnelle des prix hors tabac.

En revanche, la dotation par habitant de certaines communautés de communes est majorée d'une somme ne lui permettant d'atteindre 175 francs au 1er janvier 2000 que sous des conditions démographiques, de compétences et fiscales.

À compter de la troisième année, une garantie assure aux communautés de communes, aux communautés urbaines et aux communautés d'agglomération la certitude de percevoir une attribution par habitant qui ne peut être inférieure à 80 % de la dotation précédente.

2.2. Le fonds de compensation de la TVA (FCTVA)

Les groupements sont éligibles au FCTVA. Mais à la différence des autres bénéficiaires de ce fonds, les communautés de ville (jusqu'au 1er janvier 2002), les communautés de communes et les communautés d'agglomération bénéficient du remboursement au titre du FCTVA l'année même d'engagement de la dépense et non avec un décalage de deux ans.

Pour ce qui est des districts se transformant en communautés de communes ou en communautés d'agglomération, ce remboursement se fera progressivement sur une période de deux ans pour ne pas trop alourdir le budget de l'État. Ce n'est qu'à partir de la troisième année qu'ils percevront intégralement le FCTVA l'année d'engagement de la dépense.

La dotation de développement rural (DDR) et la dotation globale d'équipement (DGE) voient leur périmètre étendu.

Voir aussi

Fiche 50. Les dotations et subventions de fonctionnement
Fiche 53. Le fonds de compensation de la TVA
Fiche 54. Les autres dotations et subventions d'équipement

Questions de concours

- → Les aspects financiers de la coopération intercommunale
- → Les recettes fiscales des établissements publics de coopération intercommunale (EPCI)

LES COMPÉTENCES DES COLLECTIVITÉS DANS LE DOMAINE ÉCONOMIQUE

La loi du 2 mars 1982 relative aux droits et libertés des communes, des départements et des régions, modifiée par la loi du 5 janvier 1988 d'amélioration de la décentralisation, a reconnu aux collectivités territoriales et à leurs groupements la faculté d'intervenir dans le domaine économique sous certaines conditions. La loi du 27 février 2002 relative à la démocratie de proximité a modifié le cadre législatif des aides directes aux entreprises en renforçant le rôle de la région. Il existe quatre catégories d'aides.

1. Les aides directes

Les aides directes sont définies de manière précise par l'article 102 de la loi du 27 février 2002. Il s'agit des subventions, des avances remboursables, des prêts et des bonifications d'intérêt. Les subventions ne sont plus limitées aux seuls régimes de la prime régionale à l'emploi (PRE) et de la prime régionale à la création d'entreprises (PRCE).

L'institution de ces aides est de la compétence de la région uniquement. Les autres collectivités locales et leurs groupements ne peuvent intervenir que de façon complémentaire et sous réserve du respect des plafonds prévus par les textes. Ces aides sont déterminées par délibération du conseil régional dans le respect des règles communautaires relatives aux aides publiques.

Ce système repose donc sur une complémentarité entre les collectivités locales.

1.1. La prime régionale à la création d'entreprises (PRCE)

Cette prime est accordée à l'occasion de la création d'une entreprise. Son montant est plafonné. Elle peut être cumulée soit avec la prime à l'aménagement du territoire accordée par l'État, soit avec la prime régionale à l'emploi.

1.2. La prime régionale à l'emploi (PRE)

Bénéficient de cette prime les créations d'entreprises auxquelles se trouvent rattachées les reprises d'entreprises en difficulté, les extensions d'activité ou les conversions internes. Un décret fixe le plafond de la prime.

1.3. Les prêts, avances et bonifications d'intérêts

Pour favoriser la création ou l'extension d'activités économiques, les régions peuvent accorder des prêts et avances à long terme à des entreprises et ce à des conditions plus favorables que celles du taux moyen des obligations à long terme, et bonifier des prêts à long terme à ces entreprises.

Les conseils régionaux peuvent librement décider des secteurs d'activités susceptibles de bénéficier de ces interventions.

2. Les aides indirectes

Contrairement à ce qui est prévu en matière d'aide directe, la région n'a pas seule l'initiative de l'attribution des aides indirectes. Une plus grande initiative est laissée aux collectivités territoriales dans l'attribution de ces aides.

2.1. Les acteurs

Chaque collectivité peut décider soit seule, soit conjointement avec une ou plusieurs autres collectivités d'accorder une aide indirecte à une entreprise.

Une fois décidées, ces aides doivent être accordées à toutes les entreprises d'un même secteur d'activités placées dans des conditions identiques, présentant des caractéristiques analogues et soumises à des obligations semblables.

2.2. Les types d'aides indirectes

Les formes que peuvent prendre ces aides sont très variées : aide à la formation professionnelle, études, conseils, diagnostics, etc. Certaines de ces aides sont toutefois réglementées : c'est le cas en matière de bâtiments (vente ou location), de garantie d'emprunt, d'exonération de la taxe professionnelle, etc.

La loi n° 2004-809 du 13 août 2004 relative aux libertés et aux responsabilités locales a supprimé la distinction entre aides directes et aides indirectes attribuées par la région.

3. Les interventions en faveur des entreprises en difficulté

La loi du 2 mars 1982 prévoyait que « lorsque la protection des intérêts de la population communale (ou départementale ou régionale) l'exige, la commune (ou le département ou la région) peut accorder des aides directes ou indirectes à des entreprises en difficulté pour la mise en œuvre de mesures de redressement prévues par une convention passée avec celle-ci ».

Toutefois, la loi du 5 janvier 1988 a supprimé, pour les communes, la possibilité d'intervenir en faveur des entreprises en difficulté.

4. Les interventions en faveur du maintien de certains services

Quand l'initiative privée est absente ou défaillante, une commune peut accorder des aides directes ou indirectes pour garantir le maintien des services nécessaires à la satisfaction des besoins de la population en milieu rural (achat ou création d'une épicerie, d'une boulangerie). Une convention est conclue avec le bénéficiaire de l'aide afin de fixer les obligations de celui-ci.

Voir aussi

Fiche 34. Les budgets locaux : le contrôle

Questions de concours

- → Les interventions économiques des collectivités territoriales
- → Les aides des collectivités territoriales en matière de création d'emplois

LA LOI DU 13 AOÛT 2004 : LES NOUVELLES LIBERTÉS ET RESPONSABILITÉS LOCALES

La loi n° 2004-809 du 13 août 2004 relative aux libertés et aux responsabilités locales attribue de nouvelles compétences aux collectivités territoriales. L'innovation majeure de cette loi est le caractère expérimental de certains transferts. L'entrée en vigueur de ce texte est très diversifiée. En effet, certaines dispositions sont d'application immédiate, d'autres sont applicables au 1er janvier 2005 ; pour certaines l'entrée en vigueur est subordonnée à un décret, enfin, pour d'autres, un échéancier est prévu pour leur application. Les nouvelles compétences concernent principalement les domaines suivants.

1. Développement économique, tourisme et formation professionnelle

1.1. Le développement économique

La loi dispose que le conseil régional définit le régime et décide de l'octroi des aides aux entreprises dans la région. Ces aides revêtent différentes formes (prestations de services, de subventions, de bonifications d'intérêt, etc.). Les autres collectivités peuvent participer à ces aides dans le cadre d'une convention avec la région. La nouveauté importante de cette loi est la suppression de la distinction entre aides directes et aides indirectes attribuées par la région.

1.2. Le tourisme

Il existe actuellement deux catégorie d'office : les offices du tourisme, et les offices de tourisme. La loi du 13 août 2004 opère la fusion des différents offices en une seule appellation « office de tourisme ».

1.3 La formation professionnelle

La région définit et met en oeuvre la politique régionale d'apprentissage et de formation professionnelle des jeunes et des adultes en recherche d'emploi ou d'une nouvelle orientation professionnelle. Dans le cadre de son plan régional de développement des formations professionnelles (PRDFP), chaque région arrête annuellement un programme régional d'apprentissage et de formation professionnelle continue après avis du Comité de coordination régional de l'emploi et de la formation professionnelle.

2. Les équipements

2.1. La voirie

La loi prévoit le transfert de plein droit aux départements des routes nationales n'ayant pas un intérêt national ou européen, au plus tard le 1er janvier 2008 ; elle confère cependant à la région un rôle de coordination par le biais du schéma régional des infrastructures et des transports. Celui-ci doit définir les priorités d'actions à moyen et à long terme en ce qui concerne les infrastructures routières.

2.2. Les grands équipements

2.2.1. Les aérodromes. La loi transfère aux collectivités territoriales ou à leurs groupements, au plus tard le 1er janvier 2007, la propriété, l'aménagement, l'entretien et la gestion des aérodromes civils appartenant à l'État à la date de la loi.

2.2.2. Les ports. La propriété, l'aménagement, l'entretien et la gestion des ports non autonomes relevant de la compétence de l'État seront transférés aux collectivités territoriales ou à leurs groupements au plus tard au 1er janvier 2007. Les ports de commerce seront transférés en priorité aux régions, les ports de pêche aux départements et les ports de plaisance aux communes et à leurs groupements. L'État ne conserve que les ports militaires.

3. Les transports

3.1. Les transports ferrés

La loi reconnaît la compétence des départements pour la création et l'exploitation d'infrastructures de transports ferrés ou guidés non urbains (ligne ferroviaire, tramway), sous réserve des missions qui sont confiées à l'établissement public « Réseau ferré de France ».

3.2. Les transports scolaires

La loi généralise à tous les groupements compétents en matière de transports urbains la possibilité de déléguer au département la compétence en matière de transport scolaire.

4. Les déchets

La loi transfère au conseil général la compétence d'élaborer des plans départementaux d'élimination des déchets ménagers et autres déchets (déchets pouvant être collectés et traités sans sujétions techniques particulières). Pour l'Île-de-France, cette compétence est donnée à la région, qui élabore un plan régional.

5. Les fonds structurels européens

Dans le cadre d'une convention, et à titre expérimental, l'État peut confier aux régions ou à la collectivité territoriale de Corse, si elles en font la demande, ou aux autres collectivités territoriales si celles-ci ne souhaitent pas participer à une expérimentation, à leurs groupements ou à un groupement d'intérêt public, les fonctions d'autorité de gestion et d'autorité de paiement de programmes relevant, pour la période 2000-2006 des fonds structurels européens.

6. Solidarité et santé

Ces actions concernent principalement le département, et particulièrement l'action sociale et médico-sociale. Cependant la loi confie à la région la responsabilité de la formation des travailleurs sociaux.

6.1. Action sociale et médico-sociale

6.1.1. Les domaines d'intervention du département. Le département définit et met en oeuvre la politique d'action sociale en tenant compte des compétences confiées par la loi à l'État, aux autres collectivités territoriales ainsi qu'aux organismes de sécurité sociale, il coordonne les actions menées sur son territoire qui y concourent. En matière d'organisation sociale et médico-sociale, la loi confie désormais au seul conseil général l'initiative, le pilotage et la responsabilité d'arrêter le schéma départemental d'organisation sociale et médico-sociale.

La loi accorde au département l'entière responsabilité pour attribuer des aides aux jeunes en difficulté âgés de dix-huit à vingt-cinq ans et mettre en place un nouveau fonds départemental d'aide aux jeunes en difficulté afin de favoriser leur insertion sociale et professionnelle.

En matière d'action sociale en faveur des personnes âgées, le département est chargé de définir et de mettre en oeuvre cette politique et devient seul pilote de la coordination gérontologique. À ce titre, l'autorisation et le financement des centres locaux d'information et de coordination (CLIC) sont transférés aux départements.

6.1.2. Les domaines d'intervention de la région. La région définit et met en œuvre la politique de formation des travailleurs sociaux. Dans le cadre de l'élaboration du schéma régional des formations sociales, la région recense, en association avec les départements, les besoins de formation à prendre en compte pour la conduite de l'action sociale et médico-sociale.

6.2. La protection judiciaire de la jeunesse

Dans ce domaine, la loi propose aux départements une expérimentation. Pour les enfants « en risque de danger », le service départemental de l'aide sociale à l'enfance est seul compétent pour prendre les mêmes types de mesures que le juge des enfants. La durée d'expérimentation est de cinq ans.

6.3. La santé

Une expérimentation permettra à la région de participer au financement de la construction d'équipements sanitaires. En contrepartie, la région pourra siéger à la commission exécutive de l'agence régionale d'hospitalisation (ARH). La région sera également chargée du fonctionnement et de l'équipement des établissements de formation des auxiliaires médicaux.

7. Le logement

En matière d'aide à la pierre, qui concerne notamment le logement social, l'État a le pouvoir de déléguer sa compétence, par convention, aux collectivités territoriales et/ou à leurs groupements disposant d'un programme local de l'habitat. Le préfet peut déléguer par convention au maire ou avec l'accord du maire au président d'un EPCI compétent en matière d'habitat, tout ou partie des réservations de logements sur le territoire concerné (contingent de logements réservés dans le parc HLM). Les communes ou les EPCI qui le demandent ont la charge de la construction, des grosses réparations et de l'équipement des locaux destinés au logement des étudiants. La loi prévoit le transfert au département de la gestion des fonds de solidarité pour le logement (FSL) qui accorde une aide financière aux personnes incapables d'assumer leurs obligations financières locatives (loyer, facture d'eau, d'électricité ou de téléphone).

8. Le patrimoine

L'État transfère aux collectivités ou à leurs groupements qui le souhaitent la propriété de certains monuments historiques appartenant à l'État ou au Centre des monuments historiques ainsi que des objets mobiliers classés ou inscrits.

9. L'éducation

Dans le domaine éducatif, l'une des innovations majeures concerne le transfert aux collectivités territoriales des personnels techniciens et ouvriers de service (TOS) de l'éducation nationale. Les agents concernés disposent de deux ans pour choisir entre leur intégration de droit dans la fonction publique territoriale ou leur maintien dans la fonction publique d'Etat avec un détachement sans limitation de durée au sein d'une collectivité territoriale. Dans ce dernier cas, les fonctionnaires pourront demander par la suite leur intégration dans la fonction publique territoriale. Le processus complet de transfert sera achevé au 1er janvier 2008.

10. Renforcement de la démocratie locale et nouvelle intercommunalité

10.1. La consultation des électeurs

L'ensemble des collectivités territoriales ainsi que les EPCI ont désormais la possibilité de consulter, pour avis, leurs électeurs.

10.2. L'intercommunalité

Les syndicats de communes auront la possibilité de se transformer en communautés de communes ou en communautés d'agglomération avec transfert direct de biens et des personnels au nouvel EPCI. Le transfert du pouvoir de police des maires aux présidents d'EPCI à fiscalité propre est autorisé. Le transfert peut concerner également l'assainissement, l'élimination des déchets ménagers, l'accueil et l'habitat des gens de voyage.

11. Les compensations financières

Ces transferts seront financés par la taxe intérieure sur les produits pétroliers (TIPP) pour les régions et par taxe spéciale sur les conventions d'assurances perçue contre les risques de toute nature relatifs aux véhicules terrestres (TCA) pour les départements. Si les recettes provenant des taxes attribuées diminuent, pour des raisons étrangères au pouvoir de modulation reconnu aux collectivités bénéficiaires, l'État compense cette perte dans des conditions fixées en loi de finances.

Voir aussi

Fiche 43. Les dépenses des départements
Fiche 44. Les dépenses des régions
Fiche 58. Les compétences des collectivités dans le domaine économique

Questions de concours

- → Les nouvelles compétences des collectivités territoriales issues de la loi du 13 août 2004
- → Les nouvelles compétences régionales
- → La décentralisation acte II

6

Les épreuves de finances publiques étant, aux concours de catégorie B, essentiellement orales, il convient, d'une part de réviser ses connaissances avec des QCM, d'autre part de s'entraîner avec des questions à réponses courtes (QRC), semblables à celles que posent les examinateurs.

EXERCICES D'ENTRAÎNEMENT

1 ENJEUX ET PERSPECTIVES DES FINANCES PUBLIQUES

Exercice **1. QCM**

> Cochez la bonne réponse

1. Le régime parlementaire anglais est indissociable des droits acquis par le Parlement anglais en matière financière. Quel a été le premier droit reconnu ?

Ⓐ Le principe d'annualité budgétaire
Ⓑ Le principe du consentement à l'impôt
Ⓒ Le principe d'égalité fiscale

2. Un article de la Déclaration des droits de l'Homme et du citoyen (DDHC) proclame qu'il appartient aux citoyens de constater par eux-mêmes ou par leurs représentants la nécessité de la contribution publique ; c'est l'article :

Ⓐ 10
Ⓑ 12
Ⓒ 10

3. Dans quel texte constitutionnel français a-t-il été prévu pour la première fois une limitation des droits du Parlement en matière financière ?

Ⓐ Les lois constitutionnelles de 1875
Ⓑ La Constitution du 27 octobre 1946
Ⓒ La Constitution du 4 octobre 1958

4. Parmi les principes financiers posés par la Révolution, on relève :

Ⓐ le principe d'égalité devant l'impôt
Ⓑ le principe de rétroactivité de l'impôt
Ⓒ le principe de non-proportionnalité de l'impôt.

5. Quel ministre des Finances a déclaré que « l'administration des finances doit être tellement transparente que chaque contribuable puisse la juger comme ses propres affaires » ?

Ⓐ Le baron Louis
Ⓑ Le comte de Villèle
Ⓒ M. Giscard d'Estaing

6. La question de l'interventionnisme économique de l'État s'est surtout posée :

Ⓐ pendant la Première Guerre mondiale
Ⓑ après la crise de 1929
Ⓒ après la Seconde Guerre mondiale

CORRIGÉS

1. → Ⓑ
La reconnaissance du principe du consentement des représentants du peuple, admise depuis la grande charte de 1215, a été définitivement consacrée par le Bill of Rights (1689).

2. → Ⓒ
L'article 14 ajoute encore qu'ils ont le droit de la consentir librement, d'en suivre l'emploi, d'en déterminer la quotité, l'assiette, le recouvrement et la durée.

3. → Ⓑ
C'est le premier texte constitutionnel qui prévoit le recours aux irrecevabilités financières.

4. → Ⓒ
L'article 13 de la DDHC formule le principe d'égalité devant les charges publiques (abolition des privilèges et universalité de l'impôt).

5. → Ⓐ
Le baron Louis en 1818.

6. → Ⓑ
C'est dans les années 1930 que John Maynard Keynes justifie l'intervention croissante de l'État.

7. Un économiste américain, Laffer, a cherché à montrer au début des années 1980 qu'existe un seuil au-delà duquel les prélèvements obligatoires sont intolérables par le biais :

Ⓐ d'un théorème mathématique
Ⓑ d'une courbe comparant les prélèvements obligatoires et la pression fiscale
Ⓒ d'une loi statistique

→ Ⓑ
La courbe de Laffer montre que les recettes fiscales évoluent en cloche en fonction du taux de l'impôt.

8. La politique du New Deal aux États-Unis avant la Seconde Guerre mondiale visant à combattre le chômage par des politiques de grands travaux relevait :

Ⓐ d'une politique budgétaire structurelle
Ⓑ d'une politique budgétaire de développement de l'activité économique
Ⓒ d'une politique budgétaire conjoncturelle

→ Ⓒ
Il s'agit d'une politique budgétaire conjoncturelle inspirée de la théorie keynésienne.

9. Pour les critiques de l'interventionnisme étatique, la dépense publique financée par l'impôt entraîne :

Ⓐ un effet « boule de neige »
Ⓑ un effet d'éviction
Ⓒ un effet d'aubaine

→ Ⓑ
Elle entraîne un effet d'éviction qui réduit soit la consommation, soit l'investissement du secteur privé.

10. Parmi les sources constitutionnelles générales des finances publiques, laquelle pose le principe selon lequel la société a le droit de demander compte à tout agent de son administration ?

Ⓐ La déclaration des droits de l'Homme et du citoyen
Ⓑ Le préambule de la Constitution de la IVe République
Ⓒ Le préambule de la Constitution de la Ve République

→ Ⓐ
Il s'agit de l'article 15 de la DDHC.

11. Le droit budgétaire local est essentiellement :

Ⓐ un droit réglementaire
Ⓑ un droit législatif
Ⓒ un droit constitutionnel

→ Ⓑ
Au titre de l'article 34 de la Constitution, la loi détermine les principes fondamentaux de la libre administration des collectivités locales, de leurs compétences et de leurs ressources.

12. Quel texte fixe le régime des responsabilités et des garanties des comptables publics ainsi que les règles de la gestion de fait ?

Ⓐ Le décret du 29 décembre 1962 portant réglement général sur la comptabilité publique

→ Ⓑ
Il s'agit de l'article 60 de la loi de finances du 23 février 1963.

Ⓑ La loi de finances n° 63-156 du 23 février 1963
Ⓒ La loi organique du 1er août 2001 relative aux lois de finances

13. La loi organique n° 2001-692 du 1er août 2001 relative aux lois de finances modifie :
Ⓐ l'ordonnance organique du 2 janvier 1959
Ⓑ la loi organique du 22 juillet 1996 relative aux lois de financement de la Sécurité sociale
Ⓒ le décret du 29 décembre 1962

→ Ⓐ
Cette loi vise à remplacer l'ordonnance du 2 janvier 1959.

14. Dans les lois de finances adoptées après la mise en œuvre de la loi organique du 1er août 2001, les crédits sont spécialisés :
Ⓐ par chapitre
Ⓑ par titre
Ⓒ par programme

→ Ⓒ
Selon l'article 7, les crédits seront spécialisés par programme.

15. Le débat d'orientation budgétaire devant le Parlement est :
Ⓐ institutionnalisé par la loi organique du 1er août 2001
Ⓑ supprimé par la loi organique du 1er août 2001
Ⓒ modifié par la loi organique du 1er août 2001

→ Ⓐ
L'article 48 de la loi organique institutionnalise le débat d'orientation budgétaire, créé en 1996.

16. La loi organique, de façon générale, a pour effet :
Ⓐ de réduire encore les pouvoirs du Parlement lors du débat budgétaire
Ⓑ d'accroître les pouvoirs budgétaires du Parlement
Ⓒ de maintenir en l'état les pouvoirs budgétaires du Parlement

→ Ⓑ
Ce qui marque une rupture au regard des dispositions antérieures.

17. La loi constitutionnelle n° 2003-276 du 28 mars 2003 relative à l'organisation décentralisée de la République porte sur :
Ⓐ le principe de subsidiarité
Ⓑ le développement de l'autonomie financière des collectivités locales
Ⓒ le statut de la Corse

→ Ⓐ et Ⓑ

18. Le décret du 29 décembre 1962 détermine les règles applicables :
Ⓐ au droit budgétaire des collectivités locales
Ⓑ à la comptabilité publique
Ⓒ au droit budgétaire et comptable des établissements publics nationaux

→ Ⓑ
Il s'agit du décret portant règlement général sur la comptabilité publique.

Exercice **2. QRC**

1. La Grande Charte de 1215

La Grande Charte, en latin *Magna Carta*, la plus célèbre des chartes médiévales, est à la base de la tradition constitutionnelle anglaise et du principe, fondamental pour les finances publiques, du consentement à l'impôt.

En 1215, les barons anglais, alliés au clergé et au peuple de Londres, se révoltèrent pour protester contre l'alourdissement de la fiscalité imposé par le roi Jean sans Terre pour financer ses campagnes en France. Les révoltés s'emparèrent de Londres le 17 mai 1215.

Après avoir appris la défaite de la Roche-aux-Moines et surtout celle de Bouvines, les barons obligèrent le roi d'Angleterre à confirmer les libertés traditionnelles et à leur reconnaître des privilèges étendus, ce qui assura dans les faits le triomphe en Angleterre de la féodalité sur la monarchie centralisatrice.

Considérée au départ comme un simple document de circonstance scellant une renégociation difficile, la Grande Charte fut régulièrement reconduite par les différents souverains anglais du XIIIe siècle avant d'être officiellement considérée par le Parlement anglais comme le symbole des libertés fondamentales du royaume au XIVe siècle.

Cette charte manifeste aussi la lutte pour la prééminence du Parlement, un pacte étant conclu par le roi Jean avec les barons aux termes duquel il s'engageait à ne pas lever d'impôt sans leur consentement.

Au fil du temps, le Parlement a obtenu d'autres concessions en échange de l'apport des ressources financières nécessaires. L'une de ces concessions a consisté à séparer les ressources de la Couronne des deniers publics et une autre a été d'insister pour que l'argent ne soit dépensé qu'à des fins autorisées, ce qui exprime le second principe fondamental des finances publiques, à savoir l'autorisation des dépenses publiques.

2. La conquête du pouvoir financier en France sous l'Ancien Régime

Le processus de conquête du pouvoir budgétaire s'est déroulé en France de la même façon qu'en Angleterre, mais avec certaines différences notables. Au fil des siècles, les rois de France ont insisté pour disposer d'un pouvoir de lever des impôts et d'engager des dépenses sans limite. Dans le même temps, les organes législatifs, composés à l'origine des classes privilégiées élargis au cours des siècles de manière à représenter le peuple, ont affirmé leur pouvoir de contrôle des deniers publics.

Pendant de longues périodes, et jusqu'au XVIIIe siècle, le roi a rarement convoqué les États généraux, qui constituaient l'Assemblée législative. De 1674 à 1789, les États généraux ne se sont pas réunis une seule fois. En outre, la pratique royale a longtemps été de confondre les deniers publics avec ses propres fonds.

À la différence de l'Angleterre, où le pouvoir du Parlement s'est progressivement affirmé sans beaucoup de troubles violents, en France, c'est la Révolution de 1789 qui a établi le principe selon lequel aucun impôt ne pouvait être levé sans le consentement de l'Assemblée nationale. Fait notable, l'Assemblée nationale n'a pas limité son pouvoir de lever des impôts ou d'ouvrir des crédits : elle a affirmé un rôle plus direct d'examen de la manière dont les crédits ouverts sont dépensés.

3. L'expérience française de relance keynésienne de 1981 à 1983

Pour Keynes, économiste anglais de la première moitié du XXe siècle, l'intervention de l'État peut être nécessaire de manière conjoncturelle en cas de crise économique et elle doit alors se focaliser sur la demande.

Pour stimuler la demande effective, Keynes préconise une hausse des dépenses publiques et le déficit budgétaire. La relance doit encourager à la consommation et à la reprise des investissements. Les dépenses de l'État doivent enclencher un « effet multiplicateur » favorisant la croissance, et *in fine* la création d'emplois.

Cette politique économique a été mise en œuvre en France entre 1980 et 1983. Au début des années 1980, la situation économique de la France est très dégradée : croissance faible (0,5 %), taux de chômage proche de 6 % et inflation élevée (13 %).

En 1981, après les élections présidentielles et législatives, M. Pierre Mauroy, Premier ministre, fait le choix d'une politique keynésienne pour sortir de la crise. Il décide donc de soutenir le pouvoir d'achat en relevant les allocations familiales de 25 %, les retraites de 20 % et le salaire minimum de 10 %. Il soutient également les investissements par la baisse des taux d'intérêt, une bonification des intérêts et des avantages fiscaux. La nationalisation des grands groupes industriels (Rhône-Poulenc, Thomson, Saint-Gobain...) est également décidée. Cette politique est complétée par la création d'emplois dans la fonction publique (170 000 emplois créés en deux ans), par l'abaissement de l'âge de la retraite de 65 à 60 ans, la diminution du temps de travail (de 40 h à 39 heures), la mise en œuvre de la cinquième semaine de congés payés et le plafonnement des heures supplémentaires à 130 heures par an (170 heures avant).

Cette politique se traduit par des conséquences très négatives, car le déficit budgétaire croît très fortement, de 35 milliards de francs en 1980 à 134 milliards de francs en 1983 et les dépenses publiques passent de 600 milliards en 1980 à 980 milliards de francs en 1983.

Si la croissance est légèrement relancée de 0,5 % à 1,1 %, le chômage continue d'augmenter (de 6 % en 1981 à 8,7 % en 1983), l'inflation est faiblement ralentie (10 % en 1983), le déséquilibre extérieur se creuse (le déficit de la balance commerciale passe de 17 milliards de francs en 1981 à 34 milliards de francs en 1983), le franc est dévalué trois fois en 16 mois (il perd 20 % de sa valeur par rapport au Deutschemark) et la fuite des capitaux est estimée à 50 milliards de francs entre 1981 et 1982.

La relance keynésienne de 1981-1983 se solde donc par un échec économique.

4. Quelle est la caractéristique du système fiscal de l'Ancien Régime ?

Fondé sur l'injustice, le système fiscal sous l'Ancien Régime provoque la révolte de la population. Les impôts indirects, au premier rang desquels la gabelle (impôt sur le sel), pèsent surtout sur les pauvres. Cet impôt s'accompagne de l'inquisition et d'une sévère répression (visites domiciliaires, saisies, amendes, et même parfois condamnations aux galères).

En 1789, les cahiers de doléances des États généraux demandent l'égalité des contribuables devant l'impôt, la suppression des privilèges fiscaux, la protection contre les abus et contre la corruption des agents du fisc.

5. La mondialisation a-t-elle des effets sur les finances publiques nationales ?

Phénomène majeur qui pèse sur toutes les sphères d'activités, l'internationalisation des économies rend les finances publiques nationales dépendantes des paramètres mondiaux.

La contrainte économique extérieure limite les marges de manœuvre des finances publiques. Comme la France en a fait l'expérience entre 1981 et 1983, une politique budgétaire de relance conduite dans un contexte économique international défavorable a pour effet quasi inévitable un accroissement des importations, une croissance du déficit extérieur et des tensions dévaluationnistes sur la monnaie nationale.

6. Calendrier d'entrée en vigueur de la loi organique du 1er août 2001

La loi organique doit entrer en vigueur progressivement. Depuis le 1er janvier 2002, sont ainsi entrées en application les règles relatives aux annulations de crédits, au principe de sincérité budgétaire, à l'affectation à des tiers de recettes de l'État, aux dispositions étendant les pouvoirs de contrôle des commissions des finances, à la procédure d'examen du projet de loi de finances et du profit de loi de règlement.

Depuis le 1er janvier 2003, le nouveau débat d'orientation budgétaire est applicable.

Au 1er janvier 2004, les règles relatives aux taxes parafiscales et à l'obligation de dépôt des collectivités locales sont entrées en vigueur.
Enfin, au 1er janvier 2005, les règles relatives à la préparation du projet de loi de finances pour 2006 obéissent à la nouvelle loi organique.
Au 1er janvier 2006, seule la LOLF est applicable.

7. La procédure de déficit excessif

Dans le cadre des traités européens, le pacte de stabilité et de croissance qui unit les pays membres de la zone euro prévoit que le déficit public des États ne doit pas dépasser 3 % de leur PIB.
Si le Conseil Ecofin (économie-finances) de l'Union européenne constate un dépassement de cette valeur de référence, il adresse des recommandations à l'État membre concerné et il lui prescrit d'engager des actions correctrices dans un délai de quatre mois. Il lui fixe également un délai pour corriger son déficit excessif. Si l'État membre concerné ne suit pas les recommandations qui lui ont été faites, le Conseil en prend note et peut décider de rendre publiques ses recommandations. Dans un délai d'un mois à compter de ce constat, le Conseil peut alors mettre en demeure l'État membre de prendre des mesures visant à la réduction de son déficit. Si le pays ne se conforme pas à cette décision dans les deux mois après la mise en demeure, le Conseil peut choisir ou cumuler les mesures suivantes :
– l'État membre est tenu, avant d'émettre des obligations ou autres valeurs, de publier des informations supplémentaires qui seront précisées par le Conseil ;
– la Banque européenne d'investissement est invitée à vérifier sa politique de prêt à l'égard de l'État membre concerné ;
– l'État membre doit constituer un dépot sans intérêt jusqu'à ce que le déficit excessif soit corrigé ;
– des amendes lui sont infligées.

Depuis 2003, la Commission a engagé cette procédure vis-à-vis de plusieurs États membres dont la France.

8. La situation des finances publiques en 2004

L'Insee a notifié en mars 2005 à la Commission européenne les principaux résultats provisoires de finances publiques pour 2004. Le déficit public 2004 ressort à 3,7 points de PIB et la dette publique atteint 65,6 points de PIB. Ces résultats attestent une nette amélioration de la situation des comptes publics, dont le déficit atteignait 4,2 points de PIB en 2003. L'amélioration du déficit public en 2004 recouvre en réalité des situations contrastées : les comptes de l'État se sont nettement redressés, mais les dépenses des collectivités territoriales ont progressé à un rythme soutenu ; les dépenses sociales sont restées dynamiques, en dépit d'un ralentissement perceptible en fin d'année des dépenses de santé. Pour 2005, l'objectif du gouvernement d'un déficit public à 2,9 points de PIB est confirmé, grâce notamment à la stabilisation des dépenses de l'État et à la maîtrise des dépenses de santé, permise par la mise en œuvre de la réforme de l'assurance maladie.

2 LES PRINCIPES TRADITIONNELS DU DROIT BUDGÉTAIRE

Exercice **1. QCM**

> Cochez la bonne réponse

1. Les grands principes du droit budgétaire ont été dégagés :

Ⓐ au XVIIIe siècle
Ⓑ au XIXe siècle
Ⓒ au XXe siècle

2. À l'origine, le principe d'annualité budgétaire est lié :

Ⓐ au vote annuel de l'impôt
Ⓑ aux contraintes de gestion
Ⓒ au contrôle du Parlement

3. Comme instruments de gestion pluriannuelle, la loi organique du 1er août 2001 prévoit :

Ⓐ les autorisations de programme
Ⓑ les crédits de programme
Ⓒ les autorisations d'engagement

4. La loi organique prévoit le dépôt au Trésor des fonds libres des collectivités locales et des établissements publics, sauf dérogation prévue en loi de finances. Cette règle se rattache au principe :

Ⓐ d'annualité
Ⓑ de spécialité
Ⓒ d'unité

5. La loi organique du 1er août 2001 dispose que les lois de finances comprennent :

Ⓐ les ressources et les charges budgétaires
Ⓑ les ressources et les charges budgétaires ainsi que les ressources et les charges de trésorerie
Ⓒ les ressources et les charges de trésorerie

6. Dans la loi de finances sont retracés :

Ⓐ les charges d'intérêt et de remboursement de capital de la dette de l'État
Ⓑ les charges d'intérêt
Ⓒ le remboursement du capital

CORRIGÉS

1. → Ⓑ
Ces principes sont apparus progressivement de façon à permettre au Parlement de renforcer son pouvoir budgétaire.

2. → Ⓐ
Le vote annuel de l'impôt est lié à l'émergence du parlementarisme.

3. → Ⓒ
En son article 8, la loi organique du 1er août 2001 transpose les autorisations de programme (prévues par l'ordonnance organique de 1959) en autorisations d'engagement.

4. → Ⓒ
Elle se rattache au principe de l'unité de la caisse publique.

5. → Ⓑ
Les opérations de trésorerie relèvent désormais, elles aussi, du domaine de la loi de finances.

6. → Ⓑ
En effet l'amortissement du capital de la dette relève de la trésorerie.

7. Le principe d'universalité se décompose en :

Ⓐ totalité et homogénéité
Ⓑ sincérité et transparence
Ⓒ non-affectation et non-compensation

➜ Ⓒ
Les recettes et les dépenses doivent figurer au budget pour leur montant brut sans être contractées, et l'affectation d'une recette déterminée à la couverture d'une dépense déterminée est interdite sauf exceptions prévues.

8. L'article 63 de la loi organique prévoit l'extinction des taxes parafiscales jusqu'au 31 décembre 2003. Au-delà de cette date, les taxes ayant fait l'objet de dispositions législatives particulières seront :

Ⓐ supprimées
Ⓑ transformées en impositions de toute nature
Ⓒ maintenues en l'état

➜ Ⓑ
Cette réforme impose de réfléchir aux modalités de financement des organismes bénéficiaires des taxes parafiscales (exemple : le secteur de l'audiovisuel public).

9. Les prélèvements sur recettes consacrées par l'article 6 de la loi du 1er août 2001 existent au profit des collectivités locales depuis :

Ⓐ 1962
Ⓑ 1969
Ⓒ 1975

➜ Ⓑ
La procédure de prélèvements sur recettes, ni prévue ni interdite par l'ordonnance organique, a été mise en place depuis la loi de finances pour 1969 au profit des collectivités locales et depuis celle pour 1971 au profit des Communautés européennes.

10. La loi organique du 1er août 2001 ramène le nombre de catégories de comptes spéciaux du Trésor de :

Ⓐ 6 à 4
Ⓑ 6 à 3
Ⓒ 6 à 5

➜ Ⓐ
Les comptes de règlement étrangers seront intégrés dans les comptes d'opérations monétaires et les comptes d'avances ; les comptes de prêts fusionnés (comptes de concours financiers). La loi organique parle désormais de comptes spéciaux

11. La loi organique du 1er août 2001 retient de nouvelles unités de spécialité des crédits :

Ⓐ les titres et les chapitres
Ⓑ les chapitres et les articles
Ⓒ les programmes et les dotations

➜ Ⓒ
L'article 7 de la loi organique dispose que les crédits sont spécialisés par programme ou par dotation.

12. Dans le cadre de la nouvelle loi organique, au sein des unités de spécialité des crédits, ces derniers seront :

Ⓐ fongibles
Ⓑ reportables
Ⓒ transformables

➜ Ⓐ
Les crédits des programmes et les dotations seront fongibles à l'exception des dépenses de personnel qui respecteront des règles particulières.

13. Dans la loi organique, quelle est l'unité de vote des crédits ?

Ⓐ Le ministère
Ⓑ Le titre
Ⓒ La mission

➜ Ⓒ
Conformément au troisième alinéa de l'article 43.

14. La loi organique introduit une nouveauté en matière d'équilibre. Elle parle désormais :

Ⓐ d'équilibre budgétaire
Ⓑ d'équilibre budgétaire et financier
Ⓒ d'équilibre financier

➜ Ⓑ
L'article 1er dispose que « les lois de finances déterminent, pour un exercice, la nature, le montant et l'affectation des ressources et des charges de l'État ainsi que l'équilibre budgétaire et financier qui en résulte ».

15. La loi organique consacre un nouveau principe :

Ⓐ la transparence
Ⓑ la cohérence
Ⓒ la sincérité

➜ Ⓒ
L'article 32 précise que « les lois de finances présentent de façon sincère l'ensemble des ressources et des charges de l'État. Leur sincérité s'apprécie compte tenu des informations disponibles et des prévisions qui peuvent raisonnablement en découler ».

16. L'article 58 de la loi organique dispose que la mission d'assistance du Parlement confiée à la Cour des comptes comporte :

Ⓐ la certification de la régularité, de la sincérité et de la fidélité des comptes de l'État
Ⓑ l'attestation de la régularité, de la sincérité et de la fidélité des comptes de l'État
Ⓒ le jugement de la régularité, de la sincérité et de la fidélité des comptes de l'État

➜ Ⓐ
La Cour des comptes devra certifier les comptes de l'État.

17. En 2002 et début 2003, la technique des lois de programme a été retenue en matière :

Ⓐ de culture
Ⓑ de défense
Ⓒ de transport

➜ Ⓑ
La loi de programmation militaire 2003-2008 du 27 jan-vier 2003.

18. La mise en œuvre de la loi organique du 1er août 2001 devrait entraîner la supression :

Ⓐ des fonds spéciaux
Ⓑ de certains budgets annexes
Ⓒ des décrets d'avances

➜ Ⓑ
Les budgets annexes des prestations sociales agricoles, de la Légion d'honneur et de l'ordre de la Libération.

19. Les prélèvements sur recettes de l'État sont opérés au profit :

Ⓐ des collectivités locales
Ⓑ de la Sécurité sociale
Ⓒ de l'Union européenne

➜ Ⓐ et Ⓒ
Ils sont de 45,7 milliards d'euros en 2005.

20. Lors de la présentation du projet de loi de finances, la loi organique du 1er août 2001 prévoit que les ministères gestionnaires produiront en annexe :

Ⓐ un projet annuel de performance pour chaque programme
Ⓑ une évaluation des objectifs à atteindre
Ⓒ un rapport annuel de performance

➜ Ⓐ
Ce projet annuel comprendra « la présentation des actions, des coûts associés, des objectifs poursuivis, des résultats obtenus et attendus pour les années à venir mesurés au moyen d'indicateurs précis dont le choix est justifié » (art. 51).

Exercice **2. QRC**

1. À quels principes budgétaires les débudgétisations dérogent-elles ?

C'est au principe d'universalité et surtout à la règle de non-affectation des recettes aux dépenses mais aussi à celui d'unité budgétaire qu'elles dérogent.
Le Conseil constitutionnel, dans sa décision de 1994 sur la loi de finances pour 1995, a posé une limite importante aux débudgétisations puisqu'il a jugé, à propos de la création du fonds de solidarité vieillesse (FSV), que ne pouvaient être débudgétisées des dépenses présentant pour l'État par nature un caractère permanent.
La nouvelle loi organique n'apporte pas de changements mais elle resserre les conditions d'affectations de recettes à des personnes publiques privées.

2. Les budgets annexes dans la loi organique

La loi organique conserve cette technique d'affectation de certaines recettes à certaines dépenses (article 16). Elle prévoit toutefois qu'ils ne peuvent retracer que les «seules opérations des services de l'État non dotés de la personnalité morale résultant de leur activité de production de biens ou de prestations de services donnant lieu au paiement de redevances, lorsqu'elles sont effectuées à titre principal par lesdits services.»
Il importera qu'à l'entrée en vigueur de la loi organique, les lois de finances respectent le nouveau champ d'application des budgets annexes, car actuellement, sur six budgets annexes, seuls trois correspondent à cette définition : les Journaux officiels, les Monnaies et Médailles et l'aviation civile. Déjà en 2004, le budget annexe des prestations sociales agricoles a été supprimé.

3. La loi organique et les missions

Les missions constituent des unités de vote des crédits par services des ministères. Elles regroupent des programmes qui sont des unités de crédits spécialisées par objectifs et remplaçant le chapitre budgétaire.
Les missions sont créées par une disposition de la loi de finances d'initiative gouvernementale.
Si les programmes sont placés sous la responsabilité d'un seul ministre, les missions, elles, peuvent être interministérielles.
Enfin, chaque mission est assimilée à une charge publique au sens de l'article 40 de la Constitution.

4. Les comptes d'affectation spéciale et la loi organique du 1er août 2001

Contrairement aux craintes plusieurs fois exprimées, la loi organique n° 2001-692 du 1er août 2001 relative aux lois de finances (LOLF) ne supprime pas, au nom du principe de l'unité budgétaire, les comptes spéciaux (du Trésor), même si elle les réforme.
Elle maintient donc l'existence des comptes d'affectation spéciale. En revanche, l'article 21 de la loi organique dispose que les recettes des comptes d'affectation spéciale sont «par nature en relation directe avec les dépenses concernées».
Or, ce n'est pas toujours le cas pour un certain nombre de comptes d'affectation spéciale, comme par exemple le fonds national pour le développement du sport (FNDS).
Sans modification, l'abrogation de l'ordonnance du 2 janvier 1959 à compter du 1er janvier 2005 devrait ainsi priver de base juridique l'essentiel des ressources de certains comptes d'affectation spéciale. Ainsi pour le FNDS, dont les recettes proviennent du prélèvement sur les enjeux de la Française des jeux.
Parmi les réponses juridiquement recevables, pourra être retenue l'inscription des crédits en cause dans le budget général des ministères concernés, et par exemple dans celui du ministère de la Jeunesse et des Sports pour le FNDS.
Au cas d'espèce du FNDS, le mouvement sportif souhaite le maintien du FNDS sous sa forme actuelle de compte d'affectation spéciale pour conserver le principe de la gestion paritaire des crédits du FNDS entre l'État et le mouvement sportif, y compris au niveau déconcentré.

5. Pourquoi la réforme des fonds spéciaux ?

Les fonds spéciaux ont souvent été considérés comme des «sommes par nature incalculables», contre lesquelles il était

de bon ton de «s'indigner». Cependant, les crédits concernés ont toujours été modestes (60 millions d'euros, soit 0,02 % du budget de l'État) et prioritairement affectés à la direction générale de la Sécurité extérieure (DGSE).
Toutefois, les 20 % des crédits servant à attribuer des primes aux membres des cabinets ministériels, comme le reste des fonds finançant des dépenses de l'Élysée, de l'hôtel Matignon, du ministère des Affaires étrangères, ainsi que quelques actions en faveur des droits de l'Homme, sont récemment apparus comme posant problème.
En premier lieu, les fonds spéciaux sont systématiquement abondés en cours d'année par des décrets pour dépenses accidentelles, non publiés au *Journal officiel*, et portant sur des montants représentant entre 15 % et 40 % des dotations initiales.
En second lieu, leur périmètre doit être réduit, comme l'a recommandé à l'automne 2001 le premier président de la Cour des comptes, M. François Logerot, dans une note au Premier ministre.
Enfin, le contrôle des fonds spéciaux a semblé peu satisfaisant.
Les fonds spéciaux autres que ceux affectés à la DGSE n'étaient en pratique pas contrôlés.
En revanche, les fonds finançant la DGSE étaient contrôlés par une commission spéciale, présidée par un membre de la Cour des comptes.
Lors de la loi de finances pour 2002, le gouvernement a procédé à la réforme des fonds spéciaux en prévoyant la budgétisation des crédits servant à attribuer des primes aux membres des cabinets ministériels.
Enfin, la loi organique n° 2001-692 du 1er août 2001 relative aux lois de finances devrait permettre la disparition de ces fonds, perçus par beaucoup comme une anomalie, à partir du 1er janvier 2005.

6. Les décrets d'avances

Procédure spéciale permettant au Gouvernement d'ouvrir aux ministres des crédits supplémentaires, les décrets d'avances augmentent pour l'essentiel les dépenses sur crédits limitatifs qui ne peuvent être normalement engagées que dans la limite de ceux-ci.
C'est aussi une procédure dérogatoire au principe de vote préalable des crédits par le Parlement. L'article 11 de l'ordonnance organique du 2 janvier 1959 énumère donc de façon limitative les cas d'emploi de ces décrets d'avances et elle fixe leurs conditions d'application.
Dans la limite d'un crédit global pour dépenses accidentelles, des décrets pris sur le rapport du ministre des Finances peuvent ouvrir des crédits. Par ailleurs, en cas d'urgence, s'il est établi sur rapport du ministre des Finances au Premier ministre que l'équilibre financier prévu à la dernière loi de finances n'est pas affecté, des crédits supplémentaires peuvent être ouverts par décrets d'avances pris sur avis du Conseil d'État.
Enfin, en cas d'urgence et de nécessité impérieuse d'intérêt national, des crédits supplémentaires peuvent être ouverts par décrets d'avances pris en Conseil des ministres sur avis du Conseil d'État.
L'ordonnance organique du 2 janvier 1959 prévoit les règles de ratification par le Parlement de ces décrets d'avances dans la plus prochaine loi de finances.
Cette procédure, à l'origine exceptionnelle, est devenue courante et l'atteinte portée au pouvoir du Parlement en matière financière est ainsi manifeste.
La loi organique du 1er août 2001 relative aux lois de finances renforce le contrôle parlementaire sur les décrets d'avances.
Tout projet de décret d'avances devra être soumis pour avis aux commissions des finances des deux Assemblées, qui feront connaître leur position au Gouvernement dans un délai de sept jours. La réception de ces avis ou l'expiration du délai de sept jours conditionnent la signature du décret d'avances.
Les décrets d'avances comporteront, outre les ouvertures de crédits, les éléments assurant la préservation de l'équilibre budgétaire, c'est-à-dire les annulations de crédits gageant les annulations, ou la constatation de recettes nouvelles.
Le montant cumulé, au cours d'une année, des crédits ouverts par décrets d'avances ne pourra excéder 1 % des crédits initiaux.

3 LA PRÉPARATION DE LA LOI DE FINANCES

Exercice **1. QCM**

> Cochez la bonne réponse

1. Dans la loi organique du 1er août 2001, le budget est défini comme :

Ⓐ l'ensemble des comptes qui décrivent pour l'année civile toutes les ressources et toutes les charges permanentes de l'État
Ⓑ la prévision et l'autorisation en la forme législative des charges et des ressources de l'État
Ⓒ décrivant, pour une année, l'ensemble des recettes et des dépenses budgétaires de l'État

2. Combien compte-t-on, dans la loi organique du 1er août 2001, de catégories de lois de finances ?

Ⓐ 2
Ⓑ 3
Ⓒ 4

3. Que ne comprend pas la première partie de la loi de finances initiale ?

Ⓐ L'évaluation de chacune des recettes budgétaires
Ⓑ L'autorisation d'octroi des garanties de l'État
Ⓒ Le tableau d'équilibre

4. Quelles lois de finances ratifient les modifications apportées aux crédits ouverts par le décret d'avances ?

Ⓐ La loi de finances rectificative
Ⓑ La loi de règlement
Ⓒ Les lois de finances initiale

5. Quelles lois de finances peuvent comporter des dispositions destinées à ouvrir pour chaque programme ou dotation concerné les crédits nécessaires pour régulariser les dépassements constatés ?

Ⓐ Les lois de finances initiales
Ⓑ Les lois de finances rectificatives
Ⓒ Les lois de règlement

CORRIGÉS

1. → Ⓒ
Article 7 de la loi organique du 1er août 2001.

2. → Ⓒ
La quatrième catégorie (autre que la loi pour l'année, des lois rectificatives et la loi de règlement) vise les lois de finances adoptées lorsque la loi des finances pour l'année n'a pas pu être adoptée avant le début de l'exercice (article 45 de la loi organique).

3. → Ⓑ
Cette autorisation figure dans la seconde partie.

4. → Ⓐ et Ⓑ
Articles 35 et 37 de la loi organique du 1er août 2001.

5. → Ⓒ
La loi de règlement (article 37 de la loi organique).

6. Au sein du ministère de l'Économie, des finances et de l'industrie, quelle direction est plus spécialement chargée de la préparation de la loi de finances ?

Ⓐ La direction du Trésor
Ⓑ La direction du Budget
Ⓒ La direction générale de la Comptabilité publique

➜ Ⓑ
Elle est chargée de la préparation des lois de finances et de la surveillance de l'exécution du budget de l'État avec le concours des contrôleurs financiers.

7. Dès son dépôt, le projet de loi de finances est immédiatement renvoyé à l'examen de :

Ⓐ la commission des lois
Ⓑ la commission chargée des finances
Ⓒ la commission désignée par le Président

➜ Ⓑ
Article 39 de la loi organique.

8. La loi de finances a obligatoirement une structure :

Ⓐ bipartite
Ⓑ tripartite
Ⓒ quadripartite

➜ Ⓐ
Cette structure bipartite est prévue par l'article 34 de la loi organique.

9. Qui dispose du pouvoir d'arbitrage au sein du Gouvernement lors de la préparation de la loi de finances ?

Ⓐ Le Conseil des ministres
Ⓑ Le ministre de l'Économie, des Finances et de l'Industrie
Ⓒ Le Premier ministre

➜ Ⓒ
Article 37 de la Constitution.

10. En matière budgétaire, l'initiative est :

Ⓐ partagée entre l'exécutif et le législatif
Ⓑ toujours parlementaire
Ⓒ toujours gouvernementale

➜ Ⓒ
L'initiative en matière de loi de finances n'appartient qu'au Gouvernement (article 39 de la Constitution).

11. À quel moment doit intervenir le débat d'orientation budgétaire lors de la préparation de la loi de finances ?

Ⓐ Au second trimestre de l'exercice
Ⓑ Au premier trimestre de l'exercice
Ⓒ Au troisième trimestre de l'exercice

➜ Ⓐ
Selon l'article 48, au cours du dernier trimestre de la session ordinaire.

12. Avant l'adoption du projet de loi de finances, en Conseil des ministres, le Conseil d'État :

Ⓐ doit être saisi pour avis
Ⓑ peut être saisi pour avis
Ⓒ n'est pas saisi pour avis

➜ Ⓐ
Comme pour tout projet de loi.

13. En 1999, la commission des comptes et budgets économiques de la Nation a été remplacée par :

Ⓐ la commission économique de la Nation
Ⓑ la commission des comptes publics
Ⓒ la commission des comptes économiques de la Nation

➜ Ⓒ
Composée d'experts, elle est chargée d'examiner les différentes hypothèses économiques.

14. Les documents budgétaires législatifs qui font courir les délais de dépôt du projet de loi de finances sont :

Ⓐ les « blancs »
Ⓑ les « jaunes »
Ⓒ les « bleus »

→ Ⓒ
Établis par chaque ministère, ils sont avalisés par la direction du Budget.

15. Dans la loi organique, il est prévu que les annexes explicatives par ministère accompagnant le projet de loi de finances seront complétées par :

Ⓐ un rapport annuel de gestion
Ⓑ un projet annuel de performances
Ⓒ une analyse des résultats établie par la Cour des comptes

→ Ⓑ
Article 51-5°, le projet annuel de performances doit préciser notamment « la présentation des actions, des coûts associés, des objectifs poursuivis, des résultats obtenus et attendus pour les années à venir mesurés au moyen d'indicateurs précis dont le choix est justifié ».

16. La préparation du projet de loi de finances par le Gouvernement dure environ :

Ⓐ 4 mois
Ⓑ 6 mois
Ⓒ 10 mois

→ Ⓒ
De décembre n – 2 à septembre n – 1.

17. Dans le cadre des nouvelles dispositions prévues par la loi organique du 1er août 2001, le Parlement, au moment du dépôt du projet de loi de finances, reçoit communication :

Ⓐ d'une programmation pluriannuelle (4 ans) des finances publiques
Ⓑ du programme de stabilité également communiqué à la Commission européenne
Ⓒ des évaluations pour l'année à venir des budgets des collectivités territoriales

→ Ⓐ
Soit en septembre. En vertu de l'article 50 de la LOLF. Le programme de stabilité est communiqué fin décembre aux présidents des commissions des finances en même temps qu'à la Commission européenne.

18. Dans le cadre du projet de loi de finances pour 2003, la nouvelle disposition issue de la LOLF est :

Ⓐ la nomenclature budgétaire
Ⓑ le tableau d'équilibre
Ⓒ l'inscription obligatoire des « débudgétisations »

→ Ⓒ
En vertu de l'article 36 de la LOLF.

19. Dans le cadre de la loi de finances pour 2003, la taxe parafiscale sur la publicité radiodiffusée et télévisée a été :

Ⓐ supprimée
Ⓑ conservée
Ⓒ transformée en impôt

→ Ⓒ

20. La suppression de l'ensemble des taxes parafiscales doit être acquise au :

Ⓐ 31 décembre 2003
Ⓑ 31 décembre 2004
Ⓒ 31 décembre 2005

→ Ⓐ
Article 63 de la LOLF.

Exercice **2. QRC**

1. Les bleus budgétaires

L'élaboration du projet de loi de finances donne lieu à la production d'un grand nombre de documents. À côté du projet de loi de finances proprement dit et des états législatifs annexes prévus par l'ordonnance organique, figurent des documents d'accompagnement de la loi de finances classés en trois catégories et distingués par la couleur de la couverture utilisée. Les plus importants sont de couleur bleue, « les bleus budgétaires », et ils sont juridiquement indispensables à la discussion de la loi de finances. En effet, le délai d'examen de la loi de finances devant le Parlement ne court qu'à compter de leur dépôt. En pratique, les « bleus » essentiels sont ceux qui détaillent les crédits d'un ministère par chapitre et par article.

L'article 51 de la loi organique du 1er août 2001 énumère désormais la liste des documents joints au projet de loi de finances de l'année.

2. La direction du Budget et la préparation de la loi de finances

La direction du Budget est, au sein du ministère de l'Économie, des Finances et de l'Industrie, chargée de la bonne fin de la préparation du projet de loi de finances.

Depuis la mise en place de l'euro, l'innovation la plus marquante est la mise en place d'une procédure de programmation stratégique des finances publiques à moyen terme qui permet d'établir le programme pluriannuel d'évolutions des finances publiques transmis au cours de l'année aux autorités communautaires et l'esquisse du projet de loi de finances en préparation.

Il appartient ensuite à la direction d'établir le cadrage budgétaire à l'issue de l'exercice des perspectives. Elle prépare le dossier de la réunion du Gouvernement qui arrête le cadrage et le document qui servira de support au débat d'orientation budgétaire devant le Parlement.

Ensuite, la direction est l'interlocuteur des ministères techniques lors des conférences budgétaires. C'est donc la direction du Budget qui assure la bonne fin du dossier d'arbitrage qui sert de support aux discussions gouvernementales du mois de juin.

La direction assure ensuite, sous l'autorité du ministre, la rédaction des lettres-plafonds qui traduisent les arbitrages budgétaires du Premier ministre.

Enfin, les documents budgétaires sont élaborés sous la supervision de la direction du Budget qui garantit le dépôt dans les délais constitutionnels du projet de loi de finances.

Puis le projet de loi de finances est présenté pour avis au Conseil d'État avant son adoption en Conseil des ministres au milieu du mois de septembre.

Dernière mission essentielle dans cette préparation de la loi de finances, lors de la discussion budgétaire au Parlement, la direction du Budget assiste le ministre lors de la première partie de la discussion et veille au respect des arbitrages budgétaires lors de la deuxième partie qui, elle, est du ressort des ministères dépensiers.

3. Le pacte de stabilité budgétaire

Depuis la loi de finances pour 1999, de nouvelles normes relatives aux politiques des finances publiques ont été instaurées dans l'Union européenne.

Les pays membres de la zone euro doivent respecter un programme de stabilité qui fixe des objectifs en terme de besoin ou de capacité de financement des administrations publiques, qu'il s'agisse de l'État, des régimes de sécurité sociale, des collectivités locales ou des organismes divers d'administration centrale (ODAC).

Conformément au pacte de stabilité et de croissance qui prévoit la cohérence des politiques budgétaires des pays membres de la zone euro, ces derniers doivent en effet, à terme, tendre vers un équilibre de leurs finances publiques, voire être en excédent. Cet objectif doit permettre aux États membres de faire face aux fluctuations conjoncturelles. La France, comme l'Allemagne, ne respecte pas ces règles de stabilité budgétaire.

Après une procédure en déficit excessif engagé par la Commission européenne et confirmée par la Cour de justice des communautés européennes en 2004, les ministres des Finances, puis les chefs d'État des pays de l'Union européenne, ont abouti en mars 2005 à une réforme du pacte de stabilité. Les délais accordés pour corriger les déficits excessifs sont ainsi allongés.

4. Le rôle de la direction de la Prévision dans la préparation de la loi de finances

Au sein du ministère de l'Économie, des finances et de l'industrie, la direction de la Prévision, fusionnée en novembre 2004 dans une nouvelle direction générale du Trésor et de la politique économique, a pour mission d'établir à l'attention du Gouvernement une prévision de la situation de l'économie française à un horizon de 18 mois à 2 ans, horizon pertinent pour la préparation des budgets de l'État. La direction de la Prévision doit aussi s'intéresser à la conjoncture immédiate en liaison avec une autre direction du ministère, l'INSEE.

La direction se consacre donc aux synthèses macroéconomiques et financières, qu'il s'agisse de prévisions ou de conseil en politique macroéconomique. Elle produit ainsi plusieurs fois par an des « budgets économiques », c'est-à-dire des prévisions détaillées de l'ensemble des aspects de l'économie française, qui seront présentés et discutés au sein de la commission des comptes et des budgets économiques de la nation (CCBEN). La CCBEN, présidée par le ministre et dont la direction de la Prévision, assure le secrétariat, comprend les directeurs du ministère, les partenaires sociaux (patronat et syndicats) et des experts indépendants (universitaires, dirigeants d'instituts de prévision « privés »).

À l'automne, les budgets économiques servent de charpente économique au projet de budget de l'État et au rapport économique et financier adressé au Parlement qui l'accompagne.

Outre cette mission de prévision, elle se consacre aussi à la prise en compte de l'effet des finances publiques au sens large, c'est-à-dire y compris celles de la « sphère sociale », sur les évolutions économiques. Ses analyses portent à la fois sur les incidences macroéconomiques des grandes masses budgétaires et sur les aspects plus microéconomiques de l'effet du système fiscal et social sur le comportement des ménages et des entreprises : marché du travail, retraites, régulation des dépenses de santé...

Elle est aussi associée à la préparation des orientations de la politique budgétaire, de la politique fiscale et des politiques sociales. De par sa position, elle est ainsi en mesure d'avoir une vision globale des finances publiques : prélèvements obligatoires, dépenses totales, solde à financer du secteur public.

5. Les budgets économiques

Dans le cadre de la comptabilité nationale, on peut définir les budgets économiques comme un ensemble de comptes nationaux décrivant pour l'année en cours, ou à venir, les prévisions afférentes aux opérations de secteurs institutionnels, et ayant pour but d'éclairer la politique économique. Établis deux fois par an à partir de modèles économétriques par la direction de la Prévision du Minefi, ces budgets économiques consistent à prévoir les principaux agrégats macroéconomiques.

Les budgets économiques d'hiver, dont les travaux techniques débutent en décembre et dont les résultats finaux sont transmis au cabinet du ministre au mois de mars, traitent de l'année qui vient de s'écouler, de l'année en cours et de l'année à venir. Ils visent notamment à arrêter les hypothèses macroéconomiques utilisées pour préparer le projet de loi de finances.

Quant aux budgets économiques d'été, ils ont lieu de juillet à septembre et ils permettent également, à une date qui a été variable selon les années, une confrontation des prévisions de recettes fiscales pour l'année en cours et l'année à venir, et un arbitrage similaire par le cabinet. Cet exercice permet d'affiner la préparation du projet de loi de finances et notamment du calibrage des différentes mesures fiscales.

6. Le calendrier de préparation de la loi de finances

Ce calendrier se décompose en plusieurs étapes. De janvier à mars, les perspectives constituent une première phase administrative qui permet au Gouvernement de fixer les grandes orientations de la future loi de finances. En avril-mai intervient la lettre de cadrage du Premier ministre. Elle permet de définir la politique budgétaire pour l'année n+1 en fonction des prévisions et elle est adressée à chaque ministre qui doit préparer son budget dans ce cadre. Pendant cette période, le projet est présenté au Parlement pour le débat d'orientation budgétaire. De mai à juin, les ministères dépensiers font leurs propositions au ministère des Finances.

S'il y a des désaccords commence une première phase d'arbitrage, sous l'autorité du ministre des Finances. En juin-juillet, les lettres-plafonds sont adressées par le Premier ministre aux ministres dépensiers. La partie « dépenses » du projet est alors terminée.

De juillet à septembre, les recettes pour l'année n+1 sont estimées de façon définitive, les fascicules budgétaires sont rédigés afin d'être joints au projet de loi de finances. En septembre, le projet de loi de finances est adopté en Conseil des ministres, puis présenté à la presse, avant d'être déposé sur le bureau de l'Assemblée nationale.

7. Les attributions du ministre délégué au Budget et à la réforme budgétaire

Elles ont été précisées par le décret n° 2005-209 du 2 mars 2005. M. Jean-François Copé, ministre délégué au budget et à la réforme budgétaire, porte-parole du gouvernement, exerce, par délégation du Premier ministre, les fonctions de porte-parole du gouvernement. Il exerce les attributions de celui-ci relatives à la préparation du budget et à son exécution, à la comptabilité publique, aux impôts, au domaine, au cadastre et à la publicité foncière, aux douanes et droits indirects et aux pensions. Il est chargé de la mise en œuvre de la loi organique du 1er août 2001. Pour l'exercice de ses attributions relatives au budget et à la réforme budgétaire, le ministre délégué au budget et à la réforme budgétaire, porte-parole du gouvernement, dispose de la direction du budget, de la direction de la réforme budgétaire, de la direction générale de la comptabilité publique, de la direction générale des impôts, de la direction générale des douanes et droits indirects, du service des pensions et du haut fonctionnaire de défense, et en tant que de besoin, des autres directions et services placés sous l'autorité du ministre de l'Économie, des finances et de l'industrie.

8. L'intervention du Premier ministre dans l'élaboration du volet dépenses du projet de loi de finances

Ce rôle est déterminant, puisque c'est le chef du gouvernement qui, sur la base de l'esquisse budgétaire établie par le ministère de l'Économie, des finances et de l'industrie, adresse aux ministres les lettres de cadrage et les lettres-plafonds qui déterminent le niveau des dépenses du projet de loi de finances.

Le Premier ministre arrête tout d'abord la stratégie macro-budgétaire, en deux étapes : à la fin décembre, le programme pluriannuel de finances publiques est formalisé avant d'être transmis aux institutions communautaires et aux présidents des commissions des finances des assemblées, puis en avril ou mai, généralement après la tenue d'un séminaire gouvernemental, le Premier ministre arrête ses orientations pour la préparation du projet de loi de finances à travers les lettres de cadrage, qui fixent notamment le pourcentage de progression des dépenses de l'État et identifient les priorités gouvernementales.

Ces lettres de cadrage donnent également une date limite pour la remise des propositions des ministères à la direction du Budget, souvent dans le courant du mois de mai.

Ensuite, le montant des enveloppes ministérielles est déterminé à l'issue des conférences budgétaires et des réunions d'arbitrage, d'abord au niveau des cabinets puis à celui des ministres. Ces enveloppes, après l'arbitrage ultime du Premier ministre, sont notifiées aux membres du gouvernement par les lettres-plafonds, envoyées désormais au début du mois de juillet.

L'équilibre de l'ensemble du projet de loi de finances, les décisions retenues en matière fiscale et le choix des articles législatifs à caractère budgétaire sont arrêtés au cours de l'été par le cabinet du Premier ministre.

4 L'ADOPTION DE LA LOI DE FINANCES

Exercice **1. QCM**

> Cochez la bonne réponse

1. Dans la loi organique du 1er août 2001, la distinction au sein des ressources de la loi de finances est faite entre :

Ⓐ les ressources budgétaires et de trésorerie
Ⓑ les ressources permanentes et les ressources temporaires
Ⓒ les ressources budgétaires et les ressources temporaires

2. Dans le cadre de la loi organique, le régime des irrecevabilités financières est :

Ⓐ renforcé
Ⓑ allégé
Ⓒ supprimé

3. En matière d'amendement relatif aux charges de la loi de finances, la notion prise en compte est, dans la loi organique du 1er août 2001, celle :

Ⓐ des crédits de la mission
Ⓑ des crédits du programme
Ⓒ des crédits du chapitre

4. Le délai global d'adoption de la loi de finances devant le Parlement est de :

Ⓐ 50 jours
Ⓑ 70 jours
Ⓒ 90 jours

5. Quelle est la Chambre prioritaire pour l'examen du projet de loi de finances ?

Ⓐ La Chambre désignée par le Premier ministre
Ⓑ Le Sénat
Ⓒ L'Assemblée nationale

6. De quels délais dispose au minimum et au maximum le Sénat pour examiner le projet de loi de finances ?

Ⓐ Soit 15, soit 20 jours
Ⓑ Soit 20, soit 25 jours
Ⓒ Soit 25, soit 30 jours

CORRIGÉS

1. ➜ Ⓐ
La LO distingue les ressources budgétaires énumérées par l'article 3 et les ressources de trésorerie (art. 25).

2. ➜ Ⓑ
L'irrecevabilité prévue par l'article 42 de l'ordonnance organique disparaît. Seul reste applicable l'article 40 de la Constitution.

3. ➜ Ⓐ
L'article 47 de la loi organique précise qu'« au sens des articles 34 et 40 de la Constitution, la charge s'entend s'agissant des amendements s'appliquant aux crédits de la mission ».

4. ➜ Ⓑ
Aux termes des articles 47 de la Constitution et 40 de la loi organique, le Parlement dispose d'un délai global de 70 jours pour adopter le projet de loi de finances.

5. ➜ Ⓒ
En raison de la tradition historique selon laquelle la Chambre basse est censée représenter les contribuables.

6. ➜ Ⓐ
15 jours si l'Assemblée nationale ne s'est pas prononcée et 20 jours si elle s'est prononcée.

7. Le vote des deux parties de la loi de finances obéit à des règles :

Ⓐ précisées par la loi organique
Ⓑ variables selon chaque loi de finances
Ⓒ précisées par le règlement des Assemblées

→ Ⓐ
L'article 42 de la loi organique indique que l'on ne peut pas passer au vote de la seconde partie avant l'adoption de la première.

8. En cas de défaut d'adoption du projet de loi de finances de l'année :

Ⓐ la discussion continue en janvier
Ⓑ des solutions sont prévues par la loi organique et la Constitution
Ⓒ un nouveau projet de loi de finances doit être présenté

→ Ⓑ
L'article 47 de la Constitution et 45 de la loi organique.

9. Qui peut déférer une loi de finances au Conseil constitutionnel ?

Ⓐ Le président de la République, le Premier ministre
Ⓑ Les présidents des Assemblées et 60 députés ou sénateurs
Ⓒ L'ensemble des personnes mentionnées aux Ⓐ et Ⓑ

→ Ⓒ
L'élargissement de la saisine aux députés et sénateurs date de 1974.

10. Parmi les sujets suivants, un seul ne concerne pas le contrôle de constitutionnalité des lois de finances :

Ⓐ le respect des règles de l'initiative financière
Ⓑ le respect des règles relatives à l'information et au contrôle du Parlement
Ⓒ le respect des modalités d'exécution de la loi de finances

→ Ⓒ
Ce contrôle relève de la Cour des comptes.

11. Quelle loi de finances a donné lieu à une censure totale par le Conseil constitutionnel ?

Ⓐ La loi de finances pour 1979
Ⓑ La loi de finances pour 1980
Ⓒ La loi de finances pour 1981

→ Ⓑ
La loi de finances pour 1980 car la seconde partie avait été adoptée avant la première.

12. Dans la loi organique du 1er août 2001, l'article 5 distingue plusieurs catégories de charges budgétaires :

Ⓐ 4 catégories
Ⓑ 6 catégories
Ⓒ 7 catégories

→ Ⓒ
7 catégories : les dotations des pouvoirs publics, les dépenses de personnel, les dépenses de fonctionnement, les charges de la dette de l'État, les dépenses d'investissement, les dépenses d'intervention, les dépenses d'opérations financières.

13. Le premier poste de charges budgétaires dans la loi de finances est constitué par :

Ⓐ les dépenses de fonctionnement
Ⓑ les dépenses de personnel
Ⓒ les charges de la dette

→ Ⓑ
Les dépenses de personnel représentent près de 40 % des charges budgétaires de l'État.

14. Dans le cadre de la loi organique du 1er août 2001, le projet de loi de règlement de l'année n doit être déposé et distribué :

Ⓐ avant le 1er juin de l'année n + 1
Ⓑ avant le 1er septembre de l'année n + 1
Ⓒ à la fin de l'année n + 1

→ Ⓐ
Article 46 de la loi organique du 1er août 2001.

15. La loi organique du 1er août 2001 prévoit l'existence de :

Ⓐ crédits limitatifs, évaluatifs et provisionnels
Ⓑ crédits évaluatifs et provisionnels
Ⓒ crédits limitatifs et évaluatifs

→ Ⓒ
Articles 9, 10 et 24 de la loi organique.

16. En matière d'autorisations d'emplois, les plafonds de la loi de finances sont :

Ⓐ évaluatifs
Ⓑ limitatifs
Ⓒ indicatifs

→ Ⓑ
Article 9 de la loi organique.

17. Dans le cadre de la loi organique, les conditions dans lesquelles les dépenses peuvent être engagées par anticipation sur les crédits de l'année suivante sont définies par :

Ⓐ un décret en Conseil d'État
Ⓑ un arrêté du ministre des Finances
Ⓒ une disposition de la loi de finances

→ Ⓒ
Comme le prévoit l'article 9 de la loi organique.

18. La loi organique prévoit pour les comptes spéciaux (du Trésor) :

Ⓐ un vote par catégorie de comptes spéciaux
Ⓑ un vote par compte spécial (du Trésor)
Ⓒ deux votes par compte spécial

→ Ⓑ
Article 43 de la loi organique.

19. Les amendements prévoyant d'introduire dans une loi ordinaire des dispositions ne pouvant figurer que dans une loi de finances peuvent être invalidés par le Conseil constitutionnel :

Ⓐ sous la réserve de l'invocation de l'exception d'irrecevabilité lors du débat parlementaire
Ⓑ à la demande du seul gouvernement
Ⓒ de façon prétorienne par le Conseil constitutionnel

→ Ⓒ
Le Conseil constitutionnel s'est réservé la possibilité d'apprécier la recevabilité d'amendement sur des fondements qu'il a lui-même définis.

20. En matière d'adoption de lois de finances, la procédure du vote bloqué prévue par l'article 44, alinéa 3 de la Constitution est :

Ⓐ interdite
Ⓑ censurée par le Conseil constitutionnel
Ⓒ autorisée

→ Ⓒ
Utilisée avec modération depuis une dizaine d'année (15 fois au total entre 1995 et 2005).

Exercice **2. QRC**

1. La suppression de l'article 42 de l'ordonnance organique

La loi organique du 1er août 2001 allège le régime des irrecevabilités financières, telles qu'elles résultaient des articles 40 de la Constitution et 42 de l'ordonnance organique. Cette suppression de l'article 42 par le nouveau texte correspond pour l'essentiel à un privilège de fait, confirmé par la jurisprudence du Conseil constitutionnel, accordé à l'article 40 de la Constitution effectivement seul appliqué.

Désormais, seul l'article 40 de la Constitution est juridiquement applicable et la marge de manœuvre des parlementaires est fortement accentuée en matière d'amendement sur les charges, puisque ce sont les crédits de la mission qui sont retenus. Cette suppression traduit donc un progrès du droit d'amendement.

2. L'élargissement du champ de compétence de la loi de finances

La loi organique du 1er août 2001 élargit le champ de compétence de la loi de finances. Ainsi, les recettes de fonds de concours sont désormais prévues et évaluées par la loi de finances (art. 17) et les dérogations à l'obligation de dépôt auprès du Trésor des disponibilités des collectivités et établissements publics territoriaux doivent faire l'objet d'une disposition expresse d'une loi de finances (art. 26-3e). Il faut encore signaler que la loi de finances évalue désormais, dans sa première partie, les ressources et les charges de trésorerie qui concourent à la réalisation de l'équilibre financier (art. 34-8c). En outre, le plafond de la variation nette de la dette négociable de l'État, d'une durée supérieure à un an, est fixé par la loi de finances (art. 324-9e), et l'affectation d'une ressource établie au profit de l'État à une autre personne morale ne peut résulter que d'une disposition de la loi de finances (art. 36).

3. Les nouvelles modalités de vote des lois de finances

L'article 43 de la loi organique modifie les règles de vote des lois de finances. Il est désormais prévu :

– un vote d'ensemble pour les évaluations de recettes (budget général, budgets annexes et comptes spéciaux) ;

– un vote unique des plafonds d'autorisation d'emplois ;

– un vote d'autorisation d'engagement et des crédits de paiement par mission. Un amendement parlementaire pour demander une modification au sein d'une mission de la répartition des crédits entre programmes est recevable dans ce cadre ;

– un vote par budget annexe et par compte spécial des crédits ou des découverts.

4. Le contrôle du droit d'amendement par le Conseil constitutionnel

Lorsqu'une loi de finances définitivement adoptée par le Parlement lui est déférée, le Conseil constitutionnel contrôle l'usage fait du droit d'amendement au cours de la procédure parlementaire, sur trois bases distinctes.

Il examine, tout d'abord, comment ont été appliquées les irrecevabilités financières prévues par l'article 40 de la Constitution ou par l'ordonnance du 2 janvier 1959 portant loi organique relative aux lois de finances.

Lorsque l'amendement a été déclaré recevable, puis a été adopté, le Conseil est saisi pour invalider la disposition qui en est issue et, lorsque cet amendement a été déclaré irrecevable, le Conseil est saisi pour censurer l'éventuel vice de procédure qui en résulte.

Si la première hypothèse ne soulève pas difficultés particulières, a contrario, le Conseil n'examine pas la seconde, car selon sa jurisprudence, « est exclue toute contestation d'une disposition qui ne figure pas dans la loi soumise à l'examen du Conseil ».

Le Conseil constitutionnel veille également au respect du domaine imparti aux lois de finances par l'article premier de l'ordonnance du 2 janvier 1959 et il invalide systématiquement les amendements contraires, les « cavaliers budgétaires ».

Le Conseil censure également les dispositions qui sont introduites dans une loi ordinaire alors qu'elles ne peuvent figurer que dans une loi de finances.

Enfin, le Conseil a développé une jurisprudence prévoyant d'autres limitations à l'exercice du droit d'amendement.

Selon cette jurisprudence, les amendements ne doivent pas être « dépourvus de tout lien avec le texte en discussion » et ils ne doivent pas, en outre, « dépasser par leur objet et leur portée les limites inhérentes à l'exercice du droit d'amendement ».

5. Le calendrier d'adoption de la loi de finances

Avant le premier mardi d'octobre, le projet de loi de finances doit être déposé sur le bureau de l'Assemblée nationale puis au Sénat. Après examen en commission des finances, le projet donne ensuite lieu à discussion puis vote.

Le vote de la loi de finances est différent du vote des lois ordinaires en raison de la contrainte de délai et de l'urgence fréquente car le vote doit être effectué avant la fin de l'année pour que la loi de finances puisse être appliquée dès le début de l'exercice budgétaire (principe d'annualité).

En cas de retard du fait du Parlement, le projet de loi de finances est mis en œuvre par voie d'ordonnances.

6. Les délais d'examen et de vote de la loi de finances

La Constitution du 4 octobre 1958 fixe les conditions d'examen de la loi de finances par le Parlement. Ce dernier dispose de 70 jours pour la voter sinon le Gouvernement peut la mettre en vigueur par ordonnances et le vote doit intervenir avant le 1er janvier.

Le projet de loi de finances est déposé devant l'Assemblée nationale qui dispose de 45 jours pour se prononcer en première lecture. Ce délai dépassé, le Gouvernement saisit le Sénat qui dispose alors de 15 jours pour se prononcer.

L'examen en première lecture par l'Assemblée nationale du projet de loi de finances représente, chaque année, en moyenne, près du quart de la durée totale des séances publiques.

La loi de finances est divisée en deux parties qui doivent être votées dans l'ordre. La première traite des conditions générales de l'équilibre financier avec l'autorisation de percevoir les impôts, la seconde fixe l'attribution des crédits de dépenses aux différents ministères.

Comme pour toute loi, le Gouvernement dispose de larges moyens de pression sur le Parlement. En cas de désaccord entre les chambres, le Gouvernement peut demander la constitution d'une commission mixte paritaire (sept députés + sept sénateurs) chargée d'établir un texte commun soumis aux deux chambres et qui ne peut être amendé. En fin de procédure, si le texte ne peut être adopté par les deux chambres, l'Assemblée nationale statue définitivement.

Le Gouvernement peut aussi utiliser les techniques du vote bloqué (il met au vote le texte avec les seuls amendements qu'il a retenus), ou engager sa responsabilité (le texte est adopté s'il n'y a pas de majorité exprimée contre).

Dans le cas où se dégage une majorité contraire, le texte est rejeté et le Gouvernement doit démissionner.

7. Conseil constitutionnel et sincérité budgétaire

Nouveau principe budgétaire énoncé par l'article 32 de la nouvelle loi organique du 1er août 2001 relative aux lois de finances, le principe de sincérité budgétaire est applicable depuis le 1er janvier 2002 : « Les lois de finances présentent de façon sincère l'ensemble des ressources et des charges de l'État. Leur sincérité s'apprécie compte tenu des informations disponibles et des prévisions qui peuvent raisonnablement en découler. »

Antérieurement à la loi organique, ce principe était fréquemment soulevé devant le Conseil constitutionnel qui en vérifiait le respect.

Le Conseil a toujours apprécié, jusqu'à son inscription dans la loi organique, ce principe avec prudence. Ainsi, dans sa décision n° 98-406 DC du 29 décembre 1998 relative à la loi de finances rectificative pour 1998, indiquait-il « qu'en inscrivant certains crédits dans la loi de finances rectificative pour 1998 sur des chapitres dotés de crédits pouvant être reportés en application des dispositions de l'article 17 de l'ordonnance du 2 janvier 1959 susvisée, alors même que ces dépenses ne pourront être effectivement engagées qu'au cours de l'exercice budgétaire 1999, le législateur, eu égard au montant limité des sommes en cause par rapport aux masses budgétaires, n'a pas méconnu les exigences constitutionnelles invoquées par les requérants », à savoir le principe de l'annualité budgétaire et l'obligation de sincérité budgétaire.

Dans le nouveau cadre fixé par la loi organique, le Conseil constitutionnel a rendu, le 27 décembre 2002, une décision n° 2002-464 DC relative à la loi de finances pour 2003 dans laquelle la sincérité des prévisions de recettes et de dépenses a été admise sous réserve, d'une part, que le Parlement soit informé tout au long de l'exercice sur les mesures de gel et d'annulation de crédits, d'autre part, que le gouvernement dépose un projet de loi de finances rectificative si les grandes lignes de l'équilibre ne peuvent être tenues.

8. Les modalités de régulation budgétaire

Le Gouvernement peut être amené, en cours d'année, à infléchir le rythme de la dépense budgétaire pour des motifs qui peuvent tenir au réglage conjoncturel de la situation économique ou à la maîtrise de la dépense publique. On parle alors de « régulation » budgétaire, qui peut prendre la forme tout d'abord d'un « gel », puis d'une annulation ou non des crédits.

Les systèmes de régulation successivement retenus ont évolué en fonction des contraintes de gestion du budget de l'État et du contexte macro-économique.

Jusqu'à la fin des années 1970, la régulation budgétaire avait essentiellement un objectif de « réglage macro-économique ». Des crédits d'équipement étaient mis en réserve en début d'année et n'étaient rendus disponibles que si la conjoncture le permettait (absence de « surchauffe ») ou l'exigeait (en cas de ralentissement excessif de la croissance).

À partir des années 1980, les impératifs de maîtrise de la dépense l'ont emporté sur les tentatives de réglage fin de l'économie par les crédits budgétaires.

À cet effet, des crédits sont « gelés » en début de gestion, représentant le plus souvent un certain pourcentage d'un ensemble de crédits, dont le gouvernement peut exonérer les domaines jugés prioritaires et les dépenses incompressibles (comme les rémunérations et les pensions).

Ne pouvant pas faire l'objet d'engagement de la part des ministères, ces crédits peuvent éventuellement être « dégelés », en tout ou partie, si la situation budgétaire le permet, ou être annulés, notamment pour contribuer à l'équilibre de décrets d'avances ou de lois de finances rectificatives.

La Cour des comptes dénonce régulièrement le recours à cette régulation budgétaire en cours d'année – à laquelle elle trouverait préférable une plus forte réduction des ouvertures de crédits par les lois de finances annuelles – car elle provoque d'importantes perturbations dans la gestion des crédits, en raison de son imprévisibilité et, pendant longtemps, de sa confidentialité. Ces dispositifs de régulation budgétaire dont les objectifs, modalités et points d'application sont instables dans le temps, privent les gestionnaires de la visibilité nécessaire à la détermination d'un niveau approprié de nouveaux engagements.

9. Le projet de réforme de la loi organique du 1er août 2001

Le gouvernement a déposé en octobre 2004 un projet de loi organique modifiant la loi organique n° 2001-692 du 1er août 2001 relative aux lois de finances (LOLF) tendant à définir une norme de comportement budgétaire vertueuse en cas de surplus non anticipés de recettes. Ce projet de loi organique vise à empêcher le retour des erreurs commises il y a quelques années avec la fameuse question de la « cagnotte budgétaire ». Il tend donc à poser des principes de bonne gestion budgétaire à partir du constat très juste de l'asymétrie de la politique budgétaire : lorsque les recettes fiscales sont inférieures aux prévisions, il est rare qu'une loi de finances cherche à compenser les moindres rentrées par de nouvelles économies ou une hausse des prélèvements obligatoires ; en revanche, il est vrai qu'en cas de recettes imprévues, des allègements fiscaux de grande ampleur ou des ouvertures de crédits sont fréquemment adoptés. Le projet de loi organique vise à inscrire en loi de finances initiale une règle d'affectation des surplus temporaires de recettes fiscales. Il complète par un nouvel alinéa (10°) le I de l'article 34 de la LOLF, qui détaille le contenu de la première partie de la loi de finances de l'année. Il prévoit ainsi que celle-ci « arrête les modalités selon lesquelles sont utilisés les éventuels surplus, par rapport aux évaluations de la loi de finances de l'année, du produit des impositions de toute nature établies au profit de l'État ».

Ces questions relatives à l'affectation des surplus de recettes sont fréquentes. Elles s'étaient ainsi posées à l'automne 1999 lorsque le Sénat avait affirmé qu'existait un surplus de recettes fiscales par rapport aux prévisions de la loi de finances initiale pour 1999. Le gouvernement l'avait longtemps contesté, avant de déposer, lors de la discussion de l'article d'équilibre du projet de loi de finances rectificative pour 1999, le 20 décembre 1999, un amendement qui, selon les termes du ministre, tendait à « corriger l'équilibre de ce collectif budgétaire » et, en particulier, « relever le niveau des recettes de 11,3 milliards de francs (1,7 milliard d'euros), soit 0,7 % des recettes fiscales nettes, ce afin de tenir compte des informations les plus récentes ». Cet épisode, qui avait été qualifié indûment « d'affaire de la cagnotte budgétaire » par la presse, laissait ainsi penser qu'existaient des excédents alors que le budget connaissait alors un important déficit.

Le projet de loi organique prévoit de définir chaque année, à l'avance, l'usage pouvant être fait des surplus de recettes fiscales. Cette initiative tend à prémunir le gouvernement contre les risques de dérapage des dépenses de l'État. En effet des recettes imprévues suscitent toujours des revendications particulières, auxquelles il n'est pas toujours facile pour le gouvernement de s'opposer. Ces recettes non prévues en loi de finances apparaissent, aux yeux des défenseurs d'intérêts catégoriels, comme une manne qui ne saurait être soumise aux mêmes contraintes que le budget initial, dès lors que leur affectation ne dégrade pas les prévisions de solde budgétaire initialement affichées par l'État.

Aussi longtemps que subsistera un déficit de fonctionnement, l'intégralité des surplus devrait être affectée à la réduction du déficit. En revanche, lorsque le déficit de fonctionnement aura disparu, les deux tiers des surplus de recettes devraient être affectés à la réduction de la dette, le complément ne pouvant être affecté qu'à des dépenses ou à des diminutions de recettes à caractère exceptionnel. La compétence du gouvernement pour prévoir et piloter le solde budgétaire ne sera pas limitée par les dispositions du projet de loi organique. En effet, le choix de la prévision des recettes fiscales détermine pour partie l'ampleur des éventuels surplus de recettes fiscales. Selon que l'on aura été optimiste, voire volontariste ou prudent dans le choix d'un taux de croissance de référence, le gouvernement se retrouvera avec un surplus plus ou moins substantiel. Une prévision trop optimiste rend très improbable l'apparition de surplus de recettes. Pour l'année 2005, le gouvernement semble en revanche plutôt « optimiste » aux yeux des économistes, avec une prévision de croissance de 2,5 %.

Enfin, le projet de loi organique ne traite que des recettes fiscales, et ne prend pas en compte les recettes non fiscales. Seule une partie des surplus de recettes est donc concernée par le projet de loi organique, le gouvernement pourra donc continuer à piloter le solde budgétaire de fin d'année.

5 LA FISCALITÉ

Exercice **1. QCM**

> Cochez la bonne réponse

1. Liquider l'impôt, c'est calculer le montant à payer.

Ⓐ Vrai
Ⓑ Faux

2. Parmi ces revenus, lesquels ne sont pas imposables à l'impôt sur le revenu ?

Ⓐ Les traitements
Ⓑ Les rentes viagères
Ⓒ Les bénéfices des sociétés anonymes

3. Pour être imposable en France à l'impôt sur le revenu (IR), il faut :

Ⓐ être domicilié en France
Ⓑ être de nationalité française
Ⓒ avoir perçu des revenus en France

4. Le recouvrement de l'impôt sur le revenu est effectué par les services du Trésor.

Ⓐ Vrai
Ⓑ Faux

5. L'impôt sur les sociétés a été créé en France :

Ⓐ en 1948
Ⓑ en 1914
Ⓒ en 1936

6. L'impôt sur les sociétés est payé spontanément par la société sans qu'il y ait d'avis d'imposition.

Ⓐ Vrai
Ⓑ Faux

7. L'assiette de l'impôt sert à :

Ⓐ déterminer les personnes redevables et le bénéfice imposable
Ⓑ déterminer le bénéfice imposable
Ⓒ déterminer les personnes redevables

8. Le bénéfice imposable, en matière d'impôts sur les sociétés :

Ⓐ est le bénéfice brut réalisé par la société
Ⓑ est le bénéfice net réalisé par la société

9. L'assiette de la taxe sur la valeur ajoutée a été élargie le :

Ⓐ 9 décembre 1948
Ⓑ 10 avril 1954
Ⓒ 6 janvier 1966

CORRIGÉS

1. → Ⓐ
Liquider l'impôt, c'est en fixer le montant.

2. → Ⓒ
Ils sont imposables à l'impôt sur les sociétés.

3. → Ⓒ
L'IR est dû par toute personne domiciliée ou non en France et quelle que soit sa nationalité, ayant perçu des revenus de source française.

4. → Ⓐ
Il s'effectue par voie de rôle nominatif au service du Trésor chargé de son recouvrement.

5. → Ⓐ
Par un décret du 9 décembre 1948.

6. → Ⓐ
En quatre acomptes ; le solde est versé après la clôture de l'exercice, après que la société a déterminé elle-même le montant de l'impôt exigible.

7. → Ⓐ
L'assiette de l'impôt consiste à calculer l'impôt dû et à déterminer les personnes redevables de cet impôt.

8. → Ⓑ
C'est-à-dire le bénéfice brut duquel sont déduites les charges supportées par la société.

9. → Ⓒ
Cette loi a élargi l'assiette de la TVA. La loi du 29 décembre 1978 a poursuivi cet élargissement.

10. Sont assujetties à la TVA :

Ⓐ les opérations imposables par nature
Ⓑ les opérations imposables par détermination de la loi
Ⓒ les opérations imposables par options

→ Ⓐ Ⓑ et Ⓒ

11. Un super-taux réduit de TVA est appliqué :

Ⓐ aux opérations réalisées par les collectivités locales
Ⓑ aux publications de presse
Ⓒ aux médicaments remboursables par la Sécurité sociale

→ Ⓑ et Ⓒ
Le taux super-réduit est de 2,1 %.

12. Les entreprises supportent la TVA sur les salaires de leurs employés.

Ⓐ Vrai
Ⓑ Faux

→ Ⓑ

13. La taxe intérieure sur les produits pétroliers (TIPP) est une contribution :

Ⓐ directe
Ⓑ indirecte

→ Ⓑ
C'est la seule contribution indirecte dont le rendement est significatif.

14. Les droits d'enregistrement sont perçus à l'occasion de la transmission d'un patrimoine :

Ⓐ par les notaires
Ⓑ par les services communaux
Ⓒ par les comptables publics

→ Ⓐ
Selon les actes, ils sont fixes ou progressifs mais, dans la majorité des cas, proportionnels au montant du patrimoine transmis.

15. L'impôt de solidarité sur la fortune (ISF) a été créé en :

Ⓐ 1989
Ⓑ 1992
Ⓒ 1985

→ Ⓐ
Créé par la loi de finances pour 1989, après la suppression en 1986 de l'impôt sur les grandes fortunes.

16. Une déclaration insincère à l'impôt sur la fortune est sanctionnée par :

Ⓐ une peine civile
Ⓑ une peine pénale
Ⓒ une majoration de 10 %

→ Ⓒ
Si le redevable ne dépose pas sa déclaration dans un délai de 30 jours après mise en demeure, la majoration est de 40 %.

17. Quelle est la direction du Minefi chargée d'établir l'impôt sur le revenu ?

Ⓐ La direction générale de la comptabilité publique
Ⓑ La direction du budget
Ⓒ La direction générale des impôts

→ Ⓒ
La DGI

18. Quelle est la première recette fiscale de l'État ?

Ⓐ L'impôt sur le revenu (IR)
Ⓑ La taxe sur la valeur ajoutée (TVA)
Ⓒ La taxe intérieure sur les produits pétroliers (TIPP)
Ⓓ L'impôt sur les sociétés

→ Ⓑ
Supérieure à 127 milliards d'euros dans les prévisions de la loi de finances pour 2005. TVA 46,5 % des recettes fiscales ; IR 17 % ; impôt sur les sociétés 16 % ; TIPP 8 % ; autres droits d'enregistrement, de timbres et taxes indirectes entre 13 et 14 %.

19. Les prélèvements obligatoires sont constitués des prélèvements fiscaux et sociaux. Ils sont destinés principalement (par ordre de grandeur décroissante) :

Ⓐ à l'État, aux collectivités locales, aux organismes de Sécurité sociale et à l'Union européenne
Ⓑ aux organismes de Sécurité sociale, à l'État, aux collectivités locales et à l'Union européenne
Ⓒ à l'État, aux organismes de Sécurité sociale, aux collectivités locales et à l'Union européenne

→ Ⓑ
Sécurité sociale : 46 % ; État : 38 % ; collectivités locales : 13 % ; Union européenne : 3 %.

20. La prime pour l'emploi consiste en :

Ⓐ une aide versée aux chômeurs
Ⓑ un remboursement par l'administration fiscale de la CSG-CRDS pour les personnes ayant déclaré à l'imposition sur le revenu des salaires inférieurs à une certaine valeur du SMIC
Ⓒ un complément versé en appui du RMI

→ Ⓑ

21. Par quelles catégories de personnes morales de droit public les impôts peuvent-ils être perçus ?

Ⓐ État, établissements publics nationaux administratifs
Ⓑ État, établissements publics nationaux administratifs et industriels et commerciaux
Ⓒ État, établissements publics nationaux administratifs et industriels et commerciaux, collectivités locales

→ Ⓒ
Toutes les personnes morales de droit public peuvent être rendues affectation de recettes fiscales.

22. La CSG :

Ⓐ est une cotisation sociale généralisée
Ⓑ sert à rembourser la dette sociale
Ⓒ est à taux proportionnel

→ Ⓒ
La CSG est un impôt à taux proportionnel. La CRDS sert, elle, à financer la dette sociale.

23. Les principales contraintes communautaires rendant difficile toute modification de la TVA sont :

Ⓐ l'instauration de taux maximaux
Ⓑ l'instauration de taux minimaux
Ⓒ la détermination d'une liste des produits taxables à taux réduit

→ Ⓑ et Ⓒ
La directive du 17 mai 1977 (plusieurs fois modifiée) prévoit deux taux minimaux (15 % pour les activités normalement soumises à TVA et 5 % pour les produits taxés à taux réduit) et la détermination dans une annexe à la directive de la liste des produits à taux réduit. Les activités liées à la restauration ne sont pas, pour l'instant, mentionnées dans cette annexe.

Exercice **2. QRC**

1. L'impôt sur le revenu (IR)

Deuxième poste de recettes fiscales de l'État, l'impôt sur le revenu est dû, sur l'ensemble de leurs revenus, pour toutes les personnes domiciliées en France, quelle que soit leur nationalité, mais aussi pour les revenus de source française, pour les personnes non domiciliées en France. Les revenus pris en compte pour le calcul de l'IR sont, en principe, tous les revenus disponibles au cours de l'année civile concernée. Ce sont, notamment, les traitements et salaires, les revenus fonciers, les revenus de capitaux mobiliers et les plus-values non professionnelles. Une fois que le revenu imposable est déterminé, l'impôt à payer est calculé en prenant en compte différents éléments comme le quotient familial, les déductions et réductions d'impôts ainsi que la composition de la famille. Le recouvrement de l'impôt est effectué par voie de rôle nominatif au service du Trésor chargé de son recouvrement, soit par acompte trimestriel, soit par paiement mensuel.

2. L'impôt sur les sociétés (IS)

Créé en France par un décret du 9 décembre 1948, l'impôt sur les sociétés est le troisième poste de recettes fiscales de l'État. Sont obligatoirement imposables à l'IS les sociétés anonymes, les sociétés en commandite par actions, les sociétés à responsabilité limitée si elles n'ont pas opté pour l'IR, certaines sociétés civiles ainsi que les établissements publics qui se livrent à des opérations à but lucratif. Le bénéfice imposable est le bénéfice net réalisé par la société. La liquidation de cet impôt est effectuée en deux temps. Il s'agit d'abord d'évaluer le montant imposable puis de lui appliquer le taux correspondant. Pour évaluer le bénéfice imposable, les sociétés doivent produire impérativement chaque année une déclaration de leurs bénéfices accompagnée des pièces justificatives. L'impôt est payé de façon spontanée par les entreprises sans qu'ils reçoivent d'avis d'imposition, en quatre acomptes provisoires. La régularisation est effectuée à la clôture de l'exercice au vu du bénéfice effectivement réalisé.

3. La taxe sur la valeur ajoutée (TVA)

La taxe sur la valeur ajoutée est un impôt sur la dépense qui occupe une place primordiale dans le système fiscal français. Trois catégories d'opérations sont imposables à la TVA. Il s'agit des opérations imposables par nature comme les livraisons de biens, des opérations imposables par détermination de la loi comme les opérations immobilières et des opérations imposables par options qui concernent notamment les collectivités locales et les entreprises effectuant des opérations qui portent sur les déchets neufs d'industrie.

Les personnes imposables sont celles qui effectuent de manière habituelle et indépendante une activité industrielle ou commerciale. Certaines personnes sont exonérées de la taxe. Il existe différents taux : un taux normal, un taux réduit et un taux super-réduit.

4. Les autres impôts sur la dépense

Les autres impôts sur la dépense sont principalement les droits d'accises et de douane.

Perçus par la direction générale des Douanes et des droits indirects, les droits d'accises ont subi une harmonisation communautaire dans le cadre du marché unique européen.

La taxe intérieure sur les produits pétroliers (TIPP) est la seule contribution indirecte dont le produit est significatif. Elle est perçue lors de la mise en consommation des produits et des taux différents selon les produits (fioul domestique, supercarburant avec ou sans plomb, etc.). Les autres impôts indirects, comme les droits de consommation sur les tabacs, allumettes et briquets, procurent un rendement relativement faible.

Les droits de douane, qui ont pour objectif la protection du commerce, de l'industrie et de l'agriculture, ont tendance à diminuer au fur et à mesure de la libéralisation du commerce international.

5. Les droits d'enregistrement et de timbre

Impôts sur le capital, les droits d'enregistrement sont perçus à l'occasion de l'établissement d'actes notariés comme les actes sur les ventes de propriétés ou d'usufruit. Ces droits sont, selon les actes, fixes ou progressifs et sont, la plupart du temps, proportionnels au montant du patrimoine transmis. Il existe des droits de mutation à titre gratuit et des droits de mutation à titre onéreux. Les droits de mutation à titre onéreux ont été transférés aux collectivités locales en 1983 avec les transferts de compétences de l'État vers les collectivités locales. Le droit de timbre a un rendement très faible. Il existe plusieurs catégories de droits de timbre. La première catégorie est constituée de droits de timbre qui sont établis sur de actes écrits spécialement visés par la loi. La deuxième catégorie concerne les droits fixes de délivrance de document. La troisième catégorie est constituée par l'impôt sur les opérations de Bourse de valeurs.

6. L'impôt de solidarité sur la fortune (ISF)

L'impôt de solidarité sur la fortune a été créé par la loi de finances pour 1989. Sont soumises à cet impôt les personnes physiques qui possèdent au 1er janvier de l'imposition un patrimoine excédant le seuil d'imposition fixé par les textes. Il est réévalué chaque année en fonction de l'inflation. Il est établi par foyer fiscal. Toutefois la loi a prévu de nombreuses exonérations. Sont ainsi exonérés de l'ISF : les objets d'antiquité, d'art ou de collection, les droits de propriété artistique, etc.

Il appartient au contribuable de déclarer le montant de sa fortune en déduisant, le cas échéant, ses dettes et les exonérations prévues par la loi. Il doit également calculer l'impôt et le verser spontanément. Une déclaration insincère est passible d'une majoration de 10 %. La portée fiscale et financière de cet impôt est très réduite.

7. La taxe intérieure de consommation sur les produits pétroliers (TIPP)

Principale taxe que supportent les produits pétroliers, elle vise des produits dont la liste est commune à tous les États membres de l'Union européenne. Reprise en droit français à l'article 265 du code des douanes, elle précise que seuls sont taxés les usages en tant que carburant ou combustible de chauffage. La taxe est exigible lors de la « mise à la consommation », notion définie à l'article 6 de la directive n° 92/12 du 25 février 1992, qui couvre :

- l'importation, y compris irrégulière, lorsqu'elle n'est pas suivie d'un régime suspensif ;
- la fabrication, y compris irrégulière, hors d'un régime suspensif ;
- la sortie, y compris irrégulière, d'un régime suspensif.

Pour les produits déjà mis à la consommation dans un autre État membre de la Communauté européenne, la taxe est exigible lors de leur réception en France.

La TIPP s'applique aussi :

- à tout produit qui est destiné à être utilisé, qui est mis en vente ou qui est utilisé comme carburant pour moteur, comme additif, ou en vue d'accroître le volume final des carburants pour moteur ;
- à tout hydrocarbure qui est destiné à être utilisé, qui est utilisé ou qui est mis en vente pour le chauffage, à l'exception des hydrocarbures solides tels que le charbon, la tourbe ou le lignite, et à l'exception du gaz naturel.

Les taux, fixés par le Parlement, sont modulables en cours d'année à la hausse ou à la baisse, en fonction des variations du cours du pétrole.

Conformément à un mécanisme de stabilisation dit « TIPP flottante », supprimé fin décembre 2002 dans le cadre de la loi de finances rectificative n° 2002-1576 du 30 décembre 2002 (art. 25-I 1°), la taxe faisait l'objet d'une modulation à la baisse en cas de hausse des prix du pétrole.

La TIPP est un impôt important pour le budget de l'État puisqu'il procure en moyenne 24 milliards d'euros par an. Il l'est aussi pour des raisons d'orientation de la politique énergétique et, de plus en plus, pour des raisons écologiques, car les taux influent sur les choix de tel ou tel produit. Dans le cadre de la réforme de la décentralisation, une départementalisation et une régionalisation de la TIPP sont en cours.

8. L'évolution de la fiscalité des dividendes

Récemment, le gouvernement des États-Unis a annoncé vouloir supprimer l'imposition des dividendes au niveau des actionnaires, afin d'éviter la double imposition des bénéfices, d'abord au niveau de l'entreprise qui les dégage, puis de l'actionnaire qui les reçoit partiellement ou totalement sous forme de dividendes. Après cette réforme, seuls le Luxembourg, la Suisse et les Pays-Bas au sein de l'OCDE, devraient garder un mécanisme de double imposition. Les autres pays ont, le plus souvent, un mécanisme de déduction au niveau des actionnaires : en Allemagne, seule la moitié des dividendes est imposée chez l'actionnaire ; au Japon et en Suède, le taux d'imposition des dividendes est plus faible que le taux d'impôt sur le revenu ; en France, le mécanisme de l'avoir fiscal conduit à une imposition de 25 % (pour l'actionnaire imposé marginalement à 50 %), hors cotisations fiscales et assimilées. Les pouvoirs publics français réfléchissent toutefois à un abandon de cette technique coûteuse, car certains non résidents, donc non imposés en France, bénéficient du remboursement de l'avoir fiscal (1,5 milliard d'euros en 1999). L'orientation serait d'adopter un système comparable à celui de l'Allemagne d'imposition partielle du dividende.

Il existe deux voies pour réduire ou éliminer la double imposition :

– exonérer partiellement (France, Allemagne), ou totalement (projet américain), l'actionnaire personne physique d'imposition sur le dividende reçu ;

– rendre déductible au niveau de l'entreprise le versement de dividendes. Fiscalement, le dividende est alors considéré comme une charge au même titre que les frais financiers ou les salaires. Parallèlement, le dividende doit alors être normalement imposé, sans exonération, réduction ou avoir fiscal, chez l'actionnaire.

Cette dernière solution, si elle présente pour les entreprises des avantages, peut choquer si l'on considère, d'un point de vue juridique ou comptable, le dividende comme une répartition du bénéfice après impôt. Mais d'un point de vue financier, le dividende est une partie de la rémunération d'un de ceux qui apportent les fonds, à savoir l'actionnaire, et il serait soutenable qu'il soit déductible du bénéfice imposable comme l'est la rémunération de l'autre apporteur de fonds pour l'entreprise, le créancier.

9. Le Conseil des impôts

Organisme indépendant d'analyse et de proposition dans le domaine de la fiscalité, rattaché à la Cour des comptes, le Conseil des impôts a été créé par un décret du 22 février 1971, pour « constater la répartition de la charge fiscale et en mesurer l'évolution compte tenu notamment des caractéristiques économiques et sociales des catégories de redevables concernés ». Présidé par le premier président de la Cour des comptes, ce conseil est composé de deux conseillers d'État, de deux conseillers à la Cour de cassation, de deux conseillers maîtres de la Cour des comptes, de deux inspecteurs généraux des finances, d'un inspecteur général de l'INSEE et d'un professeur agrégé des facultés de droit et de sciences économiques.

Conseil indépendant des pouvoirs publics, le conseil choisit librement les sujets de ses travaux et en fixe seul le calendrier. Chaque rapport est confié à un rapporteur général différent, qui est assisté d'une équipe de cinq à huit rapporteurs à temps partiel, dont les origines et les compétences sont variées. Les travaux du Conseil s'accompagnent d'un dialogue avec les services du ministère de l'Économie et des finances, et des études de fiscalité comparée sont fréquemment réalisées, en particulier dans les pays de l'Union européenne.

En plus de trente années d'existence, le Conseil des impôts a publié vingt rapports, consacrés à l'imposition des revenus, à la fiscalité des entreprises, aux bénéfices agricoles, à l'impositions du capital, à la TVA, à la fiscalité locale, à la fiscalité de l'immobilier urbain, à la contribution sociale généralisée, à la fiscalité du patrimoine et à la fiscalité des revenus de l'épargne.

Reconnu pour la qualité de ses travaux, le Conseil des impôts joue surtout un rôle d'information et de réflexion, même si certaines de ses propositions sont reprises par le gouvernement et le Parlement.

Dans son dernier rapport de novembre 2003, le Conseil des impôts a traité de la fiscalité dérogatoire et des dépenss fiscales.

6 LES PRINCIPES FONDAMENTAUX DE LA COMPTABILITÉ PUBLIQUE

Exercice **1. QCM**

> Cochez la bonne réponse

1. La comptabilité publique est régie par :
- Ⓐ le décret du 29 décembre 1962
- Ⓑ l'article 60 de la loi du 23 février 1962
- Ⓒ le Code administratif

2. La comptabilité publique concerne :
- Ⓐ les collectivités locales
- Ⓑ l'État
- Ⓒ l'ensemble des organismes publics

3. Quel est le principe fondamental de la comptabilité publique ?
- Ⓐ La régularité des comptes
- Ⓑ La séparation des ordonnateurs principaux et secondaires
- Ⓒ La séparation de l'ordonnateur et du comptable

4. En matière de dépenses, le comptable procède :
- Ⓐ au paiement de la dépense
- Ⓑ au recouvrement de la recette
- Ⓒ à l'établissement du mandat de paiement

5. L'acte permettant de calculer la dépense est :
- Ⓐ l'engagement
- Ⓑ la liquidation
- Ⓒ l'ordonnancement

6. Les ordonnateurs principaux de l'État sont :
- Ⓐ les préfets
- Ⓑ les trésoriers-payeurs généraux
- Ⓒ les ministres

7. Au niveau départemental, chaque trésorier-payeur général (TPG) doit présenter ses comptes annuellement :
- Ⓐ à la Cour des comptes
- Ⓑ aux chambres régionales des comptes
- Ⓒ au ministre chargé du budget

CORRIGÉS

1. ➜ Ⓐ
Ce décret (n° 62-1587) portant règlement général de la comptabilité publique est le texte fondamental qui régit la comptabilité publique.

2. ➜ Ⓒ
Elle regroupe l'ensemble des règles relatives aux procédures budgétaires des organismes publics.

3. ➜ Ⓒ
Principe consacré par l'article 20 du décret du 29 décembre 1962.

4. ➜ Ⓐ
Ce paiement fait partie de la phase comptable dévolue au comptable public.

5. ➜ Ⓑ
Acte défini par l'article 30 du décret du 29 décembre.

6. ➜ Ⓒ
L'article 63 du décret du 29 décembre 1962 précise que les ministres sont les ordonnateurs principaux.

7. ➜ Ⓐ
Les comptes des TPG sont soumis au contrôle juridictionnel de la Cour des comptes.

8. Les fonctions de comptable public sont incompatibles avec celles de :

Ⓐ préfet
Ⓑ président d'une association
Ⓒ ordonnateur

→ Ⓒ
Conformément au principe fondamental, consacré par le décret du 29 décembre 1962.

9. Le comptable peut suspendre le paiement :

Ⓐ en cas d'insuffisance de crédits budgétaires
Ⓑ en cas d'insuffisance des recettes
Ⓒ lorsque le service fait n'est pas justifié

→ Ⓐ et Ⓒ
Conformément à l'article 37 du décret du 29 décembre 1962, le comptable public doit suspendre le paiement lorsqu'il constate des irrégularités.

10. Un régisseur d'avances peut exercer des fonctions :

Ⓐ de paiement des dépenses
Ⓑ de recouvrement de recettes
Ⓒ de recouvrement d'impôts

→ Ⓐ
Selon l'article 18 du règlement général de la comptabilité.

11. La procédure devant la Cour des comptes est :

Ⓐ secrète
Ⓑ orale
Ⓒ écrite et contradictoire

→ Ⓒ
Écrite, contradictoire et confidentielle.

12. Le principe d'unité de caisse consiste à :

Ⓐ avoir une caisse par poste comptable
Ⓑ avoir une caisse par ministère
Ⓒ avoir une caisse par collectivité locale

→ Ⓐ
Un comptable tient une caisse par poste comptable.

13. Une régie d'avances est créée par :

Ⓐ arrêté du ministre du Budget
Ⓑ arrêté conjoint du ministre du Budget et du ministre concerné
Ⓒ arrêté du ministre concerné

→ Ⓑ
Pour l'État et les établissements publics nationaux, la création de la règle suppose un arrêté conjoint du ministre du Budget et du ministre concerné.

14. Les régisseurs d'avances peuvent-ils recouvrer les droits d'entrée dans les musées ?

Ⓐ Oui
Ⓑ Non

→ Ⓐ
Lorsque l'arrêté institutif de la règle le prévoit expressément.

15. Les collectivités locales sont tenues de déposer leurs fonds au Trésor public.

Ⓐ Vrai
Ⓑ Faux

→ Ⓐ
Fonds obligatoirement déposés, sans rémunération, au Trésor public. Des exceptions sont prévues pour certains cas.

16. Les rémunérations des fonctionnaires sont payées :

Ⓐ avec ordonnancement préalable
Ⓑ sans ordonnancement préalable
Ⓒ après visa du contrôleur financier

→ Ⓑ
Elles figurent dans la liste des dépenses, prévue par l'article 31 du décret du 29 décembre 1962, qui peuvent être payées sans ordonnancement préalable.

17. Sont payées sans ordonnancement préalable, les dépenses concernant :

Ⓐ le paiement des marchés publics
Ⓑ le fonctionnement des armées
Ⓒ le traitement des fonctionnaires

→ Ⓒ
L'article 31 du règlement général sur la comptabilité publique permet que certaines dépenses soient payées sans ordonnancement préalable.

18. La loi de règlement doit être adoptée :

Ⓐ deux ans après la fin de l'exercice auquel elle se rapporte
Ⓑ par le Parlement, en première lecture, avant la discussion de la seconde partie du PLF de l'année suivante
Ⓒ en même temps que la loi de financement de la Sécurité sociale

→ Ⓑ

19. Qu'est-ce que la gestion de fait ?

Ⓐ La réduction des dépenses en fonction de la conjoncture et des rentrées fiscales
Ⓑ L'exécution de la loi de finances comparée au budget initial
Ⓒ Le fait de manier les deniers publics sans avoir la qualité de comptable public

→ Ⓒ
C'est-à-dire sans y être habilité.

20. Le contrôle par la Cour des comptes de la gestion des ordonnateurs :

Ⓐ concerne la régularité et la qualité de la gestion
Ⓑ est assorti de sanctions juridiques
Ⓒ est un contrôle non juridictionnel

→ Ⓒ
La Cour des comptes n'a pas juridiction sur les ordonnateurs : il s'agit d'un contrôle administratif.

21. La Cour de discipline budgétaire et financière :

Ⓐ juge les gestions de fait
Ⓑ juge les ministres et les membres des cabinets ministériels
Ⓒ est une juridiction pénale
Ⓓ juge les ordonnateurs non élus

→ Ⓓ
La Cour de discipline budgétaire et financière ne juge pas les gestions de fait, et n'est pas compétente pour juger les ministres. Juridiction administrative, ses décisions peuvent faire l'objet d'un recours en cassation devant le Conseil d'État.

22. La dette de l'État est gérée par :

Ⓐ l'Agence comptable centrale du Trésor
Ⓑ l'agence France Trésor
Ⓒ l'Agence française du développement

→ Ⓑ
Créée en 2001 par le ministre des Finances.

Exercice **2. QRC**

1. Les ordonnateurs

Les ordonnateurs sont les agents chargés d'exécuter les recettes et les dépenses. Ils sont principaux ou secondaires. Les ministres sont les ordonnateurs principaux de l'État, et les préfets les ordonnateurs secondaires des services déconcentrés de l'État. Les collectivités locales ne disposent que d'ordonnateurs principaux qui sont les exécutifs locaux.

Les ordonnateurs doivent être accrédités auprès du comptable assignataire. Ils prescrivent tant les dépenses que les recettes. En matière de dépenses, ils engagent, liquident et mandatent la dépense. Lorsque le comptable suspend le paiement, ils ont la possibilité de le réquisitionner, c'est-à-dire l'obliger à payer, dans certains cas. En cas de réquisitions, la responsabilité du comptable est transférée à l'ordonnateur. En matière de recettes, les ordonnateurs engagent, liquident et établissent les titres de recettes. Les ordonnateurs sont soumis à une triple responsabilité politique, pénale et civile pour les ministres et les élus locaux, pénale, civile et disciplinaire pour les fonctionnaires.

2. Les comptables publics

Les comptables sont les agents chargés du recouvrement des titres de recettes qui leur sont remises par les ordonnateurs et du paiement des dépenses sur ordre des ordonnateurs accrédités.

Ils sont chargés également de la garde et de la conservation des fonds et valeurs et des pièces justificatives. Ils sont les seuls habilités à manier les fonds publics. Ils doivent tenir la comptabilité du poste comptable qu'ils dirigent.

Il existe plusieurs catégories de comptables publics : les comptables d'ordre qui tiennent des comptes mais qui ne manient pas de deniers, les comptables-matières qui gèrent des denrées et ne participent pas à l'exécution du budget et les comptables qui manient des fonds et effectuent des paiements. Les comptables sont personnellement et pécuniairement responsables. À cet effet, ils sont tenus à un cautionnement et à une hypothèque légale du Trésor sur leurs biens personnels. Les comptables peuvent être déchargés de leur responsabilité, notamment lorsqu'ils agissent, en matière de dépenses, sur réquisition régulière de l'ordonnateur, ainsi qu'en cas de force majeure.

3. La responsabilité des ordonnateurs et des comptables

Le décret de 1962 prévoit que les ministres encourent, dans la limite de leurs attributions, les responsabilités définies par la Constitution. Ils sont ainsi soumis à une triple responsabilité : la responsabilité politique qui peut amener un ministre à démissionner, la responsabilité pénale qui rend un ministre justiciable de la Cour de justice de la République et la responsabilité civile qui rend les ministres responsables sur leurs deniers personnels des dépenses qu'ils auraient ordonnées en dépassement de crédit. Les ordonnateurs secondaires encourent une responsabilité disciplinaire, pénale ou civile, sans préjudice de celles qui peuvent leur être infligées par la Cour de discipline budgétaire et financière.

Les comptables sont personnellement et pécuniairement responsables des opérations dont ils ont la charge et de la conservation des pièces justificatives. La responsabilité d'un comptable est engagée sans qu'il soit nécessaire qu'une faute de sa part ait été prouvée. Les comptables sont, en conséquence, tenus de constituer des garanties : un cautionnement ou une affiliation à une association de cautionnement mutuel et une assurance personnelle.

4. L'exécution des dépenses

L'opération d'exécution des dépenses se décompose en deux phases : la phase administrative dévolue à l'ordonnateur et la phase comptable qui concerne le comptable. La phase administrative comporte trois opérations : l'engagement qui est l'acte par lequel un organisme crée ou constate à son encontre une obligation d'où résultera une charge ; la liquidation qui a pour objet de vérifier la réalité de la dette et d'en arrêter le montant ; l'ordonnancement qui est l'ordre donné au comptable de payer la dépense. Les ordonnances et les mandats de paiement sont soumis au préalable au visa du contrôleur financier.

Le paiement constitue la phase comptable. Le comptable procède aux vérifications nécessaires avant de procéder au paiement. Il vérifie en particulier la qualité de l'ordonnateur, la disponibilité des crédits, l'exacte imputation et la validité de la créance. Lorsqu'il constate des irrégularités, il doit suspendre le paiement et en informer l'ordonnateur. Celui-ci peut, dans ce cas, le réquisitionner. Le comptable ne défère pas à l'ordre de réquisition dans des cas prévus par la réglementation.

5. Les recettes de l'État

L'État dispose de recettes fiscales et non fiscales. Les recettes fiscales directes sont composées principalement de deux impôts : l'impôt sur le revenu et l'impôt sur les sociétés. L'impôt sur le revenu frappe les personnes physiques alors que l'impôt sur les sociétés est payé par les entreprises sur leur bénéfice net.

La fiscalité indirecte concerne surtout la taxe sur la valeur ajoutée et la taxe intérieure sur les produits pétroliers. La TVA est la ressource principale de l'État qui frappe les recettes des entreprises et s'applique à toute activité économique non salariée. La taxe intérieure sur les produits pétroliers est un impôt indirect auquel sont soumis les produits pétroliers au moment de leur mise en consommation sur le marché intérieur. Les autres contributions, très variées, comprennent notamment les droits de timbre et d'enregistrement. Mis à part les emprunts, les ressources non fiscales de l'État ont une importance limitée. Elles proviennent, entre autres, de dividendes perçus par l'État au titre de ses participations dans des entreprises publiques et des produits et revenus du Domaine.

6. Les régies d'avances

Les régies d'avances sont créées par arrêté conjoint du ministre chargé du budget et du ministre intéressé après avis du comptable public. Un régisseur, nommé par arrêté de l'ordonnateur, avec l'agrément du comp table assignataire, est alors autorisé à payer directement des dépenses urgentes et d'un montant peu important.

Le comptable fait une avance de fonds au régisseur pour que celui-ci puisse payer au vu des pièces justificatives présentées par les créanciers sur la somme qui lui a été avancée. Le régisseur d'avances est tenu de remettre périodiquement au comptable les pièces justificatives des dépenses payées. Il doit également tenir une comptabilité faisant ressortir à tout moment la situation de l'avance. Il doit constituer un cautionnement. En contrepartie, les régisseurs perçoivent une indemnité de responsabilité selon l'importance de la régie.

7. Le rôle de l'Agence comptable centrale du Trésor

L'Agence centrale comptable du Trésor a deux rôles :

– comptable principal pour toutes les recettes et dépenses afférentes à l'exécution des lois de finances, elle concourt à la comptabilisation de l'émission, de la gestion, du remboursement de la dette publique, à court, moyen et long terme. Elle centralise les opérations de trésorerie de l'État ;

– comptable centralisateur ; en cours d'année, elle centralise les opérations transmises quotidiennement par les comptables du Trésor, à partir desquelles sont élaborées les différentes situations périodiques nécessaires à l'information en cours d'année.

8. La centralisation des informations comptables de l'État

La direction générale de la comptabilité publique (DGCP) est chargée de centraliser l'information comptable des trois réseaux parallèles chargés d'exécuter les dépenses et de recouvrer les recettes de l'État : celui de la direction générale des impôts, celui des douanes et le sien propre.

La DGCP synthétise cette information comptable pour les ministres chargés de l'économie et du budget. Cette centralisation est faite par les trésoreries générales au niveau des départements et par l'Agence comptable centrale du Trésor (ACCT) au niveau de l'État.

Au niveau départemental, la centralisation consiste à intégrer les comptes des postes comptables de base, non centralisateurs dans la comptabilité des comptables centralisateurs (receveurs des finances puis TPG).

La première de ces centralisations départementales est interne au réseau de la direction générale de la comptabilité publique, celui des comptables du Trésor ; elle est quotidienne. La seconde intègre les écritures des receveurs des douanes et des receveurs des impôts.

Au plan national, l'Agence comptable centrale du Trésor (ACCT) réalise une centralisation quotidienne de la comptabilité de l'État à partir des informations qui lui sont transmises par les trésoreries générales.

À partir de cette centralisation quotidienne, la direction générale de la comptabilité publique élabore des synthèses hebdomadaires et mensuelles permettant de suivre l'exécution de la loi de finances.

9. Les incidences de la loi organique du 1er août 2001 sur la comptabilité publique

La loi organique n° 2001-692 relative aux lois de finances, réformant l'ordonnance du 2 janvier 1959, retient un rôle renforcé du Parlement en matière de lois de finances et une profonde modernisation de la gestion publique. Elle prévoit d'améliorer la transparence de la gestion budgétaire, notamment grâce à l'enrichissement de l'information sur la situation financière de l'État. Elle consacre ainsi un ensemble de dispositions aux comptes de l'État et elle induit des changements importants sur le système actuel d'information financière et comptable de l'État.

La loi organique prévoit une gestion publique par objectifs et leur évaluation par des indicateurs de résultats. À ce titre, elle confie des responsabilités croissantes aux gestionnaires parallèlement au renforcement du contrôle parlementaire. Cette loi définit également de nouveaux concepts comptables, elle retient trois comptabilités (budgétaire, comptable et analytique) et elle met en avant les notions d'image fidèle, de régularité et de sincérité des comptes en prévoyant leur certification par la Cour des comptes.

Posant le principe de la constatation des droits et obligations, elle prévoit l'application à la comptabilité générale de l'État des règles applicables aux entreprises sous la réserve des spécificités de l'action de l'État à prendre en compte.

C'est donc une profonde évolution au regard du système actuel d'information financière et comptable de l'État.

La mise en œuvre de la LOLF aura aussi des incidences majeures sur la fonction comptable et sur l'action des comptables publics dans la tenue et la production des comptes de l'État. Sont donc à anticiper l'enrichissement de la fonction comptable et la valorisation du métier de comptable public.

7 LES CONTRÔLES DE L'EXÉCUTION DU BUDGET

Exercice **1. QCM**

> Cochez la bonne réponse

1. La Cour des comptes est régie par :

Ⓐ le Code pénal
Ⓑ le Code administratif
Ⓒ le Code des juridictions financières

2. La saisine de la Cour des comptes pour contrôler un organisme :

Ⓐ peut résulter du ministre
Ⓑ peut résulter d'un parlementaire
Ⓒ est de sa propre initiative

3. La Cour des comptes est compétente à l'égard :

Ⓐ des collectivités locales
Ⓑ des OPHLM
Ⓒ des organismes privés recevant des concours de l'État

4. La Cour de discipline budgétaire et financière a pour président :

Ⓐ le premier président de la Cour des comptes
Ⓑ le ministre des Finances
Ⓒ un conseiller du Conseil d'État

5. La Cour des comptes juge les comptes des ordonnateurs en cas :

Ⓐ de détournement de fonds publics
Ⓑ de gestion de fait
Ⓒ de délit d'ingérence

6. La Cour des comptes contrôle les organismes de Sécurité sociale depuis :

Ⓐ 1992
Ⓑ 1983
Ⓒ 1950

7. Les commissions des finances du Parlement peuvent demander une enquête :

Ⓐ à la mission d'études
Ⓑ à la Cour des comptes
Ⓒ à la commission d'enquête

CORRIGÉS

1. ➜ Ⓒ
Ainsi que les chambres régionales des comptes.

2. ➜ Ⓒ
Il appartient au premier président de la Cour de définir et d'arrêter, tous les ans, les organismes à contrôler.

3. ➜ Ⓒ
Ⓐ et Ⓑ relèvent de la compétence des chambres régionales des comptes.

4. ➜ Ⓐ
Le CDBF est une juridiction mixte paritaire.

5. ➜ Ⓑ
Dans ce cas, les comptes des ordonnateurs sont jugés dans les mêmes conditions que ceux des comptables patents.

6. ➜ Ⓒ
Le contrôle a été confié à la Cour des comptes par la loi du 31 décembre 1949.

7. ➜ Ⓑ
Dans le cadre du contrôle parlementaire.

8. La préparation de la loi de règlement est réalisée par :

Ⓐ les services du ministère des Finances
Ⓑ la Cour des comptes
Ⓒ les comptables supérieurs du Trésor

→ Ⓐ
La préparation du projet de loi de règlement est réalisée par les services du ministère des Finances, dans le cadre du contrôle de la loi de finances exercé par le Parlement.

9. Les ministres peuvent-ils être entendus par les commissions des finances parlementaires sur l'exécution de la loi de finances ?

Ⓐ Non
Ⓑ Oui

→ Ⓑ
En vue d'explications sur l'exécution de la loi de finances.

10. Un comptable mis en débet peut obtenir une décharge de responsabilité si le déficit est imputable à :

Ⓐ une cause de force majeure
Ⓑ l'ordonnateur
Ⓒ un agent de son service

→ Ⓐ
S'il apporte la preuve que le déficit est imputable à une cause de force majeure, il bénéficie d'une décharge de responsabilité prononcée par le ministre du Budget.

11. Chaque année, la Cour des comptes établit un rapport, il s'agit :

Ⓐ du rapport sur l'évolution des prix à la consommation
Ⓑ du rapport public
Ⓒ du rapport sur l'évolution des recettes fiscales

→ Ⓑ
Publié au *Journal officiel*, il est remis par le premier président de la Cour au président de la République.

12. La Cour des comptes assiste le Parlement :

Ⓐ dans la préparation de la loi de finances initiale
Ⓑ dans le contrôle de la loi de règlement
Ⓒ dans l'approbation de la loi de finances

→ Ⓑ
En plus de sa mission juridictionnelle.

13. La Cour des comptes a été créée par :

Ⓐ René Coty
Ⓑ Napoléon Ier
Ⓒ V. Giscard d'Estaing

→ Ⓑ
Par la loi du 16 juillet 1807 et le décret du 28 décembre 1807.

14. La Cour des comptes est composée de :

Ⓐ 7 chambres
Ⓑ 8 chambres
Ⓒ 11 chambres

→ Ⓐ

15. La Cour de discipline budgétaire et financière (CDBF) a été créée par une loi de :

Ⓐ 1907
Ⓑ 1982
Ⓒ 1948

→ Ⓒ
Loi du 25 septembre 1948.

16. Les recours contre les débets prononcés par la Cour des comptes se font par le biais de :

Ⓐ l'appel
Ⓑ la révision
Ⓒ l'annulation

→ Ⓐ et Ⓑ
Le Conseil d'État est juge de cassation de la juridiction financière. Le recours en révision se fait devant la Cour des comptes elle-même.

17. La Cour des comptes statue :

Ⓐ sur les comptes des comptables des collectivités locales
Ⓑ sur les comptes des comptables de l'État
Ⓒ sur les comptes des comptables des établissements publics locaux

→ Ⓑ
Les comptes des comptables locaux relèvent des chambres régionales des comptes.

18. La Cour des comptes juge :

Ⓐ les ordonnateurs
Ⓑ les comptes des comptables de l'État
Ⓒ les comptables patents ou de fait

→ Ⓑ
Les ordonnateurs et les comptables sont justiciables de la Cour de discipline budgétaire et financière.

19. À l'égard des chambres régionales de comptes, la Cour des comptes exerce une mission :

Ⓐ d'inspection
Ⓑ de contrôle des jugements de comptes
Ⓒ de vérification des programmes annuels de contrôle

→ Ⓐ
Mission d'inspection présidée par un magistrat de la Cour des comptes ayant le grade de conseiller maître.

20. La Cour de discipline budgétaire et financière (CDBF) assure le contrôle juridictionnel :

Ⓐ des ministres
Ⓑ des parlementaires
Ⓒ des ordonnateurs

→ Ⓒ
Les membres du gouvernement sont, en principe, exclus de sa compétence.

21. La CDBF est saisie par :

Ⓐ le procureur général près la Cour des comptes
Ⓑ les administrés d'une collectivité locale
Ⓒ les associations

→ Ⓐ
Qui agit soit d'office, soit à la demande de certaines autorités.

22. La CDBF peut être saisie dans un délai de :

Ⓐ 4 ans
Ⓑ 10 ans
Ⓒ 5 ans

→ Ⓒ
Cinq ans à compter du jour où aura été commis le fait de nature à donner lieu à sanction.

23. Les audiences de la CDBF sont publiques.

Ⓐ Vrai
Ⓑ Faux

→ Ⓑ

24. La sanction de la CDBF peut être :

Ⓐ morale
Ⓑ pécuniaire

→ Ⓐ et Ⓑ
Les deux sont possibles.

25. Les voies de recours de la CDBF sont :

Ⓐ le recours en révision
Ⓑ le pourvoi en cassation
Ⓒ l'appel

→ Ⓐ et Ⓑ
Ces deux voies de recours sont possibles.

26. Le contrôle parlementaire en cours d'exécution budgétaire consiste en un droit :

Ⓐ d'assistance de la Cour des comptes
Ⓑ de communication avec le gouvernement
Ⓒ d'information

→ Ⓒ
L'information sur l'exécution du budget concerne l'information des parlementaires et des commissions des finances.

27. Une commission des finances peut :

Ⓐ auditionner son premier président
Ⓑ demander une enquête à la Cour des comptes
Ⓒ auditionner les ministres

→ Ⓐ Ⓑ et Ⓒ
Au titre du droit d'information, elle peut auditionner son premier président et demander une enquête à la Cour des comptes, mais aussi entendre les ministres en vue d'explications sur l'exécution des lois de finances.

28. Dans le contrôle de l'exécution des lois de finances, la Cour des comptes assiste :

Ⓐ le Parlement
Ⓑ le Premier ministre
Ⓒ la CDBF

→ Ⓐ
Elle assiste le Parlement et le gouvernement.

29. Les délais d'examen et adoption prévus par la Constitution sont applicables aux lois de règlement.

Ⓐ Vrai
Ⓑ Faux

→ Ⓑ
Délais prévus aux articles 47 de la Constitution et 39 de la loi organique (70 jours au total).

30. Le contrôle parlementaire sur l'exécution du budget s'effectue lors du vote :

Ⓐ de la loi de finances initiale
Ⓑ de la loi de finances rectificative
Ⓒ de la loi portant règlement définitif du budget

→ Ⓒ

31. Dans le cadre de la loi organique relative aux lois de finances, la Cour des comptes doit :

Ⓐ juger les comptes de l'État
Ⓑ réviser les comptes de l'État
Ⓒ certifier les comptes de l'État

→ Ⓒ

Exercice **2. QRC**

1. Organisation et fonctionnement de la Cour des comptes

Créée en 1807, la Cour des comptes est composée de magistrats inamovibles. Elle se compose d'un premier président, de sept présidents de chambres, d'auditeurs, de conseillers maîtres et de conseillers référendaires. Les magistrats de la Cour sont majoritairement recrutés parmi les élèves de l'ENA. Présidée par le premier président qui fixe les attributions des différentes chambres, la Cour des comptes comporte : le ministère public qui est composé d'un procureur général assisté d'un premier avocat général et d'avocats généraux, de sept chambres présidées par un président de chambre et d'un personnel administratif.

Les décisions de la Cour sont délibérées collégialement, soit par chambre ou section de chambre, soit en formation interchambres, soit en chambre du conseil ou en chambres réunies. L'audience solennelle est la seule formation de la Cour qui siège en public.

2. Les attributions juridictionnelles de la Cour des comptes

La Cour des comptes statue sur les comptes des comptables publics de l'État ou des établissements publics nationaux. Les comptables doivent rendre leurs comptes à la Cour, au moins une fois par an, assortis des pièces justificatives. La procédure devant la Cour est écrite, contradictoire et confidentielle. Le compte est soumis à une chambre de la Cour : le conseiller présente un rapport. La technique du double arrêt est appliquée ; ce qui signifie que la chambre rend un arrêt provisoire qui est notifié au comptable puis à la suite des réponses de celui-ci un arrêt définitif. Lorsque les comptes du comptable sont réguliers, la Cour rend un arrêt de décharge et de quitus si le comptable a quitté son poste comptable ; lorsqu'elle constate une irrégularité par défaut, elle rend un arrêt de débet condamnant le comptable à verser les sommes manquantes. Si le comptable prouve que le déficit est imputable à une cause de force majeure, il bénéficie d'une décharge de responsabilité prononcée par le ministre chargé du budget. Les arrêts de la Cour peuvent faire l'objet de recours devant le Conseil d'État par voie de cassation.

3. La Cour de discipline budgétaire et financière (CDBF) : organisation et compétences de la Cour

Créée en 1948, la CDBF est une juridiction mixte paritaire composée de magistrats de la Cour des comptes et du Conseil d'État. Elle est présidée par le premier président de la Cour des comptes. Le ministère public est assuré par le procureur général de la Cour des comptes.

Les infractions relevant de la CDBF sont de trois types : les infractions aux règles d'exécution budgétaire, l'octroi d'avantages injustifié et les infractions au respect de la chose jugée. Elle peut être saisie par les ministres et les présidents des Assemblées, par la Cour des comptes et les chambres régionales des comptes ou par tout créancier d'une personne morale de droit public.

Sont justiciables de la Cour les membres des cabinets ministériels, les fonctionnaires ou agents civils ou militaires de l'État, les agents territoriaux et les agents des organismes soumis au contrôle des juridictions financières.

La CDBF est compétente pour juger les ordonnateurs mais aussi les comptables patents ou de fait pour des infractions commises à l'occasion de l'exercice de leurs fonctions. Échappent par contre à sa juridiction les membres du Gouvernement sauf pour des cas bien précis ; les élus locaux sont également, dans certains cas, exclus de la compétence de la CDBF.

4. La Cour de discipline budgétaire et financière : procédure et sanctions

La saisine de la CDBF est adressée au procureur général près la Cour des comptes. Cette saisine intervient dans un délai de 5 ans à compter du jour où aura été commis le fait susceptible d'être sanctionné. Le procureur général peut décider soit du classement du dossier soit de son transfert au président de la

CDBF. Dans ce cas, le président de la Cour désigne un rapporteur chargé de l'instruction. À la fin de son enquête, le dossier est transmis au procureur général. La personne mise en cause a connaissance de son dossier, elle produit, par écrit un mémoire et se fait assister par un avocat. La procédure devant la CDBF est contradictoire. Les audiences ne sont pas publiques.

Les sanctions prononcées par la CDBF peuvent être morales ou pécuniaires, ces dernières sont modulables selon les infractions commises. La Cour peut décider de publier la sanction au *Journal officiel*. Deux voies de recours sont possibles contre les arrêts de la Cour. Le recours en révision porté devant la CDBF elle-même et le pourvoi en cassation devant le Conseil d'État.

5. Le contrôle parlementaire en cours d'exécution budgétaire

Le contrôle parlementaire en cours d'exécution budgétaire consiste en un droit d'information soit directement soit par l'intermédiaire des commissions des finances. Les parlementaires peuvent solliciter des informations au moyen de questions écrites ou orales, avec ou sans débat, adressées aux membres du Gouvernement, ou par le biais d'une commission d'enquête sur des faits précis, et de missions d'études. Ils sont destinataires d'office de certaines informations comptables et des rapports des organes de contrôle.

L'information des commissions des finances s'effectue soit directement, soit par l'intermédiaire des rapporteurs budgétaires. La commission des finances reçoit du ministre des Finances des situations mensuelles des dépenses par titre et ministère, des relevés de rentrées fiscales mensuelles et des situations trimestrielles des dépenses engagées. Elle peut demander une enquête de la Cour des comptes. Les rapporteurs budgétaires ont la possibilité de suivre et contrôler, sur pièces et sur place, l'emploi des crédits inscrits au budget du ministère sur lequel ils ont rapporté.

6. Le contrôle parlementaire après exécution budgétaire

Le contrôle est exercé lors du vote de la loi de règlement. Cette adoption doit intervenir après la clôture de l'exercice budgétaire. Cette loi constate le montant des dépenses et des recettes effectives réalisées au cours de l'exercice et approuve les différences entre les provisions budgétaires et les résultats. Le projet de loi est accompagné d'annexes explicatives.

Le projet de la loi de règlement est réalisé par les services du ministre des Finances. La Cour des comptes assiste le Parlement et le Gouvernement dans le contrôle de l'exécution des lois de finances. Après examen du projet de la loi de règlement, la Cour établit un rapport qui sert de base lors de la discussion du projet de loi. Le vote du texte doit intervenir généralement dans l'année qui suit le dépôt. À l'occasion de ce vote, le Parlement peut discuter l'ensemble de la politique du Gouvernement en termes de bilan et peut, à cet effet, mettre en jeu la responsabilité politique des ministres.

8 LES FINANCES LOCALES : NOTIONS BUDGÉTAIRES

Exercice **1. QCM**

> Cochez la bonne réponse

1. Un comptable public est :

Ⓐ responsable personnellement et pécuniairement
Ⓑ responsable qu'en cas de faute lourde
Ⓒ n'est jamais responsable

2. Les chambres régionales des comptes exercent un contrôle juridictionnel :

Ⓐ sur les ordonnateurs
Ⓑ sur les comptes des comptables publics
Ⓒ sur les comptes des régisseurs

3. Les chambres régionales des comptes ont une compétence :

Ⓐ régionale
Ⓑ départementale
Ⓒ communale

4. Le budget local comporte :

Ⓐ deux chapitres
Ⓑ deux titres
Ⓒ deux sections

5. Le budget supplémentaire a un rôle :

Ⓐ d'ajustement et de report des crédits budgétaires
Ⓑ d'ajustement de crédits budgétaires uniquement
Ⓒ de report de crédits uniquement

6. Quelle est la principale exception au principe de l'annualité ?

Ⓐ La journée complémentaire qui se prolonge jusqu'au 31 janvier
Ⓑ La journée complémentaire qui se prolonge jusqu'au 28 février
Ⓒ La journée complémentaire qui se prolonge jusqu'au vote du budget

7. L'équilibre budgétaire a été imposé par la loi du :

Ⓐ 2 mars 1982
Ⓑ 5 avril 1884
Ⓒ 6 février 1992

CORRIGÉS

1. → Ⓐ
Cette responsabilité résulte des dispositions de l'article 60 de la loi du 23 février 1963.

2. → Ⓑ
Depuis 1983, les opérations des comptables locaux sont soumises au jugement de la chambre dont ils relèvent.

3. → Ⓐ
Créées par l'article 82 de la loi du 2 mars 1982, les CRC jugent dans leur ressort l'ensemble des comptes des comptables.

4. → Ⓒ
La section d'investissement et la section de fonctionnement.

5. → Ⓐ
Contrairement au budget primitif, celui-ci n'est pas obligatoire mais il fait la liaison entre deux exercices puisqu'il reprend au budget de l'année les reports du budget précédent.

6. → Ⓐ
Autre exception au principe de l'annualité, le droit qu'a l'exécutif local d'engager les dépenses de fonctionnement, jusqu'au vote du budget, dans la limite des crédits ouverts l'année précédente et des dépenses d'investissement sous certaines conditions.

7. → Ⓑ
Contrairement à celui de l'État, les budgets locaux doivent être votés en équilibre réel.

8. Quelle est la date limite pour voter le budget primitif ?

Ⓐ 31 décembre de l'année n – 1
Ⓑ 1er janvier de l'année n
Ⓒ 31 mars de l'année n

→ Ⓒ
Le budget local doit être voté avant le 31 mars de l'année, et avant le 15 avril l'année de renouvellement des assemblées délibérantes.

9. Qui est compétent pour élaborer le budget communal ?

Ⓐ Le conseil municipal
Ⓑ Le maire
Ⓒ La commission des finances

→ Ⓑ
Avec l'aide des services municipaux et, parfois, du comptable de la collectivité.

10. Qui est l'ordonnateur dans une commune ?

Ⓐ Le maire
Ⓑ L'adjoint chargé des finances
Ⓒ Le directeur des services

→ Ⓐ
C'est l'exécutif. Il est l'ordonnateur principal.

11. Les chambres régionales des comptes sont composées :

Ⓐ de magistrats
Ⓑ d'assistants de vérification
Ⓒ de comptables publics

→ Ⓐ et Ⓑ
Les CRC sont composées de magistrats inamovibles assistés dans leurs fonctions par du personnel administratif composé notamment d'assistants de vérification.

12. Comment est appelé le document qui retrace l'exécution budgétaire établi par l'exécutif local ?

Ⓐ Le bilan financier
Ⓑ Le compte de gestion
Ⓒ Le compte administratif

→ Ⓒ
Il présente les résultats de l'exécution du budget. Il doit être approuvé avant le 30 juin de l'année suivant l'exercice auquel il se rapporte.

13. L'équilibre réel est assuré lorsque :

Ⓐ les deux sections sont votées en équilibre réel
Ⓑ les prévisions budgétaires sont évaluées de façon sincère
Ⓒ seule la section de fonctionnement est en équilibre réel

→ Ⓐ et Ⓑ
Plus une troisième condition : le remboursement de la dette en capital doit être assuré par des ressources propres.

14. La durée d'amortissement d'un bien est fixée :

Ⓐ par le comptable de la collectivité
Ⓑ par l'assemblée délibérante de la collectivité
Ⓒ par l'instruction budgétaire et comptable

→ Ⓑ
Elle le fixe en début de mandat et pour toute la durée de ce mandat.

15. L'instruction budgétaire et comptable M14 a été appliquée aux communes :

Ⓐ le 1er janvier 1997
Ⓑ le 1er janvier 1983
Ⓒ le 1er janvier 2000

→ Ⓐ
La M14 a remplacé la M11 et la M12.

16. Les chambres régionales des comptes ont été créées par la loi du :

Ⓐ 6 février 1992
Ⓑ 5 janvier 1988
Ⓒ 2 mars 1982

→ Ⓒ
Loi du 2 mars 1982, article 82 (art. L. 210-1 du Code des juridictions financières).

17. En cas de renouvellement de l'assemblée délibérante, le budget primitif peut être voté au plus tard :

Ⓐ le 15 avril de l'année de renouvellement de l'assemblée délibérante
Ⓑ le 15 juin de l'année de renouvellement de l'assemblée délibérante
Ⓒ le 30 juin de l'année de renouvellement de l'assemblée délibérante

➜ Ⓐ
Le vote est effectué par l'assemblée délibérante, par chapitre, et si l'assemblée délibérante le décide, par article.

18. L'élaboration budgétaire repose sur le principe :

Ⓐ d'unité budgétaire
Ⓑ d'annualité budgétaire
Ⓒ de sincérité budgétaire

➜ Ⓐ et Ⓑ
Les principes budgétaires concernent l'annualité, l'unité, l'antériorité, l'universalité, la spécialité et l'équilibre.

19. La non-contraction budgétaire signifie que :

Ⓐ dépenses et recettes sont inscrites pour leur montant brut
Ⓑ dépenses et recettes sont inscrites pour leur montant net
Ⓒ les dépenses sont sincères

➜ Ⓐ

20. Le budget est un acte :

Ⓐ de prévision
Ⓑ d'autorisation
Ⓒ de légalisation

➜ Ⓐ et Ⓑ
Ⓐ car il prévoit les dépenses et les recettes budgétaires, Ⓑ car il autorise l'ordonnateur à exécuter les prévisions budgétaires (les dépenses et les recettes).

21. La nomenclature budgétaire et comptable M52 est applicable :

Ⓐ aux communes
Ⓑ aux départements
Ⓒ aux régions

➜ Ⓑ
À compter du 1er janvier 2004.

22. Le budget supplémentaire doit être voté au plus tard :

Ⓐ le 31 mars de l'année de son exécution
Ⓑ le 1er juin de l'année de son exécution
Ⓒ le 31 décembre de l'année de son exécution

➜ Ⓒ
Il peut être adopté dès que le budget primitif devient exécutif et jusqu'à la fin d'un exercice.

23. Le nombre des décisions modificatives :

Ⓐ est limité à trois par an
Ⓑ est limité à cinq par an
Ⓒ n'est pas limité

➜ Ⓒ
Elles peuvent être votées sans limite durant l'exercice budgétaire.

24. Le compte de gestion est établi :

Ⓐ par le comptable de la collectivité
Ⓑ par le trésorier payeur général
Ⓒ par l'exécutif de la collectivité

➜ Ⓐ
Transmis à l'ordonnateur de la collectivité au plus tard le 1er juin de l'année qui suit l'exercice auquel il se rapporte.

Exercice **2. QRC**

1. L'annualité budgétaire

Le principe d'annualité, appliqué d'abord au budget de l'État, a été transposé ensuite aux collectivités locales. Il signifie que le budget est voté chaque année et pour une année. Toutefois la règle de l'annualité connaît des aménagements qui se justifient par la nécessité d'assurer la continuité de la gestion financière de la collectivité. Il s'agit tout d'abord du prolongement de l'année budgétaire, appelé journée complémentaire. Celle-ci permet de prolonger sur l'année suivante l'exécution du budget de l'exercice précédent. En effet, les dépenses de fonctionnement engagées avant le 31 décembre peuvent être liquidées, mandatées et payées jusqu'au 31 janvier de l'année suivante. C'est ce délai d'un mois qui est appelé « journée complémentaire ».

Il s'agit ensuite des anticipations autorisées dans l'exécution budgétaire. Jusqu'au vote du budget, l'ordonnateur est en droit, jusqu'à l'adoption du budget primitif, d'engager les dépenses et de mettre en recouvrement les recettes de la section de fonctionnement dans la limite de celles inscrites au budget de l'année précédente. Il peut également engager les dépenses d'investissement avec autorisation préalable de l'assemblée délibérante dans la limite du quart des crédits ouverts au budget précédent, hors emprunts.

2. L'équilibre budgétaire

Contrairement à l'État, l'équilibre budgétaire est appliqué aux collectivités locales. Véritable obligation juridique imposée par la loi et assortie de sanctions en cas de non-respect, il ne souffre aucune exception.

Trois conditions sont nécessaires pour que l'équilibre soit assuré.

D'une part, les recettes et les dépenses prévues au budget doivent être évaluées de façon sincère, c'est-à-dire pas de surestimation des recettes ni de sous-estimation des dépenses.

D'autre part, les deux sections doivent être votées en équilibre réel. Toutefois, le déséquilibre par excès de recettes est autorisé dans certains cas ainsi que l'équilibre de la section de fonctionnement par les excédents d'attribution au titre du FCTVA dans la limite des charges d'intérêts inscrites en fonctionnement.

Enfin, le remboursement en capital des annuités d'emprunts doit être assuré par les ressources propres de la collectivité. Cette condition signifie que la collectivité ne peut emprunter pour rembourser ses emprunts précédents.

3. Les documents budgétaires

Les documents budgétaires peuvent être classés en deux catégories : les uns constituent des actes de prévision et d'autorisation ; les autres sont des documents retraçant l'exécution budgétaire.

Les documents de prévision sont constitués du budget primitif, du budget supplémentaire, des décisions modificatives et des budgets annexes. Le budget primitif est le premier budget voté. Il constitue le document essentiel de la collectivité puisqu'il prévoit et autorise l'ensemble des dépenses et des recettes de la collectivité. Il doit être adopté avant le 31 mars de l'exercice budgétaire auquel il se rapporte. Contrairement au budget primitif, le budget supplémentaire n'est pas obligatoire. Le BS a une double fonction : c'est un budget rectificatif et un budget de report. Les décisions modificatives, votées dans les mêmes conditions que les budgets, sont élaborées pour prendre en compte les modifications des crédits qui s'imposent en cours d'année. Les budgets annexes concernent principalement certains services de la collectivité dotés de l'autonomie financière.

Deux documents retracent l'exécution budgétaire. Il s'agit du compte administratif et du compte de gestion. Le compte administratif, établi par la collectivité retrace les résultats de l'exécution du budget. Sa structure est identique à celle du budget. Il fait apparaître les prévisions, les réalisations et les restes à réaliser. En cas de déficit important, la chambre régionale des comptes peut être saisie.

Le compte de gestion est une récapitulation de la comptabilité du comptable. Le compte de gestion, établi par le comptable, visé par l'ordonnateur, est soumis à l'approbation de l'assemblée de la collectivité en même temps que le compte administratif.

4. Préparation et vote des budgets locaux

L'élaboration d'un budget local comporte deux phases. La première consiste dans la préparation du document budgétaire par l'exécutif local, la seconde dans son vote par l'assemblée délibérante. La préparation du budget relève de la seule responsabilité de l'exécutif de la collectivité. Dans cette mission, il est aidé par ses services et par le comptable public. Le budget local obéit à des règles juridiques obligatoires comme le respect des principes budgétaires et est soumis à des contraintes économiques qui imposent que le budget soit compatible avec les possibilités financières de la collectivité. Dans sa forme, le budget est subdivisé en deux sections : la section de fonctionnement et la section d'investissement. Dans les grandes et moyennes collectivités, le projet du budget est soumis à une ou plusieurs commissions et notamment la commission des finances. Le budget est ensuite voté par chapitre budgétaire et, si l'assemblée délibérante le décide, par article. Les budgets doivent être votés dans des délais précis. L'assemblée délibérante a la possibilité de modifier, accepter ou refuser les propositions budgétaires qui lui sont faites.

5. Le contrôle budgétaire des budgets locaux

Institué par la loi du 2 mars 1982, le contrôle budgétaire est exercé par les chambres régionales des comptes dans quatre cas bien précis. Le contrôle est assuré par les chambres, sur saisine, le plus souvent, du préfet. La chambre régionale des comptes est donc saisie dans les cas suivants :

– la non-adoption du budget primitif dans les délais légaux. En effet, si le BP n'est pas voté avant le 31 mars ou est voté hors délais, le préfet saisit la Chambre ;

– l'absence d'équilibre réel du budget, dans ce cas, la chambre est également saisie par le représentant de l'État qui estime que le budget de la collectivité n'est pas en équilibre réel ;

– le défaut d'inscription d'une dépense obligatoire ; la saisine de la chambre peut être effectuée par le préfet, le comptable ou le créancier de la collectivité ;

– le déficit important du compte administratif qui fait obligation au préfet de saisir la chambre.

6. Le contrôle juridictionnel des comptes

Créées par la loi du 2 mars 1982, les chambres régionales des comptes constituent les juridictions des comptes du 1er degré. Outre leurs missions de contrôle budgétaire et de gestion, elles statuent sur les comptes des comptables patents ou de fait et engagent éventuellement leur responsabilité personnelle et pécuniaire. Elles sont compétentes pour juger les comptes des communes et de leurs établissements publics locaux de plus de 3 500 habitants et ayant au moins 750 000 euros de recettes ordinaires. La procédure comporte plusieurs étapes : l'instruction, le rapport, le jugement et les voies de recours. L'instruction est confiée à un magistrat qui peut vérifier sur place et sur pièces la régularité des recettes et des dépenses. Il établit ensuite un rapport écrit et le présente obligatoirement devant la collégialité. La procédure est secrète. La formation juge à huis clos et les magistrats sont tenus au secret des délibérations. Le comptable est déchargé de sa gestion si ses comptes sont en ordre. Les chambres régionales des comptes statuant en premier ressort, leurs jugements définitifs peuvent être déférés en appel devant la Cour des comptes.

7. La gestion de fait

Est considérée gestionnaire de fait toute personne qui, sans avoir la qualité de comptable public ou sans agir sous son contrôle, s'ingère dans le recouvrement de recettes affectées ou destinées à un organisme public doté d'un poste comptable, doit, indépendamment des poursuites pénales, rendre des comptes au juge financier de l'emploi des fonds et valeurs qu'elle a irrégulièrement détenus ou maniés. Pour qu'il y ait gestion de fait, il faut donc qu'un maniement de derniers publics soit opéré sans titre légal. Le comptable de fait doit rendre compte de sa gestion irrégulière au juge des comptes dans les mêmes conditions que le comptable patent. Toutefois, l'action en déclaration de gestion de fait est prescrite pour les actes commis plus de dix ans avant la date à laquelle la chambre en est saisie ou s'en saisit d'office. La chambre examine les comptes du comptable de fait et peut prononcer soit un jugement de décharge ou de débet. Un élu local déclaré comptable de fait est suspendu de sa qualité d'ordonnateur jusqu'à ce qu'il ait reçu quitus de sa gestion.

8. Le budget primitif

Le budget primitif est le document essentiel d'une collectivité locale. Il est le premier à être voté par l'assemblée délibérante. Il prévoit et autorise l'ensemble des recettes et des dépenses de la collectivité. Il doit être voté au plus tard le 31 mars de l'année de son exécution. Toutefois, en cas de renouvellement des organes délibérants, le budget primitif peut être adopté jusqu'au 15 avril. Il est exécutoire à la double condition d'avoir été publié et transmis au représentant de l'État. En cas de non-vote dans les délais légaux, la chambre régionale des comptes peut être saisie par le préfet.

9. Le compte administratif

Après la clôture de l'exercice, le compte administratif est établi par l'ordonnateur de la collectivité. Le compte retrace les résultats de l'exécution du budget. Pour chaque chapitre et article budgétaires, le compte administratif fait apparaître les prévisions, les réalisations et les restes à réaliser en dépenses et en recettes. Il est soumis à l'approbation de l'assemblée délibérante qui doit l'arrêter par un vote avant le 30 juin de l'année suivant l'exercice auquel il se rapporte. Le compte administratif est soumis aux mêmes règles de publicité que le budget primitif. Il est transmis au contrôle de légalité. Lorsque le déficit du compte administratif atteint un certain seuil, la chambre régionale des comptes est saisie.

9 LES DÉPENSES DES COLLECTIVITÉS TERRITORIALES

Exercice **1. QCM**

> Cochez la bonne réponse

1. La construction et l'entretien des collèges sont assurés par :

Ⓐ l'État
Ⓑ les départements
Ⓒ les communes

2. Les dépenses de formation professionnelle et d'apprentissage sont des dépenses :

Ⓐ communales
Ⓑ régionales
Ⓒ départementales

3. La rémunération du personnel enseignant des écoles, collèges et lycées est prise en charge par l'État.

Ⓐ Vrai
Ⓑ Faux

4. Les dépenses d'aide sociale à l'enfance et à la mère sont prises en charge par :

Ⓐ l'État
Ⓑ les départements
Ⓒ les bureaux d'aide sociale (CCAS)

5. L'ordonnateur d'une collectivité locale est :

Ⓐ l'exécutif de la collectivité
Ⓑ l'assemblée délibérante
Ⓒ la commission des finances

6. Des poursuites peuvent être effectuées par les comptables publics pour recouvrer une recette locale.

Ⓐ Vrai
Ⓑ Faux

7. Le mandatement est l'ordre de :

Ⓐ payer la dette
Ⓑ recouvrer la recette
Ⓒ payer la rémunération des agents territoriaux

CORRIGÉS

1. → Ⓑ
Les départements assurent la charge des collèges depuis 1986.

2. → Ⓑ
L'essentiel de ce secteur a été confié aux régions en vertu de la loi du 7 janvier 1983.

3. → Ⓐ
Avec les transferts de compétences, l'État a conservé la charge relative aux dépenses de personnel enseignant.

4. → Ⓑ
La loi du 22 juillet 1983 reconnaît au département une compétence de droit commun en matière d'action sanitaire et sociale.

5. → Ⓐ
Pour la commune, le maire, pour le département, le président du conseil général et, pour la région, le président du conseil régional.

6. → Ⓐ
Les comptables publics sont seuls chargés de la prise en charge et du recouvrement des ordres de recettes (article 11 du décret du 29 décembre 1962).

7. → Ⓐ
Défini par l'article 31 du décret du 29 décembre 1962 comme l'ordre de payer la dette de l'organisme public.

8. Avant de payer, le comptable vérifie :

Ⓐ la disponibilité des crédits
Ⓑ l'exacte imputation de la dépense
Ⓒ le montant des recettes à percevoir

→ Ⓐ et Ⓑ
Il doit exercer, en matière de recettes et de dépenses, des contrôles énumérés par les articles 12 et 13 du décret du 29 décembre 1962.

9. L'ordre de réquisition est transmis :

Ⓐ au tribunal administratif
Ⓑ à la chambre régionale des comptes
Ⓒ au préfet

→ Ⓑ et Ⓒ
Au préfet pour le contrôle de légalité et à la CRC.

10. Les dépenses interdites sont :

Ⓐ les dépenses ne présentant pas un intérêt local
Ⓑ les subventions culturelles
Ⓒ les subventions aux associations loi 1901

→ Ⓐ et Ⓑ
Celles qui sont contraires à la réglementation en vigueur (subventions aux cultes interdites car contraires à l'article 2 de la loi du 9 décembre 1905) et celles qui interviennent dans un domaine étranger à la compétence des collectivités locales.

11. Fait partie de la phase administrative d'exécution budgétaire :

Ⓐ le paiement
Ⓑ le mandatement
Ⓒ le recouvrement

→ Ⓑ
Les opérations effectuées par l'ordonnateur sont successivement l'engagement, la liquidation et le mandatement.

12. Est considérée comme dépense obligatoire une dépense résultant :

Ⓐ d'un contrat
Ⓑ d'une décision de justice
Ⓒ d'un marché

→ Ⓐ Ⓑ et Ⓒ
Les dépenses obligatoires sont les dépenses qui résultent d'une disposition législative expresse et celles qui constituent des dettes exigibles.

13. La liquidation a pour objet de vérifier la validité de la dette de l'organisme.

Ⓐ Vrai
Ⓑ Faux

→ Ⓐ
C'est la seconde étape, après l'engagement, de la phase administrative dévolue à l'ordonnateur.

14. Un régisseur d'avances peut effectuer de menues dépenses :

Ⓐ avec l'accord du comptable
Ⓑ avec l'accord du préfet
Ⓒ par décision de l'assemblée délibérante

→ Ⓐ et Ⓒ
Il agit pour le compte et sous le contrôle du comptable.

15. Un régisseur d'avances :

Ⓐ est un comptable secondaire
Ⓑ est un agent de la collectivité
Ⓒ est l'exécutif de la collectivité

→ Ⓑ
Nommé par arrêté de l'exécutif local sur avis conforme du comptable.

16. En cas de refus d'inscription d'une dépense obligatoire au budget, le créancier peut saisir :

Ⓐ la chambre régionale des comptes
Ⓑ le tribunal administratif
Ⓒ le comptable de la collectivité

→ Ⓐ
Le caractère d'une dépense obligatoire se traduit par l'obligation pour la collectivité de l'inscrire au budget et de la mandater.

17. L'ordonnateur d'une collectivité est, dans cette collectivité :

Ⓐ son exécutif
Ⓑ son régisseur d'avances
Ⓒ son responsable du service financier

→ Ⓐ
Par exemple, le président du Conseil général pour cette collectivité.

18. Le comptable d'une collectivité est :

Ⓐ un agent de la collectivité
Ⓑ un fonctionnaire de l'État
Ⓒ un élu local

→ Ⓑ
Fonctionnaire de l'État nommé par le ministre de l'Économie et des finances.

19. En matière de contrôle budgétaire, la chambre régionale des comptes est saisie :

Ⓐ en cas d'absence d'équilibre réel du budget
Ⓑ pour défaut d'inscription au budget d'une dépense obligatoire
Ⓒ pour vice de procédure dans l'élaboration du budget

→ Ⓐ et Ⓑ
Outre dans les cas Ⓐ et Ⓑ, elle est saisie lorsque le budget primitif n'est pas voté dans les délais légaux et en cas de déficits importants constatés aux comptes administratifs.

20. Le contrôle juridictionnel des comptes porte :

Ⓐ sur les comptes du comptable
Ⓑ sur les comptes de l'ordonnateur
Ⓒ sur le budget de l'État

→ Ⓐ
Il porte sur les comptes des comptables en titre, et des comptables de fait, en matière de gestion de fait.

21. Le maniement et la détention des fonds publics peuvent être réalisés :

Ⓐ par un comptable patent
Ⓑ par un comptable de fait
Ⓒ par l'exécutif de la collectivité

→ Ⓐ
Seul un comptable patent, c'est-à-dire en titre, est habilité à manier et à détenir des deniers publics.

22. L'examen de la gestion exercé par les chambres régionales des comptes peut aboutir :

Ⓐ à l'envoi d'un rapport d'observations définitives à l'ordonnateur
Ⓑ à l'envoi d'un jugement à l'ordonnateur
Ⓒ à un renvoi à la Cour des comptes

→ Ⓐ
Le rapport d'observations définitives est communiqué à l'exécutif de l'organisme qui dispose d'un mois pour adresser au greffe de la Chambre une réponse écrite.

23. La règle de l'équilibre budgétaire s'applique :

Ⓐ au budget primitif
Ⓑ au budget supplémentaire
Ⓒ aux budgets annexes

→ Ⓐ Ⓑ et Ⓒ
Elle s'applique au budget, qui comprend, au sens de l'article L. 612-4 du CGCT, le budget primitif, le budget supplémentaire, les décisions modificatives et les budgets annexes.

Exercice **2. QRC**

1. La compétence de l'ordonnateur en matière de dépenses

La phase administrative de la dépense relève de la compétence de l'exécutif local ; elle se compose de trois étapes successives : l'engagement, la liquidation et le mandatement. L'engagement de la dépense est l'acte par lequel la collectivité locale crée ou constate à son encontre une obligation de laquelle résultera une charge. L'engagement doit rester dans la limite des crédits budgétaires. L'ordonnateur, tient à cet effet une comptabilité des engagements qui a pour objet de l'informer, à tout moment, du montant des crédits disponibles. La liquidation a pour objet de vérifier la réalité de la dette publique et d'en arrêter le montant.

Le mandatement est l'acte administratif, donnant l'ordre de payer la dette de la collectivité. Cet ordre est donné au comptable. Ce dernier procède à divers contrôles avant de payer la dépense. Le mandat transmis au comptable est accompagné des pièces justificatives de la dépense pour permettre au comptable d'exercer ses contrôles. Certaines dépenses peuvent être débitées sur l'initiative du comptable sans mandatement préalable, telles les annuités d'emprunts et la factures de gaz et d'électricité.

2. Le rôle du comptable en matière de dépenses

Le comptable public local est chargé de procéder au paiement des dépenses des collectivités locales et de leurs établissements publics. Il doit, avant de procéder au paiement de la dépense, exercer un certain nombre de contrôles. Le contrôle du comptable est un contrôle de régularité et non d'opportunité. En matière de dépenses, le contrôle porte : sur la qualité de l'ordonnateur ou de son délégué, de la disponibilité des crédits budgétaires. En effet le montant de la dépense ajouté aux mandats déjà émis ne doit pas excéder le crédit budgétaire inscrit au chapitre intéressé. Il doit s'assurer également de l'exacte imputation de la dépense, du caractère libératoire du paiement et de la validité de la créance à travers la certification du « service fait ». Lorsqu'il constate une irrégularité, il suspend le paiement. Dans ce cas, l'ordonnateur a deux possibilités : soit procéder au retrait de la dépense ou aux régularisations nécessaires, soit exercer le droit de réquisition qui lui est dévolu. Le comptable doit, sauf dans ces cas précis, procéder alors au paiement de la dépense. L'ordre de réquisition est transmis au préfet et à la chambre régionale des comptes.

3. Les dépenses obligatoires des collectivités locales

Deux catégories de dépenses sont obligatoires pour les collectivités locales. Il s'agit des dépenses qui résultent d'une disposition législative expresse et celles qui constituent des dettes exigibles. Les dépenses expressément désignées comme obligatoires par la loi sont extrêmement nombreuses. Une liste non limitative des dépenses obligatoire est donnée par le Code général des collectivités territoriales (CGCT), il n'existe, par conséquent, pas de liste exhaustive des dépenses obligatoires, mais figurent notamment : les dépenses de personnel, les dépenses d'entretien et de maintien en bon état des bâtiments de la collectivités. La dette exigible peut être contractuelle comme le remboursement des emprunts contractés par l'organisme ou non contractuelle. Dans ce cas, elle résulte soit d'un engagement unilatéral de la collectivité, soit d'une décision de justice passée en force de chose jugée condamnant la collectivité à verser une somme déterminée par la décision ellemême. Le caractère obligatoire des dépenses se traduit par l'obligation pour la collectivité de prévoir les crédits correspondants au budget ; dans le cas où la collectivité refuserait cette inscription, la chambre régionale des comptes peut être saisie.

4. Les dépenses interdites et les dépenses facultatives des collectivités locales

Deux types de dépenses sont interdits pour les collectivités locales : les dépenses contraires à la réglementation en vigueur et les dépenses ne présentant pas un intérêt local. Parmi les dépenses interdites par la loi, on peut citer les subventions aux cultes parce que contraires aux dispositions de la loi de 1905 sur la séparation des églises et de l'État. De même sont interdites les subventions à l'enseignement privé sauf lorsqu'elles sont destinées à un établissement privé sous convention avec l'État. Parmi les dépenses ne présentant pas un intérêt local, figurent les dépenses qui interviennent dans un domaine étranger à la compétence de la collectivité. Sont par conséquent interdites les dépenses assumées dans le seul intérêt d'une personne privée, ainsi que les dépenses d'ordre politique.

Entrant dans la catégorie des dépenses facultatives toutes les dépenses des collectivités locales qui ne sont ni obligatoires ni interdites. Le contenu de cette catégorie est très disparate puisqu'il varie d'une collectivité à une autre et selon ses capacités financières.

5. Les principales dépenses d'une commune

Les communes assurent des dépenses dans des domaines divers liés aux compétences qu'elles exercent. Il s'agit principalement des dépenses dans le domaine de l'enseignement public du premier degré. Elles assurent aussi la charge de l'enseignement préélémentaire. À l'exception des rémunérations des enseignants, elles ont à leur charge les frais de fonctionnement, d'entretien et de construction. Peuvent s'ajouter à ces dépenses d'autres dépenses périscolaires. L'action sportive des communes est très déterminante puisqu'elles prennent en charge les dépenses d'équipement et de fonctionnement des services. Elles interviennent également dans les domaines de la culture et des loisirs à travers notamment les théâtres, les conservatoires de musique, les centres aérés et les maisons des jeunes et de la culture. En matière économique, elles peuvent intervenir à travers les aides indirectes, entre autres, aux entreprises en difficulté. En matière d'urbanisme, elles créent, notamment, de nouveaux quartiers d'habitation ou d'activité économique tels les lotissements et les ZAC.

En matière d'aide sociale, elles interviennent surtout par le biais de leurs centres communal d'action sociale (CCAS).

6. L'allocation personnalisée d'autonomie (APA)

Les dépenses d'ordre social dominent les autres dépenses des départements. C'est la loi du 22 juillet 1983 qui a reconnu aux départements une compétence de droit commun en matière d'action sanitaire et sociale. Le domaine est très large. Peuvent être citées, notamment, l'aide médicale à l'enfance et à la mère, l'aide aux personnes âgées ainsi que le dépistage du cancer. Est gérée par les conseils généraux, de par la loi du 20 juillet 2001, l'allocation personnalisée d'autonomie (APPAS). Cette allocation est alimentée par une fraction de la contribution sociale généralisée, par une participation des régimes obligatoires d'assurance vieillesse en complément de l'apport des départements. L'APA est versée, sous conditions, à toute personne âgée en perte d'autonomie. Cette allocation se substitue à la prestation spécifique dépendance. Le montant de l'allocation varie en fonction des ressources des bénéficiaires.

7. Le vote de l'assemblée délibérante sur le compte de gestion

Le compte de gestion, établi par le comptable de la collectivité, est transmis à l'ordonnateur de cette collectivité au plus tard le 1er juin de l'année qui suit l'exercice auquel il se rapporte. Ce document récapitule l'ensemble des opérations comptables auxquelles le comptable a procédé durant la gestion comptable annuelle. Le compte de gestion est approuvé en principe en même temps que le compte administratif établi par l'exécutif de la collectivité. Le compte de gestion est transmis à la chambre régionale des comptes dans le cadre du contrôle juridictionnel.

8. Les personnes autorisées à saisir la chambre régionale des comptes en matière de dépense obligatoire

Les personnes qui sont habilitées à saisir la chambre régionale des comptes pour absence ou insuffisance de crédits pour dépenses obligatoires sont le préfet, le comptable public concerné et toute personne y ayant intérêt. La Chambre dispose d'un délai d'un mois pour se prononcer. Elle adresse une mise en demeure à la collectivité pour inscrire les crédits nécessaires au mandatement de la dépense ayant fait l'objet d'une saisine. Si, dans un délai d'un mois, la mise en demeure est restée sans effet, la Chambre demande au préfet d'inscrire la dépense au budget de la collectivité (inscription d'office) et propose, s'il y a lieu, la création de ressources ou la diminution d'une dépense facultative.

9. Le principe de séparation de l'ordonnateur et du comptable

L'article 20 du décret du 29 décembre 1962 stipule que les fonctions d'ordonnateur et de comptable sont incompatibles et séparées. Les ordonnateurs locaux sont les maires, les présidents des conseils généraux et régionaux et les présidents des établissements publics locaux. Ils sont chargés de l'exécution budgétaire.

Toutefois, ce principe connaît des exceptions en matière de dépenses et de recettes. Il s'agit notamment des régies d'avances pour les dépenses et des régies de recettes pour les recettes. Lorsque ce principe est violé par les ordonnateurs, ces derniers sont déclarés comptables de fait. Dans ce cas, la chambre régionale des comptes juge leurs comptes dans les mêmes conditions que ceux des comptables patents.

10. Les dépenses des départements en matière sanitaire et sociale

La loi du 2 mars 1982 reconnaît aux départements une compétence de droit commun en matière d'action sanitaire et sociale. Les départements assurent la responsabilité des principales prestations d'aide sociale. Il s'agit notamment de l'aide sociale à l'enfance et à la mère, de l'aide aux personnes âgées et de l'aide médicale générale.

Dans le domaine de la protection sanitaire, le département assure le dépistage du cancer, la prophylaxie de la tuberculose et des maladies vénériennes ou assure la lutte contre la lèpre.

Depuis 2001, le département gère également l'allocation personnalisée d'autonomie (APA).

La loi du 18 décembre 2003 portant décentralisation en matière de revenu minimum d'insertion (RMI) et créant un revenu minimum d'activité (RMA) a confié la pleine responsabilité de l'allocation RMI et le pilotage de l'insertion aux départements. Le financement de ces deux actions est constitué d'une partie de la taxe intérieure sur les produits pétroliers (TIPP) versée par l'État.

10 LES RESSOURCES DES COLLECTIVITÉS TERRITORIALES

Exercice **1. QCM**

> Cochez la bonne réponse

1. Le vote des taux des quatre taxes locales par le conseil municipal est autorisé par la loi du :

Ⓐ 2 mars 1982
Ⓑ 10 janvier 1980
Ⓒ 12 juillet 1999

2. Les impôts locaux sont créés par :

Ⓐ une loi
Ⓑ un décret
Ⓒ une délibération de l'assemblée délibérante de la collectivité

3. La taxe locale d'équipement est une taxe du budget :

Ⓐ d'une région
Ⓑ d'une commune
Ⓒ d'un établissement public local

4. Quelle est la collectivité qui perçoit la taxe sur les certificats d'immatriculation des véhicules (carte grise) ?

Ⓐ La commune
Ⓑ Le département
Ⓒ La région

5. Sont exonérées de la taxe sur les ordures ménagères :

Ⓐ les propriétés exonérées de la taxe foncière sur les propriétés bâties
Ⓑ les personnes âgées
Ⓒ les personnes à faibles revenus

6. La taxe d'enlèvement des ordures ménagères est un impôt communal.

Ⓐ Vrai
Ⓑ Faux

7. La dotation globale de fonctionnement a été instituée en :

Ⓐ 1979
Ⓑ 1982
Ⓒ 1985

CORRIGÉS

1. → Ⓑ
Loi portant aménagement de la fiscalité des collectivités locales à compter de 1981.

2. → Ⓐ
Seul le législateur est compétent pour créer un impôt, conformément à l'article 34 de la Constitution.

3. → Ⓑ
La TLE est une recette affectée à la section d'investissement.

4. → Ⓒ
Impôt perçu jusqu'en 1984 par l'État et transféré aux régions pour compenser les charges nouvelles liées aux transferts de compétences.

5. → Ⓐ

6. → Ⓐ
Impôt facultatif, librement institué par les communes ou leurs groupements.

7. → Ⓐ
Instituée par la loi du 3 janvier 1979.

8. La nouvelle dotation globale de fonctionnement (DGF) comporte :

Ⓐ une dotation forfaitaire
Ⓑ une dotation de péréquation
Ⓒ une dotation de solidarité

➜ Ⓐ et Ⓑ
Depuis 2005.

9. Le droit de licence des débits de boissons a été supprimé en :

Ⓐ 2001
Ⓑ 2002
Ⓒ 2003

➜ Ⓒ
Droit supprimé par la loi de finances pour 2003. Perte compensée par l'État.

10. Le produit des amendes de police est destiné à améliorer les transports et la circulation routière.

Ⓐ Vrai
Ⓑ Faux

➜ Ⓐ
Il est réparti par le comité des finances locales au prorata des contraventions dénombrées l'année précédente sur le territoire des communes et groupements de communes concernés.

11. La dotation globale d'équipement scolaire (DRGS) est une recette :

Ⓐ régionale
Ⓑ départementale
Ⓒ communale

➜ Ⓐ
Dotation versée par l'État en compensation des transferts de compétences.

12. Les collectivités territoriales peuvent contracter des emprunts :

Ⓐ auprès de la caisse des dépôts et consignations uniquement
Ⓑ auprès des banques
Ⓒ auprès de divers partenaires financiers publics ou privés

➜ Ⓒ
La loi du 2 mars 1982 a libéralisé le droit d'emprunter pour les collectivités territoriales.

13. Quelle dotation est versée par l'État pour financer les dépenses d'investissement des collectivités ?

Ⓐ La dotation globale d'équipement (DGE)
Ⓑ La dotation globale de fonctionnement
Ⓒ Les concours particuliers

➜ Ⓐ
Instituée par l'article 103 de la loi du 2 mars 1982.

14. La redevance des mines est un impôt :

Ⓐ départemental
Ⓑ communal
Ⓒ régional

➜ Ⓐ et Ⓑ
Elle s'applique aux entreprises minières en lieu et place de la taxe professionnelle dont ces dernières sont exonérées.

15. La taxe sur les pylônes électriques a pour redevable :

Ⓐ les entreprises
Ⓑ EDF
Ⓒ les personnes physiques

➜ Ⓑ
Elle frappe les pylônes électriques à haute tension à partir de 200 kilovolts.

16. La dotation globale de décentralisation est-elle destinée à compenser les dépenses liées aux transferts de compétences ?

Ⓐ Oui
Ⓑ Non

→ Ⓐ
Instituée à partir de 1983, la DGD évolue comme la DGF.

17. Sont exonérés de la taxe foncière non bâtie :

Ⓐ les voies publiques
Ⓑ les voies privées
Ⓒ les sols soumis à la taxe foncière sur les propriétés bâties

→ Ⓐ et Ⓒ
Certaines propriétés bénéficient d'une exonération permanente : outre Ⓐ et Ⓒ, les fleuves et les rivières navigables et flottables.

18. Sont soumis à la taxe d'habitation :

Ⓐ les membres du corps diplomatique
Ⓑ les établissements publics scientifiques
Ⓒ les locataires et propriétaires d'une habitation meublée à titre privatif

→ Ⓒ
Que les locataires ou propriétaires soient personnes physiques ou personnes morales.

19. La taxe professionnelle s'est substituée à la patente :

Ⓐ en 1966
Ⓑ en 1976
Ⓒ en 1986

→ Ⓑ
Elle est due en principe par toute personne qui exerce à titre habituel une activité professionnelle non salariée.

20. Un abattement général à la base, en matière de taxe d'habitation, peut être décidé par le conseil municipal.

Ⓐ Vrai
Ⓑ Faux

→ Ⓐ
Il peut être décidé par l'assemblée délibérante. Il peut être de 5, 10 ou 15 % de la valeur locative moyenne.

21. L'imposition forfaitaire sur les pylônes électriques concerne :

Ⓐ les concessionnaires du réseau de distribution d'énergie électrique
Ⓑ les entreprises privées
Ⓒ les propriétaires des terrains où sont implantés les pylônes électriques

→ Ⓐ
Cette taxe frappe les pylônes électriques à très haute tension. Le principal redevable est EDF.

22. La taxe sur l'électricité est perçue par :

Ⓐ les communes
Ⓑ les départements
Ⓒ les régions

→ Ⓐ et Ⓑ
Taux maximal pour les communes : 8 % ; pour les départements : 4 %.

23. La dotation globale de fonctionnement (DGF) a été réformée :

Ⓐ en 2003
Ⓑ en 2005
Ⓒ en 2000

→ Ⓑ
La loi de finances pour 2005 a prévu différentes mesures qui constituent la seconde étape de la réforme de la DGF amorcée en 2004.

Exercice **2. QRC**

1. Les taxes foncières locales

Les taxes foncières sont des contributions directes perçues au profit des collectivités locales. Il s'agit de la taxe foncière sur les propriétés bâties et la taxe foncière sur les propriétés non bâties. La taxe foncière sur les propriétés bâties est un impôt assis sur 50 % de la valeur locative des bâtiments d'habitations et professionnels. Elle est supportée par les propriétaires. Toutefois des exonérations sont accordées à titre permanent, comme les propriétés publiques de l'État, des collectivités territoriales et de leurs établissements publics, ou à titre temporaire pour les locaux situés notamment dans les zones franches urbaines.

La taxe foncière sur les propriétés non bâties est due par les propriétaires terriens situés en France et non couverts, sauf exceptions prévues par la loi, de constructions. La taxe est assise sur 80 % de la valeur locative cadastrale. Il existe des exonérations permanentes pour les propriétés publiques, les sols et terrains soumis à la taxe foncière sur les propriétés bâties. Les exonérations temporaires concernent principalement les terrains ensemencés, plantés ou replantés en bois.

2. La taxe professionnelle

Cette taxe a été substituée en 1976 à la patente. Elle est due par toute personne physique ou morale qui exerce à titre habituel une activité professionnelle non salariée, en France. L'assiette de la TP est constituée de deux éléments : une fraction des salaires ou un pourcentage des recettes, selon les activités et la valeur locative des immobilisations corporelles détenues par le redevable. Toutefois, la loi de finances pour 1999 a réformé l'assiette de cette taxe, en supprimant, dans un délai de 5 ans, la part des salaires pour la remplacer par une dotation de l'État intégrée dans la dotation globale de fonctionnement, versée aux collectivités locales. Des exonérations permanentes sont accordées pour certaines activités, comme les activités agricoles ou artisanales. Les exonérations temporaires sont, quant à elles, possibles pour une durée limitée, comme l'exonération de deux ans de la TP pour les médecins et auxiliaires médicaux qui s'installent dans les communes de moins de 2 000 habitants.

3. La taxe d'enlèvement des ordures ménagères (TEOM)

Les communes ou leurs groupements peuvent instituer la taxe d'enlèvement des ordures ménagères lorsqu'ils assurent le service d'enlèvement des ordures ménagères. Cette taxe est un impôt additionnel à la taxe foncière sur les propriétés bâties. Elle est due par le propriétaire qui peut la répercuter sur son locataire. Elle est assise et recouvrée dans les mêmes conditions que la taxe foncière sur les propriétés bâties. Les communes qui assurent le service d'enlèvement des ordures ménagères peuvent le financer au moyen de cette taxe, ou d'une redevance pour service rendu, ou sur les recettes du budget. C'est pourquoi elles peuvent choisir l'institution d'une redevance en lieu et place de la taxe.

Les exonérations permanentes de cette taxe sont prévues notamment pour les propriétés exonérées de façon permanente de la taxe foncière sur les propriétés bâties. Les exonérations temporaires sont accordées sur délibération de l'assemblée délibérante avant le 1er juillet d'une année pour être applicable l'année suivante. Il s'agit notamment des exonérations qui concernent les locaux à usage commercial ou industriel.

4. La dotation globale de fonctionnement (DGF)

La dotation globale de fonctionnement constitue le plus important concours versé par l'État aux collectivités territoriales. À plusieurs reprises le régime de la DGF a été modifié par différentes lois. Dans le dispositif initial (1979-1985), la DGF comprenait une dotation forfaitaire, une dotation de péréquation et des concours particuliers. Dans le régime appliqué de 1986 à 1993, la DGF comprenait une dotation de base, la dotation de péréquation, une dotation de compensations et des concours particuliers. La DGF instituée en 1994 est constituée de deux dotations : la dotation forfaitaire et la dotation d'aménagement. La loi de finances pour 2005 a prévu différentes mesures qui constituent la seconde étape de la réforme de la DGF amorcée en 2004. Toutes les collectivtés sont concernées par cette dotation. La DGF des départements comprend une dotation forfaitaire, une dotation de compensation et, éventuellement, une dotation de fonctionnement minimale. La DGF des régions comprend une dotation forfaitaire et une dotation de péréquation ; celle des communes une dotation forfaitaire composée de quatre parts et des dotations de péréquation. Les EPCI bénéficient de deux parts de la DGF, une dotation d'intercommunalité et une dotation de compensation.

5. Le fonds de compensation de la TVA

Créée par la loi du 29 juillet 1975, le FCTVA représente un remboursement aux collectivités locales de la taxe sur la valeur ajoutée qu'elles ont supportée sur leurs dépenses réelles d'investissement, comptabilisées aux comptes 21 et 23 de leur budget. Plusieurs conditions sont nécessaires pour être éligible au FCTVA. Il faut notamment que le bénéficiaire soit propriétaire de l'équipement pour lequel la dépense a été engagée, que la dépense ait été réalisée par le propriétaire et que la dépense n'ait pas été effectuée pour les besoins d'une activité assujettie à la TVA.
Les dépenses à prendre en compte pour le calcul de cette dotation sont celles figurant au compte administratif de la pénultième année (avant-dernier exercice budgétaire) figurant aux comptes 21 et 23. Toutefois, pour les communautés de communes, entre autres, l'assiette des dépenses éligibles est constituée des dépenses réalisées l'année même. Un taux de compensation est alors appliqué aux dépenses réelles d'investissement.

6. La dotation globale d'équipement

Instituée par la loi du 2 mars 1982, la dotation globale d'équipement est venue se substituer aux subventions spécifiques d'investissement. Cette dotation constitue une recette inscrite à la section d'investissement du budget de la collectivité. Elle est libre d'emploi. Son régime est différent selon les collectivités. Pour les communes et leurs groupements, la DGE est versée aux communes de moins de 2 000 habitants. Elle est versée également, sous condition, aux communes dont la population est comprise entre 2 000 et 20 000 habitants. Les groupements de communes qui bénéficient de cette dotation sont ceux qui comptent 20 000 habitants au moins. Les collectivités bénéficiaires perçoivent cette dotation sous forme de subventions spécifiques par opération. La DGE des départements comprend deux parts. La première part comporte trois fractions : la fraction principale, la fraction voirie et une majoration versée sous conditions de ressources fiscales. La seconde part prend en compte l'effort de remembrement accompli par les départements. Elle est composée d'une fraction principale et des majorations versées sous conditions précises.

7. Les produits d'exploitation et du domaine

Les produits du domaine et d'exploitation sont des recettes tirées de la gestion du patrimoine de la collectivité locale ou perçues sur l'usager en contrepartie d'un service rendu. Les produits du domaine sont de deux catégories : ceux tirés du domaine privé, c'est le cas des loyers, fermages, ventes de coupes de bois, etc., et ceux tirés du domaine public. Il s'agit uniquement des produits d'exploitation qui résulteraient d'une autorisation d'occupation du domaine public ou de permissions de voirie.
Les produits d'exploitation sont des redevances et des rémunérations de services rendus. Les redevances sont perçues sur l'usage, sur la base des prestations fournies, en fonction de leur prix de revient. Entrent dans cette catégorie les redevances de cantines scolaires, les études surveillées, les entrées dans les piscines et les musées. Les collectivités locales peuvent instituer librement des rémunérations pour services rendus à la population et en fixent le tarif. Cette liberté est toutefois encadrée pour deux secteurs importants. Il s'agit des cantines scolaires et des transports urbains de voyageurs.

8. Les emprunts

Pour financer leurs investissements, les collectivités locales peuvent recourir à l'emprunt. L'emprunt est une recette de la section d'investissement. Elle n'a pas un caractère définitif puisqu'elle devra être remboursée. Le remboursement constitue une dépense obligatoire pour la collectivité. Le recours à l'emprunt nécessite une délibération de l'assemblée délibérante. Un contrat est ensuite signé entre la collectivité et l'organisme prêteur. Il doit spécifier les conditions de l'emprunt et notamment le montant emprunté, la durée d'amortissement et le taux. Les collectivités locales sont libres d'emprunter auprès de l'organisme financier de leur choix.

9. La dotation spéciale « instituteur »

C'est la loi du 2 mars 1982 qui avait posé le principe de versement de cette dotation aux communes afin de compenser les charges résultant de l'obligation qui leur est impartie de loger les instituteurs dans les locaux appartenant aux communes ou, à défaut, de leur attribuer une indemnité dite « représentativité ».

La loi de finances pour 1989 a modifié le régime de cette dotation qui était initialement intégrée dans la DGF. Elle a prévu deux parts : une première part est versée aux communes pour compenser les charges liées aux logements effectivement occupés par les instituteurs ; une seconde part est versée au Centre national de la fonction publique territoriale (CNFPT) qui verse, au nom de la commune, directement aux instituteurs non logés, l'indemnité représentative. Cette indemnité est appelée à diminuer au fur et à mesure de l'intégration des instituteurs dans le cadre du statut des professeurs des écoles.

10. Les compensations de charges nouvelles versées aux collectivités locales

Les lois de décentralisation ont transféré aux collectivités locales des charges jusqu'alors détenues par l'État. Certaines de ces charges ont été compensées par le transfert de ressources de l'État aux collectivités concernées ; pour le reste, par un transfert de ressources budgétaires de l'État dans le cadre de la dotation générale de décentralisation (DGD). Cette dotation est versée aux communes, départements et régions pour les transferts en matière de fonctionnement. En revanche, les dépenses d'investissement sont compensées par une dotation spécifique : la dotation générale d'équipement scolaire (DRES) pour les régions et la dotation départementale d'équipement des collèges (DDEC).

11 L'INTERVENTION ÉCONOMIQUE DES COLLECTIVITÉS TERRITORIALES

Exercice **1. QCM**

> Cochez la bonne réponse

1. Les interventions économiques ont été autorisées aux collectivités territoriales par :

Ⓐ la loi du 2 mars 1982
Ⓑ la loi du 6 février 1992
Ⓒ la loi du 12 juillet 1999

2. L'institution des aides est de la compétence :

Ⓐ de l'État
Ⓑ du département
Ⓒ de la région

3. La prime régionale à l'emploi est accordée :

Ⓐ pour les reprises d'entreprises en difficulté
Ⓑ pour les extensions d'activités
Ⓒ pour les conversions internes

4. Les communes ne peuvent aider les entreprises en difficulté :

Ⓐ depuis la loi du 5 janvier 1988
Ⓑ depuis la loi du 12 juillet 1992
Ⓒ depuis la loi du 24 juin 1999

5. Peuvent intervenir en faveur des entreprises en difficulté :

Ⓐ les communes et l'État
Ⓑ les régions
Ⓒ les départements

6. Les collectivités territoriales peuvent-elles accorder, dans certaines conditions, une exonération de la taxe professionnelle ?

Ⓐ Oui
Ⓑ Non

7. Sont considérées comme aides :

Ⓐ les aides à la formation professionnelle
Ⓑ les études

CORRIGÉS

1. → Ⓐ
Loi relative aux droits et libertés des communes, des départements et des régions.

2. → Ⓒ
L'article L. 1511-2 du CGCT ne fixe plus de manière limitative les différentes catégories d'aides.

3. → Ⓐ Ⓑ et Ⓒ
Bénéficient de cette prime, dont le plafond est fixé par décret, les créations d'entreprises dans des conditions très précises.

4. → Ⓐ
Loi d'amélioration de la décentralisation.

5. → Ⓑ

6. → Ⓐ
Toutefois, cette exonération se trouve réglementée.

7. → Ⓐ et Ⓑ
Sont également attribuées comme aides indirectes les garanties d'emprunts et les exonérations de la TP.

8. Un président du conseil régional peut-il obliger une commune à exonérer une entreprise de la taxe professionnelle ?

Ⓐ Oui
Ⓑ Non

→ Ⓑ
Chaque collectivité peut décider seule d'accorder une aide à une entreprise.

9. Les aides régionales sont :

Ⓐ la prime régionale à la création d'entreprises
Ⓑ la prime régionale à l'emploi
Ⓒ la prime régionale à l'installation

→ Ⓐ et Ⓑ
La loi du 13 août 2004 a supprimé la distinction entre aides directes et aides indirectes.

10. Certaines aides régionales obéissent à des règles strictes d'attribution.

Ⓐ Vrai
Ⓑ Faux

→ Ⓐ

11. Une commune peut-elle accorder des bonifications d'intérêts à une entreprise ?

Ⓐ Oui
Ⓑ Non

→ Ⓑ
Une bonification d'intérêts est de la compétence exclusive de la région.

12. Le plafond de la prime régionale à l'emploi est fixée :

Ⓐ par le président du conseil régional
Ⓑ par l'assemblée délibérante
Ⓒ par décret

→ Ⓒ
C'est un décret qui fixe le montant maximum de l'aide.

13. Les garanties d'emprunt peuvent être accordées à une entreprise sous certaines conditions :

Ⓐ par la commune seule
Ⓑ par la commune mais avec l'accord de l'État
Ⓒ par la commune mais avec l'accord de la région

→ Ⓐ
Une commune peut les décider seule ou conjointement avec une ou plusieurs autres collectivités.

14. Les régions peuvent-elles accorder des prêts et avances à long terme à des entreprises ?

Ⓐ Oui
Ⓑ Non

→ Ⓐ
À des conditions plus favorables que celles du taux moyen des obligations à long terme.

15. Qui peut décider des secteurs d'activités susceptibles de bénéficier des prêts et avances aux entreprises ?

Ⓐ L'État
Ⓑ Le ministère de l'Intérieur
Ⓒ Les conseils régionaux

→ Ⓒ
Ils peuvent décider librement des secteurs d'activités susceptibles de bénéficier de ces aides.

16. L'aide à la formation professionnelle constitue une aide aux entreprises :

Ⓐ Vrai
Ⓑ Faux

→ Ⓐ
C'est l'une des aides attribuées aux entreprises.

17. Lorsque l'initiative privée est défaillante, une commune peut :

Ⓐ accorder des aides directes uniquement
Ⓑ accorder des aides indirectes uniquement
Ⓒ accorder des aides directes ou indirectes

→ Ⓒ
Pour garantir le maintien des services nécessaires à la satisfaction des besoins de la population en milieu rural.

18. L'exonération temporaire de la taxe professionnelle est possible.

Ⓐ Vrai
Ⓑ Faux

→ Ⓐ
Cette exonération constitue une forme d'aide que peut décider une collectivité.

19. Les aides décidées par une collectivité doivent être accordées à toutes les entreprises remplissant les mêmes conditions.

Ⓐ Vrai
Ⓑ Faux

→ Ⓐ
Une fois décidées, les aides doivent être accordées à toutes les entreprises d'un même secteur d'activités placées dans des conditions identiques.

20. La région doit accorder une aide dans le respect :

Ⓐ du droit communautaire
Ⓑ du droit pénal
Ⓒ de la Constitution

→ Ⓐ
Les aides directes sont déterminées par délibération du conseil régional dans le respect des règles communautaires.

21. Les aides accordées par une région sont prévues par la loi :

Ⓐ du 27 février 2002
Ⓑ du 2 février 1982
Ⓒ du 5 janvier 1988

→ Ⓐ
Les aides sont définies de manière précise par l'article 102 de la loi du 27 février 2002.

22. La loi n° 2004-809 du 13 août 2004 relative aux libertés et aux responsabilités locales a supprimé la distinction entre aides directes et aides indirectes attribuées par la région.

Ⓐ Vrai
Ⓑ Faux

Ⓐ

Exercice **2. QRC**

1. Les aides des collectivités territoriales

Les aides des collectivités territoriales sont limitativement prévues par la loi et leurs conditions d'attribution sont très strictes. L'institution de ces aides relève des conseils régionaux uniquement. Les autres collectivités et leurs groupements ne peuvent que compléter ces aides dans la limite des plafonds fixés par les textes. Parmi ces aides : la prime régionale à la création d'emploi qui est accordée à l'occasion de la création d'entreprise et dont le montant est plafonné ; la prime régionale à l'emploi qui bénéficie aux entreprises nouvellement créées auxquelles se trouvent rattachées les reprises d'entreprises en difficulté, les extensions d'activités ou les conversions internes et les prêts, avances et bonifications d'intérêts accordées à des entreprises à des conditions plus favorables que celles du taux moyen des obligations à long terme.

2. Les autres aides attribuées par les collectivités territoriales

À la différence des aides précitées qui sont de la seule initiative des régions, des aides peuvent être attribuées librement par toutes les collectivités territoriales, par conséquent chaque collectivité peut décider une telle aide à une entreprise.

Les formes de ces aides sont très variées, il s'agit notamment de l'aide à la formation professionnelle, des études, des conseils et diagnostics ; néanmoins certaines de ces aides sont réglementées : c'est le cas de la vente des bâtiments appartenant aux collectivités territoriales, de garantie d'emprunt et d'exonération de la taxe professionnelle.

Les collectivités, à l'exception des communes, peuvent, dans certains cas, accorder des aides à des entreprises en difficulté. Cependant, lorsque l'initiative privée est absente ou défaillante, une commune peut accorder des aides pour garantir le maintien des services nécessaires à la satisfaction des besoins de la population en milieu rural.

3. Les interventions économiques des collectivités territoriales

Les collectivités territoriales peuvent, en matière économique, intervenir sous certaines conditions, de deux manières.

Premièrement, elles peuvent accorder des aides directes. Les aides sont limitativement prévues par la loi. L'attribution de ces aides est de la compétence de la région uniquement. Les autres collectivités ne peuvent intervenir que de façon complémentaire et sous réserve du respect du plafond prévu par la règlementation.

Deuxièmement, les collectivités territoriales peuvent intervenir, dans le domaine économique, en accordant des aides indirectes. Ces aides peuvent être accordées par toutes les collectivités. La région n'a pas seule l'initiative de l'attribution des aides indirectes. La loi n° 2004-809 du 13 août 2004 relative aux libertés et aux responsabilités locales a supprimé la distinction entre aides directes et aides indirectes attribuées par les régions.

LOI ORGANIQUE DU 1er AOÛT 2001 RELATIVE AUX LOIS DE FINANCES

Journal officiel

J.O. Numéro 177 du 2 août 2001 page 12480

Loi

LOI organique n° 2001-692 du 1er août 2001 relative aux lois de finances (1)

NOR : ECOX0104681L

L'Assemblée national et le Sénat ont adopté,

Le Conseil constitutionnel a déclaré conforme à la Constitution,

Le président de la République promulgue la loi dont la teneur suit :

TITRE Ier
DES LOIS DE FINANCES

Article 1er

Dans les conditions et sous les réserves prévues par la présente loi organique, les lois de finances déterminent, pour un exercice, la nature, le montant et l'affectation des ressources et des charges de l'État, ainsi que l'équilibre budgétaire et financier qui en résulte. Elles tiennent compte d'un équilibre économique défini, ainsi que des objectifs et des résultats des programmes qu'elles déterminent.

L'exercice s'étend sur une année civile.

Ont le caractère de lois de finances :

1° La loi de finances de l'année et les lois de finances rectificatives ;

2° La loi de règlement ;

3° Les lois prévues à l'article 45.

TITRE II
DES RESSOURCES ET DES CHARGES DE L'ÉTAT

Article 2

Les ressources et les charges de l'État comprennent les ressources et les charges budgétaires ainsi que les ressources et les charges de trésorerie.

Les impositions de toute nature ne peuvent être directement affectées à un tiers qu'à raison des missions de service public confiées à lui et sous les réserves prévus par les articles 34, 36 et 51.

Chapitre Ier
Des ressources et des charges budgétaires

Article 3

Les ressources budgétaires de l'État comprennent :

1° Des impositions de toute nature ;

2° Les revenus courants de ses activités industrielles et commerciales, de son domaine, de ses participations financières ainsi que de ses autres actifs et droits, les rémunérations des services rendus par lui, les retenues et cotisations sociales établies à son profit, le produit des amendes, les versements d'organismes publics et privés autres que ceux relevant des opérations de trésorerie, et les produits résultant des opérations de trésorerie autres que les primes à l'émission d'emprunts de l'État ;

3° Les fonds de concours, ainsi que les dons et legs consentis à son profit ;

4° Les revenus courants divers ;

5° Les remboursements des prêts et avances ;

6° Les produits de ses participations financières ainsi que de ses autres actifs et droits de cession de son domaine ;

7° Les produits exceptionnels divers.

Article 4

La rémunération de services rendus par l'État peut être établie et perçue sur la base de décrets en Conseil d'État pris sur le rapport du ministre chargé des finances et du ministre intéressé. Ces décrets deviennent caducs en l'absence d'une ratification dans la plus prochaine loi de finances afférente à l'année concernée.

Article 5

I. – Les charges budgétaires de l'État sont regroupées sous les titres suivants :

1° Les dotations des pouvoirs publics ;

2° Les dépenses de personnel ;

3° Les dépenses de fonctionnement ;

4° Les charges de la dette de l'État ;

5° Les dépenses d'investissement ;

6° Les dépenses d'intervention ;

7° Les dépenses d'opérations financières.

II. – Les dépenses de personnel comprennent :

– les rémunérations d'activité ;

– les cotisations et contributions sociales ;

– les prestations sociales et allocations diverses.

Les dépenses de fonctionnement comprennent :

– les dépenses de fonctionnement autres que celles de personnel ;

– les subventions pour charges de service public.

Les charges de la dette de l'État comprennent :

– les intérêts de la dette financière négociable ;

– les intérêts de la dette financière non négociable ;

– les charges financières diverses.

Les dépenses d'investissement comprennent :

– les dépenses pour immobilisations corporelles de l'État ;

– les dépenses pour immobilisations incorporelles de l'État.

Les dépenses d'intervention comprennent :

– les transferts aux ménages ;

– les transferts aux entreprises ;

– les transferts aux collectivités territoriales ;

– les transferts aux autres collectivités ;

– les appels en garantie.

Les dépenses d'opérations financières comprennent:

– les prêts et avances ;

– les dotations en fonds propres ;

– les dépenses de participations financières.

Article 6

Les ressources et les charges budgétaires de l'État sont retracées dans le budget sous forme de recettes et de dépenses.

Le budget décrit, pour une année, l'ensemble des recettes et des dépenses budgétaires de l'État. Il est fait recette du montant intégral des produits, sans contraction entre les recettes et les dépenses.

L'ensemble des recettes assurant l'exécution de l'ensemble des dépenses, toutes les recettes et toutes les dépenses sont retracées sur un compte unique, intitulé budget général.

Un montant déterminé de recettes de l'État peut être rétrocédé directement au profit des collectivités territoriales ou des Communautés européennes en vue de couvrir des charges incombant à ces bénéficiaires ou de compenser des exonérations, des réductions ou des plafonnements d'impôts établis au profit des collectivités territoriales. Ces prélèvements sur les recettes de l'État sont, dans leur destination et leur montant, définis et évalués de façon précise et distincte.

Chapitre II

De la nature et de la portée des autorisations budgétaires

Article 7

I. – Les crédits ouverts par les lois de finances pour couvrir chacune des charges budgétaires de l'État sont regroupés par mission relevant d'un ou plusieurs services d'un ou plusieurs ministères.

Une mission comprend un ensemble de programmes concourant à une politique publique définie. Seule une disposition de loi de finances d'initiative gouvernementale peut créer une mission.

Toutefois, une mission spécifique regroupe les crédits des pouvoirs publics, chacun d'entre eux faisant l'objet d'une ou de plusieurs dotations. De même, une mission regroupe les crédits des deux dotations suivantes :

1° Une dotation pour dépenses accidentelles, destinée à faire face à des calamités, et pour dépenses imprévisibles ;

2° Une dotation pour mesures générales en matière de rémunérations dont la répartition par programme ne peut être déterminée avec précision au moment du vote des crédits.

Un programme regroupe les crédits destinés à mettre en œuvre une action ou un ensemble cohérent d'actions relevant d'un même ministère et auquel sont associés des objectifs précis, définis en fonction de finalités d'intérêt général, ainsi que des résultats attendus et faisant l'objet d'une évaluation.

II. – Les crédits sont spécialisés par programme ou par dotation.

Les crédits d'un programme ou d'une dotation sont présentés selon les titres mentionnés à l'article 5.

La présentation des crédits par titre est indicative. Toutefois, les crédits ouverts sur le titre des dépenses de personnel de chaque programme constituent le plafond des dépenses de cette nature.

III. – À l'exception des crédits de la dotation au 2° du I, Les crédits ouverts sur le titre de par ministère.

IV. – Les crédits ouverts sont mis à la disposition des ministres.

Les crédits ne peuvent être modifiés que par une loi de finances ou, à titre exceptionnel, en application des dispositions prévues aux articles 11 à 15, 17, 18 et 21.

La répartition des emplois autorisés entre les ministères ne peut être modifiée que par une loi de finances ou, à titre exceptionnel, en application du II de l'article 12.

Article 8

Les crédits ouverts sont constitués d'autorisations d'engagement et de crédits de paiement.

Les autorisations d'engagement constituent la limite supérieure des dépenses pouvant être engagées. Pour une opération d'investissement, l'autorisation d'engagement couvre un ensemble cohérent et de nature à être mis en service ou exécuté sans adjonction.

Les crédits de paiement constituent la limite supérieure des dépenses pouvant être ordonnancées ou payées pendant l'année pour la couverture des engagements contractés dans le cadre des autorisations d'engagement.

Pour les dépenses de personnel, le montant des autorisations d'engagement ouvertes est égal au montant des crédits de paiement ouverts.

Article 9

Les crédits sont limitatifs, sous réserve des dispositions prévues aux articles 10 et 24. Les dépenses ne peuvent être engagées et ordonnancées que dans la limite des crédits ouverts, Les conditions dans lesquelles des dépenses peuvent être engagées par anticipation sur les crédits de l'année suivante sont définies par une disposition de loi de finances.

Les plafonds des autorisations d'emplois sont limitatifs.

Article 10

Les crédits relatifs aux charges de la dette de l'État, aux remboursements, restitutions et dégrèvements et à la mise en jeu des garanties accordées par l'État ont un caractère évaluatif.

Ils sont ouverts sur des programmes distincts des programmes dotés de crédits limitatifs.

Les dépenses auxquelles s'appliquent les crédits évaluatifs s'imputent, si nécessaire, au-delà des crédits ouverts. Dans cette hypothèse, le ministre chargé des finances informe les commissions de l'Assemblée nationale et du Sénat chargées des finances des motifs du dépassement et des perspectives d'exécution jusqu'à la fin de l'année.

Les dépassements de crédits évaluatifs font l'objet de propositions d'ouverture de crédits dans le plus prochain projet de loi de finances afférent à l'année concernée.

Les crédits prévus au premier alinéa ne peuvent faire l'objet ni des annulations liées aux mouvements prévus aux articles 12 et 13 ni des mouvements de crédits prévus à l'article 15.

Article 11

En tant que de besoin, les crédits ouverts sur la dotation pour dépenses accidentelles et imprévisibles sont répartis par programme, par décret pris sur le rapport du ministre chargé des finances.

Les crédits ouverts sur la dotation pour mesures générales en matière de rémunérations sont, par arrêté du ministre chargé des finances, répartis par programme. Cet arrêté ne peut majorer que des crédits ouverts sur le titre des dépenses de personnel.

Article 12

I. – Des virements peuvent modifier la répartition des crédits entre programmes d'un même ministère. Le montant cumulé, au cours d'une même année, des crédits ayant fait l'objet de virements, ne peut excéder 2 % des crédits ouverts par la loi de finances de l'année pour chacun des programmes concernés. Ce plafond s'applique également aux crédits ouverts sur le titre des dépenses de personnel pour chacun des programmes concernés.

II. – Des transferts peuvent modifier la répartition des crédits entre programmes de ministères distincts, dans la mesure où l'emploi des crédits ainsi transférés, pour un objet déterminé, correspond à des actions du programme d'origine. Ces transferts peuvent être assortis de modifications de la répartition des emplois autorisés entre les ministères concernés.

III. – Les virements et transferts sont effectués par décret pris sur le rapport du ministre chargé des finances, après information des commissions de l'Assemblée nationale et du Sénat chargées des finances et des autres commissions concernées. L'utilisation des crédits virés ou transférés donne lieu à l'établissement d'un compte rendu spécial, inséré au rapport établi en application du 4° de l'article 54.

IV. – Aucun virement ni transfert ne peut être effectué au profit de programmes non prévus par une loi de finances.

Aucun virement ni transfert ne peut être effectué au profit du titre des dépenses de personnel à partir d'un autre titre.

Article 13

En cas d'urgence, des décrets d'avance pris sur avis du Conseil d'État et après avis des commissions de l'Assemblée nationale et du Sénat chargées des finances peuvent ouvrir des crédits supplémentaires sans affecter l'équilibre budgétaire défini par la dernière loi de finances. À cette fin, les décrets d'avance procèdent à l'annulation de crédits ou constatent des recettes supplémentaires. Le montant cumulé des crédits ainsi ouverts ne peut excéder 1 % des crédits ouverts par la loi de finances de l'année.

La commission chargée des finances de chaque assemblée fait connaître son avis au Premier ministre dans un délai de sept jours à compter de la notification qui lui a été faite du projet de décret. La signature du décret ne peut intervenir qu'après réception des avis de ces commissions ou, à défaut, après l'expiration du délai susmentionné.

La ratification des modifications apportées, sur le fondement des deux alinéas précédents, aux crédits ouverts par la dernière loi de finances est demandée au Parlement dans le plus prochain projet de loi de finances afférent à l'année concernée.

En cas d'urgence et de nécessité impérieuse d'intérêt national, des crédits supplémentaires peuvent être ouverts, après information des commissions de l'Assemblée nationale et du Sénat chargées des finances, par décret d'avance pris en Conseil des ministres sur avis du Conseil d'État. Un projet de loi de finances portant ratification de ces crédits est déposé immédiatement ou à l'ouverture de la plus prochaine session du Parlement.

Article 14

I. – Afin de prévenir une détérioration de l'équilibre budgétaire défini par la dernière loi de finances afférente à l'année concernée, un crédit peut être annulé par décret pris sur le rapport du ministre chargé des finances. Un crédit devenu sans objet peut être annulé par un décret pris dans les mêmes conditions.

Avant sa publication, tout décret d'annulation est transmis pour information aux commissions de l'Assemblée nationale et du Sénat chargées des finances et aux autres commissions concernées.

Le montant cumulé des crédits annulés par décret en vertu du présent article et de l'article 13 ne peut dépasser 1,5 % des crédits ouverts par les lois de finances afférentes à l'année en cours.

II. – Les crédits dont l'annulation est proposée par un projet de loi de finances rectificative sont indisponibles pour engager ou ordonnancer des dépenses à compter de son dépôt jusqu'à l'entrée en vigueur de ladite loi ou, le cas échéant, jusqu'à la décision du Conseil constitutionnel interdisant la mise en application de ces annulations en vertu du premier alinéa de l'article 62 de la Constitution.

III. – Tout acte, quelle qu'en soit la nature, ayant pour objet ou pour effet de rendre des crédits indisponibles, est communiqué aux commissions de l'Assemblée nationale et du Sénat chargées des finances.

Article 15

I. – Sous réserve des dispositions concernant les autorisations d'engagement, les crédits ouverts et les plafonds des autorisations d'emplois fixés au titre d'une année ne créent aucun droit au titre des années suivantes.

II. – Les autorisations d'engagement disponibles sur un programme à la fin de l'année peuvent être reportées sur le même programme ou, à défaut, sur un programme poursuivant les mêmes objectifs, par arrêté conjoint du ministre chargé des finances et du ministre intéressé, majorant à due concurrence les crédits de l'année suivante. Ces reports ne peuvent majorer les crédits inscrits sur le titre des dépenses de personnel.

Sous réserve des dispositions prévues à l'article 21, les crédits de paiement disponibles sur un programme à la fin de l'année peuvent être reportés sur le même programme ou, à défaut, sur un programme poursuivant les mêmes objectifs, par arrêté conjoint du ministre chargé des finances et du ministre intéressé, dans les conditions suivantes :

1° Les crédits inscrits sur le titre des dépenses de personnel du programme bénéficiant du report peuvent être majorés dans la limite de 3 % des crédits initiaux inscrits sur le même titre du programme à partir duquel les crédits sont reportés ;

2° Les crédits inscrits sur les autres titres du programme bénéficiant du report peuvent être majorés dans la limite globale de 3 % de l'ensemble des crédits initiaux inscrits sur les mêmes titres du programme à partir duquel les crédits sont reportés. Ce plafond peut être majoré par une disposition de loi de finances.

III. – Les crédits ouverts sur un programme en application des dispositions du II de l'article 17 et disponibles à la fin de l'année sont reportés sur le même programme ou, à défaut, sur un programme poursuivant les mêmes objectifs, par arrêté conjoint du ministre chargé des finances et du ministre intéressé.

Le montant des crédits ainsi reportés ne peut excéder la différence entre les recettes et les dépenses constatées sur le fondement des dispositions précitées.

Les reports de crédits de paiement effectués en application du présent paragraphe ne sont pas pris en compte pour apprécier les limites fixées aux 1° et 2° du II.

IV. – Les arrêtés de report sont publiés au plus tard le 31 mars de l'année suivant celle à la fin de laquelle la disponibilité des autorisations d'engagement ou des crédits de paiement a été constatée.

Chapitre III

Des affectations de recettes

Article 16

Certaines recettes peuvent être directement affectées à certaines dépenses. Ces affectations prennent la forme de budgets annexes, de comptes spéciaux ou de procédures comptables particulières au sein du budget général, d'un budget annexe ou d'un compte spécial.

Article 17

I. – Les procédures particulières permettant d'assurer une affectation au sein du budget général, d'un budget annexe ou d'un compte spécial sont la procédure de fonds de concours, la procédure d'attribution de produits et la procédure de rétablissement de crédits.

II. – Les fonds de concours sont constitués, d'une part, par des fonds à caractère non fiscal versés par des personnes morales ou physiques pour concourir à des dépenses d'intérêt public et, d'autre part, par les produits de legs et donations attribués à l'État.

Les fonds de concours sont directement portés en recettes au budget général, au budget annexe ou au compte spécial considéré. Un crédit supplémentaire de même montant est ouvert par arrêté du ministre chargé des finances sur le programme ou la dotation concernée.

Les recettes des fonds de concours sont prévues et évaluées par la loi de finances. Les plafonds de dépenses et de charges prévus au 6° du I de l'article 34 incluent le montant des crédits susceptibles d'être ouverts par voie de fonds de concours.

L'emploi des fonds doit être conforme à l'intention de la partie versante. À cette fin, un décret en Conseil d'État définit les règles d'utilisation des crédits ouverts par voie de fonds de concours.

III. – Les recettes tirées de la rémunération de prestations régulièrement fournies par un service de l'État peuvent, par décret pris sur le rapport du ministre chargé des finances, faire l'objet d'une procédure d'attribution de produits. Les règles relatives aux fonds de concours leur sont applicables. Les crédits ouverts dans le cadre de cette procédure sont affectés au service concerné.

IV. – Peuvent donner lieu à rétablissement de crédits dans des conditions fixées par arrêté du ministre chargé des finances :

1° Les recettes provenant de la restitution au Trésor de sommes payées indûment ou à titre provisoire sur crédits budgétaires ;

2° Les recettes provenant de cessions entre services de l'État ayant donné lieu à paiement sur crédits budgétaires.

Article 18

I. – Des budgets annexes peuvent retracer, dans les conditions prévues par une loi de finances, les seules opérations des services de l'État non dotés de la personnalité morale résultant de leur activité de production de biens ou de prestation de services donnant lieu au paiement de redevances, lorsqu'elles sont effectuées à titre principal par lesdits services.

La création d'un budget annexe et l'affectation d'une recette à un budget annexe ne peuvent résulter que d'une disposition de loi de finances.

II. – Un budget annexe constitue une mission, au sens des articles 7 et 47. Sous réserve des règles particulières définies au présent article, les opérations des budgets annexes sont prévues, autorisées et exécutées dans les mêmes conditions que celles du budget général.

Par dérogation aux dispositions II de l'article 7 et de l'article 29, les budgets annexes sont présentés selon les normes du plan comptable général, en deux sections. La section des opérations courantes retrace les recettes et les dépenses de gestion courante. La section des opérations en capital retrace les recettes et les dépenses afférentes aux opérations d'investissement et aux variations de l'endettement.

Par dérogation aux dispositions du III de l'article 7, les plafonds des autorisations d'emplois dont sont assortis les crédits ouverts sur le titre des dépenses de personnel sont spécialisés par budget annexe.

Si, en cours d'année, les recettes effectives sont supérieures aux prévisions des lois de finances, les crédits pour amortissement de la dette peuvent être majorés à due concurrence, par arrêté conjoint du ministre chargé des finances et du ministre intéressé.

Aucun des mouvements de crédits prévus aux articles II et 12 ne peut être effectué entre le budget général et un budget annexe.

Article 19

Les comptes spéciaux ne peuvent être ouverts que par une loi de finances. Les catégories de comptes spéciaux sont les suivantes :

1° Les comptes d'affectation spéciale ;

2° Les comptes de commerce ;

3° Les comptes d'opérations monétaires ;

4° Les comptes de concours financiers.

L'affectation d'une recette à un compte spécial ne peut résulter que d'une disposition de loi de finances.

Article 20

I. – Il est interdit d'imputer directement à un compte spécial des dépenses résultant du paiement de traitements, salaires, indemnités et allocations de toute nature.

Sous réserve des règles particulières prévues aux articles 21 à 24, les opérations des comptes spéciaux sont prévues, autorisées et exécutées dans les mêmes conditions que celles du budget général. Sauf dispositions contraires prévues par une loi de finances, le solde de chaque compte spécial est reporté sur l'année suivante.

II. – Chacun des comptes spéciaux dotés de crédits constitue une mission au sens des articles 7 et 47. Leurs crédits sont spécialisés par programme.

Aucun des mouvements de crédits prévus aux articles 11 et 12 ne peut être effectué entre le budget général et un compte spécial doté de crédits.

Article 21

I. – Les comptes d'affectation spéciale retracent, dans les conditions prévues par une loi de finances, des opérations budgétaires financées au moyen de recettes particulières qui sont, par nature, en relation directe avec les dépenses concernées. Ces recettes peuvent être complétées par des versements du budget général, dans la limite de 10 % des crédits initiaux de chaque compte.

Les opérations de nature patrimoniale liées à la gestion des participations financières de l'État, à l'exclusion de toute opération de gestion courante, sont, de droit, retracées sur un unique compte d'affectation spéciale. Les versements du budget général au profit de ce compte ne sont pas soumis à la limite prévue au premier alinéa.

Il en est de même pour les opérations relatives aux pensions et avantages accessoires. Les versements du budget général au profit de ce compte ne sont pas soumis à la limite prévue au premier alinéa.

II. – Sauf dérogation expresse prévue par une loi de finances, aucun versement au profit du budget général, d'un budget annexe ou d'un compte spécial ne peut être effectué à partir d'un compte d'affectation spéciale.

En cours d'année, le total des dépenses engagées ou ordonnancées au titre d'un compte d'affectation spéciale ne peut excéder le total des recettes constatées, sauf pendant les trois mois suivant sa création. Durant cette dernière période, le découvert ne peut être supérieur à un montant fixé par la loi de finances créant le compte.

Si, en cours d'année, les recettes effectives sont supérieures aux évaluations des lois de finances, des crédits supplémentaires peuvent être ouverts, par arrêté du ministre chargé des finances, dans la limite de cet excédent. Au préalable, le ministre chargé des finances informe les commissions de l'Assemblée nationale et du Sénat chargées des finances des raisons de cet excédent, de l'emploi prévu pour les crédits ainsi ouverts et des perspectives d'exécution du compte jusqu'à la fin de l'année.

Les autorisations d'engagement et les crédits de paiement disponibles en fin d'année sont reportés sur l'année suivante, dans les conditions prévues aux II et IV de l'article 15, pour un montant qui ne peut excéder le solde du compte.

Article 22

I. – Les comptes de commerce retracent des opérations de caractère industriel et commercial effectuées à titre accessoire par des services de l'État non dotés de la personnalité morale.

Les évaluations de recettes et les prévisions de dépenses de ces comptes ont un caractère indicatif, Seul le découvert fixé pour chacun d'entre eux a un caractère limitatif. Sauf dérogation expresse prévue par une loi de finances, il est interdit d'exécuter, au titre de ces comptes, des opérations d'investissement financier, de prêts ou d'avances, ainsi que des opérations d'emprunt.

II. – Les opérations budgétaires relatives à la dette et à la trésorerie de l'État, à l'exclusion de toute opération de gestion courante, sont retracées dans un compte de commerce déterminé.

Ce compte est divisé en sections distinguant les opérations selon leur nature.

Chaque section est dotée d'une autorisation de découvert.

Sont déterminés par une disposition de loi de finances :

– la nature des opérations autorisées, chaque année, sur chaque section ;

– le caractère limitatif ou évaluatif de chaque autorisation de découvert ;

– les modalités générales d'information du Parlement sur l'activité du compte et les modalités particulières selon lesquelles le ministre chargé des fiances informe les commissions de l'Assemblée nationale et du Sénat chargées des finances de tout dépassement d'une autorisation de découvert ;

– les conditions générales de fonctionnement du compte.

Article 23

Les comptes d'opérations monétaires retracent les recettes et les dépenses de caractère monétaire. Pour cette catégorie de comptes, les évaluations de recettes et les prévisions de dépenses ont un caractère indicatif. Seul le découvert fixé pour chacun d'entre eux a un caractère limitatif.

Article 24

Les comptes de concours financiers retracent les prêts et avances consentis par l'État. Un compte distinct doit être ouvert pour chaque débiteur ou catégorie de débiteurs.

Les comptes de concours financiers sont dotés de crédits limitatifs, à l'exception des comptes ouverts au profit des États étrangers et des banques centrales liées à la France par un accord monétaire international, qui sont dotés de crédits évaluatifs.

Les prêts et avances sont accordés pour une durée déterminée. Ils sont assortis d'un taux d'intérêt qui ne peut être inférieur à celui des obligations ou bons du Trésor de même échéance ou, à défaut, d'échéance la plus proche. Il ne peut être dérogé à cette disposition que par décret en Conseil d'État.

Le montant de l'amortissement en capital des prêts et avances est pris en recettes au compte intéressé.

Toute échéance qui n'est pas honorée à la date prévue doit faire l'objet, selon la situation du débiteur :
– soit d'une décision de recouvrement immédiat, ou, à défaut de recouvrement, de poursuites effectives engagées dans un délai de six mois ;
– soit d'une décision de rééchelonnement faisant l'objet d'une publication au Journal officiel ;
– soit de la constatation d'une perte probable faisant l'objet d'une disposition particulière de loi de finances et imputée au résultat de l'exercice dans les conditions prévues à l'article 37.

Les remboursements ultérieurement constatés sont portés en recettes au budget général.

Chapitre IV
Des ressources et des charges de trésorerie
Article 25

Les ressources et les charges de trésorerie de l'État résultent des opérations suivantes :

1° Le mouvement des disponibilités de l'État ;

2° L'escompte et l'encaissement des effets de toute nature émis au profit de l'État ;

3° La gestion des fonds déposés par des correspondants ;

4° L'émission, la conversion, la gestion et le remboursement des emprunts et autres dettes de l'État. Les ressources et les charges de trésorerie afférentes à ces opérations incluent les primes et décotes à l'émission.

Article 26

Les opérations prévues à l'article 25 sont effectuées conformément aux dispositions suivantes :

1° Le placement des disponibilités de l'État est effectué conformément aux autorisations annuelles générales ou particulières données par la loi de finances de l'année ;

2° Aucun découvert ne peut être consenti aux correspondants prévus au 3° de l'article 25 ;

3° Sauf disposition expresse d'une loi de finances, les collectivités territoriales et leurs établissements publics sont tenus de déposer toutes leurs disponibilités auprès de l'État ;

4° L'émission, la conversion et la gestion des emprunts sont effectuées conformément aux autorisations annuelles générales ou particulières données par la loi de finances de l'année.

Sauf disposition expresse d'une loi de finances, les emprunts émis par l'État sont libellés en euros. Ils ne peuvent prévoir d'exonération fiscale. Les emprunts émis par l'État ou toute autre personne morale de droit public ne peuvent être utilisés comme moyen de paiement d'une dépense publique. Les remboursements d'emprunts sont exécutés conformément au contrat d'émission.

Chapitre V
Des comptes de l'État
Article 27

L'État tient une comptabilité des recettes et des dépenses budgétaires et une comptabilité générale de l'ensemble de ses opérations.

En outre, il met en œuvre une comptabilité destinée à analyser les coûts des différentes actions engagées dans le cadre des programmes.

Les comptes de l'État doivent être réguliers, sincères et donner une image fidèle de son patrimoine et de sa situation financière.

Article 28

La comptabilisation des recettes et des dépenses budgétaires obéit aux principes suivants :

1° Les recettes sont prises en compte au titre du budget de l'année au cours de laquelle elles sont encaissées par lm comptable public.

2° Les dépenses sont prises en compte au titre du budget de l'année au cours de laquelle elles sont payées par les comptables assignataires. Toutes les dépenses doivent être imputées sur les crédits de l'année considérée, quelle que soit la date de la créance.

Dans des conditions fixées par décret en Conseil d'État, des recettes et des dépenses budgétaires peuvent être comptabilisées au cours d'une période complémentaire à l'année civile, dont la durée ne peut excéder vingt jours. En outre, lorsqu'une loi de finances rectificative est promulguée au cours du dernier mois de l'année civile, les opérations de recettes et de dépenses qu'elle prévoit peuvent être exécutées au cours de cette période complémentaire.

Les recettes et les dépenses portées aux comptes d'imputation provisoire sont enregistrées aux comptes définitifs au plus tard à la date d'expiration de la période complémentaire. Le détail des opérations de recettes qui, à titre exceptionnel, n'auraient pu être imputées à un compte définitif à cette date figure dans l'annexe prévue par le 7° de l'article 54.

Article 29

Les ressources et les charges de trésorerie sont imputées à des comptes de trésorerie par opération. Les recettes et les dépenses de nature budgétaire résultant de l'exécution d'opérations de trésorerie sont imputées dans les conditions prévues à l'article 28.

Article 30

La comptabilité générale de l'État est fondée sur le principe de la constatation des droits et obligations. Les opérations sont prises en compte au titre de l'exercice auquel elles se rattachent, indépendamment de leur date de paiement ou d'encaissement.

Les règles applicables à la comptabilité générale de l'État ne se distinguent de celles applicables aux entreprises qu'en raison des spécificités de son action.

Elles sont arrêtées après avis d'un comité de personnalités qualifiées publiques et privées dans les conditions prévues par la loi de finances. Cet avis est communiqué aux commissions de l'Assemblée nationale et du Sénat chargées des finances et publié.

Article 31

Les comptables publics chargés de la tenue et de l'établissement des comptes de l'État veillent au respect des principes et règles mentionnés aux articles 27 à 30. Ils s'assurent notamment de la sincérité des enregistrements comptables et du respect des procédures.

TITRE III
DU CONTENU ET DE LA PRÉSENTATION DES LOIS DE FINANCES

Chapitre Ier
Du principe de sincérité

Article 32

Les lois de finances présentent de façon sincère l'ensemble des ressources et des charges de l'État. Leur sincérité s'apprécie compte tenu des informations disponibles et des prévisions qui peuvent raisonnablement en découler.

Article 33

Dispositions déclarées non conformes à la Constitution par décision du Conseil constitutionnel n° 2001-448 DC du 25 juillet 2001.

Sous réserve des dispositions de l'article 13 de la présente loi organique, lorsque des dispositions d'ordre législatif ou réglementaire sont susceptibles d'affecter les ressources ou les charges de l'État dans le courant de l'année, les conséquences de chacune d'entre elles sur les composantes de l'équilibre financier doivent être évaluées et autorisées dans la plus prochaine loi de finances afférente à cette année.

Chapitre II
Des dispositions des lois de finances

Article 34

La loi de finances de l'année comprend deux parties distinctes.

I. – Dans la première partie, la loi de finances de l'année :

1° Autorise, pour l'année, la perception des ressources de l'État et des impositions de toute nature affectées à des personnes morales autres que l'État ;

2° Comporte les dispositions relatives aux ressources de l'État qui affectent l'équilibre budgétaire ;

3° Comporte toutes dispositions relatives aux affectations de recettes au seul du budget de l'État ;

4° Évalue chacun des prélèvements mentionnés à l'article 6 ;

5° Comporte l'évaluation de chacune des recettes budgétaires ;

6° Fixe les plafonds des dépenses du budget général et de chaque budget annexe, les plafonds des charges de chaque catégorie de comptes spéciaux ainsi que le plafond d'autorisation des emplois rémunérés par l'État ;

7° Arrête les données générales de l'équilibre budgétaire, présentées dans un tableau d'équilibre ;

8° Comporte les autorisations relatives aux emprunts et à la trésorerie de l'État prévues à l'article 26 et évalue les ressources et les charges de trésorerie qui concourent à la réalisation de l'équilibre financier, présentées dans un tableau de financement ;

9° Fixe le plafond de la variation nette, appréciée en fin d'année, de la dette négociable de l'État d'une durée supérieure à un an.

II. – Dans la seconde partie, la loi de finances de l'année :

1° Fixe, pour le budget général, par mission, le montant des autorisations d'engagement et des crédits de paiement ;

2° Fixe, par ministère et par budget annexe, le plafond des autorisations d'emplois ;

3° Fixe, par budget annexe et par compte spécial, le montant des autorisations d'engagement

et des crédits de paiement ouverts ou des découverts autorisés ;

4° Fixe, pour le budget général, les budgets annexes et les comptes spéciaux, par programme, le montant du plafond des reports prévu au 2° du II de l'article 15 ;

5° Autorise l'octroi des garanties de l'État et fixe leur régime ;

6° Autorise l'État à prendre en charge les dettes de tiers, à constituer tout autre engagement correspondant à une reconnaissance unilatérale de dette, et fixe le régime de cette prise en charge ou de cet engagement ;

7° Peut :

a) Comporter des dispositions relatives à l'assiette, au taux et aux modalités de recouvrement des impositions de toute nature qui n'affectent pas l'équilibre budgétaire ;

b) Comporter des dispositions affectant directement les dépenses budgétaires de l'année ;

c) Définir les modalités de répartition des concours de l'État aux collectivités territoriales ;

d) Approuver des conventions financières ;

e) Comporter toutes dispositions relatives à l'information et au contrôle du Parlement sur la gestion des finances publiques ;

f) Comporter toutes dispositions relatives à la comptabilité de l'État et au régime de la responsabilité pécuniaire des agents des services publics.

III. – La loi de finances de l'année doit comporter les dispositions prévues aux 1°, 5°, 6°, 7° et 80 du I et aux 1°, 2° et 3° du II.

Article 35

Sous réserve des exceptions prévues par la présente loi organique, seules les lois de finances rectificatives peuvent, en cours d'année, modifier les dispositions de la loi de finances de l'année prévues aux 1° et 3° à 9° du I et au 1° à 6° du II de l'article 34. Le cas échéant, elles ratifient les modifications apportées par décret d'avance aux crédits ouverts par la dernière loi de finances.

Les lois de finances rectificatives doivent comporter les dispositions prévues aux 6° et 7° du I de l'article 34.

Les lois de finances rectificatives sont présentées en partie ou en totalité dans les mêmes formes que la loi de finances de l'année. Les dispositions de l'article 55 leur sont applicables.

Article 36

L'affectation, totale ou partielle, à une autre personne morale d'une ressource établie au profit de l'État ne peut résulter que d'une disposition de loi de finances.

Article 37

I. – La loi de règlement arrête le montant définitif des recettes et des dépenses du budget auquel elle se rapporte, ainsi que le résultat budgétaire qui en découle.

II. – La loi de règlement arrête le montant définitif des ressources et des charges de trésorerie ayant concouru à la réalisation de l'équilibre financier de l'année correspondante, présenté dans un tableau de financement.

III. – La loi de règlement approuve le compte de résultat de l'exercice, établi à partir des ressources et des charges constatées dans les conditions prévues à l'article 30. Elle affecte au bilan le résultat comptable de l'exercice et approuve le bilan après affectation ainsi que ses annexes.

IV. – Le cas échéant, la loi de règlement :

1° Ratifie les modifications apportées par décret d'avances aux crédits ouverts par la dernière loi de finances afférente à cette année ;

2° Ouvre, pour chaque programme ou dotation concerné, les crédits nécessaires pour régulariser les dépassements constatés résultant de circonstances de force majeure dûment justifiées et procède à l'annulation des crédits n'ayant été ni consommés ni reportés ;

3° Majore, pour chaque compte spécial concerné, le montant du découvert autorisé au niveau du découvert constaté ;

4° Arrête les soldes des comptes spéciaux non reportés sur l'exercice suivant ;

5° Apure les profits et pertes survenus sur chaque compte spécial.

V. – La loi de règlement peut également comporter toutes dispositions relatives à l'information et au contrôle du Parlement sur la gestion des finances publiques, ainsi qu'à la comptabilité de l'État et au régime de la responsabilité pécuniaire des agents des services publics.

TITRE IV
DE L'EXAMEN ET DU VOTE DES PROJETS DE LOI DE FINANCES

Article 38

Sous l'autorité du Premier ministre, le ministre chargé des finances prépare les projets de loi de finances, qui sont délibérés en Conseil des ministres.

Chapitre Ier
Du projet de loi de finances de l'année et des projets de loi de finances rectificative

Article 39

Le projet de loi de finances de l'année, y compris les documents prévus aux articles 50 et 51, est déposé et distribué au plus tard le premier mardi d'octobre de l'année qui précède celle de l'exécution du budget. Il est immédiatement renvoyé à l'examen de la commission chargée des finances.

Toutefois, chaque annexe générale destinée à l'information et au contrôle du Parlement est déposée sur le bureau des assemblées et distribuée au moins cinq jours francs avant l'examen, par l'Assemblée nationale en première lecture, des recettes ou des crédits auxquels elle se rapporte.

Article 40

l'Assemblée nationale doit se prononcer, en première lecture, dans le délai de quarante jours après le dépôt d'un projet de loi de finances.

Le Sénat doit se prononcer en première lecture dans un délai de vingt jours après avoir été saisi.

Si l'Assemblée nationale n'a pas émis un vote en première lecture sur l'ensemble du projet dans le délai prévu au premier alinéa, le Gouvernement saisit le Sénat du texte qu'il a initialement présenté, modifié le cas échéant par les amendements votés par l'Assemblée nationale et acceptés par lui. Le Sénat doit alors se prononcer dans un délai de quinze jours après avoir été saisi.

Si le Sénat n'a pas émis un vote en première lecture sur l'ensemble du projet de loi de finances dans le délai imparti, le Gouvernement saisit à nouveau l'Assemblée du texte soumis au Sénat, modifié, le cas échéant, par les amendements votés par le Sénat et acceptés par lui.

Le projet de loi de finances est ensuite examiné selon la procédure d'urgence dans les conditions prévues à l'article 45 de la Constitution.

Si le Parlement ne s'est pas prononcé dans le délai de soixante-dix jours après le dépôt du projet, les dispositions de ce dernier peuvent être mises en vigueur par ordonnance.

Article 41

Le projet de loi de finances de l'année ne peut être mis en discussion devant une assemblée avant le vote par celle-ci, en première lecture, sur le projet de loi de règlement afférent à l'année qui précède celle de la discussion dudit projet de loi de finances.

Article 42

La seconde partie du projet de loi de finances de l'année et, s'il y a lieu, des projets de loi de finances rectificative, ne peut être mise en discussion devant une assemblée avant l'adoption de la première partie.

Article 43

Les évaluations de recettes font l'objet d'un vote d'ensemble pour le budget général, les budgets annexes et les comptes spéciaux.

Les évaluations de ressources et de charges de trésorerie font l'objet d'un vote unique.

La discussion des crédits du budget général donne lieu à un vote par mission. Les votes portent à la fois sur les autorisations d'engagement et sur les crédits de paiement.

Les plafonds des autorisations d'emplois font l'objet d'un vote unique.

Les crédits des budgets annexes et les crédits ou les découverts des comptes spéciaux sont votés par budget annexe et par compte spécial.

Article 44

Dès la promulgation de la loi de finances de l'année ou d'une loi de finances rectificative, ou dès la publication de l'ordonnance prévue à l'article 47 de la Constitution, le Gouvernement prend des décrets portant :

1° Répartition par programme ou par dotation des crédits ouverts sur chaque mission, budget annexe ou compte spécial ;

2° Fixation, par programme, du montant des crédits ouverts sur le titre des dépenses de personnel.

Ces décrets répartissent et fixent les crédits conformément aux annexes explicatives prévues aux 5° et 6° de l'article 51 et au 2° de l'article 53, modifiées, le cas échéant, par les votes du Parlement.

Les crédits fixés par les décrets de répartition ne peuvent être modifiés que dans les conditions prévues par la présente loi organique.

Article 45

Dans le cas prévu au quatrième alinéa de l'article 47 de la Constitution, le Gouvernement dispose des deux procédures prévues ci-dessous :

1° Il peut demander à l'Assemblée nationale, avant le 11 décembre de l'année qui précède le début de l'exercice, d'émettre un vote séparé sur l'ensemble de la première partie de la loi de finances de l'année. Ce projet de loi partiel est soumis au Sénat selon la procédure d'urgence ;

2° Si la procédure prévue au 1° n'a pas été suivie ou n'a pas abouti, le Gouvernement dépose, avant le 19 décembre de l'année qui précède le début de l'exercice, devant l'Assemblée nationale, un projet de loi spéciale l'autorisant à continuer à percevoir les impôts existants jusqu'au vote de la loi de finances de l'année. Ce projet est discuté selon la procédure d'urgence.

Si la loi de finances de l'année ne peut être promulguée ni mise en application en vertu du premier alinéa de l'article 62 de la Constitution, le Gouvernement dépose immédiatement devant l'Assemblée nationale un projet de loi spéciale l'autorisant à continuer à percevoir les impôts existants jusqu'au vote de la loi de finances de l'année. Ce projet est discuté selon la procédure d'urgence.

Après avoir reçu l'autorisation de continuer à percevoir les impôts soit par la promulgation de la première partie de la loi de finances de l'année, soit par la promulgation d'une loi spéciale, le Gouvernement prend des décrets ouvrant les crédits applicables aux seuls services votés.

La publication de ces décrets n'interrompt pas la procédure de discussion du projet de loi de finances de l'année, qui se poursuit dans les conditions prévues par les articles 45 et 47 de la Constitution et par les articles 40, 42, 43 et 47 de la présente loi organique.

Les services votés, au sens du quatrième alinéa de l'article 47 de la Constitution, représentent le minimum de crédits que le Gouvernement juge indispensable pour poursuivre l'exécution des services publics dans les conditions qui ont été approuvées l'année précédente par le Parlement. Ils ne peuvent excéder le montant des crédits ouverts par la dernière loi de finances de l'année.

Chapitre II
Du projet de loi de règlement

Article 46

Le projet de loi de règlement, y compris les documents prévus à l'article 54 et aux 4° et 5° de l'article 58, est déposé et distribué avant le 1er juin de l'année suivant celle de l'exécution du budget auquel il se rapporte.

Chapitre III
Dispositions communes

Article 47

Au sens des articles 34 et 40 de la Constitution, la charge s'entend, s'agissant des amendements s'appliquant aux crédits, de la mission.

Tout amendement doit être motivé et accompagné des développements des moyens qui le justifient.

Les amendements non conformes aux dispositions de la présente loi organique sont irrecevables.

TITRE V
DE L'INFORMATION ET DU CONTRÔLE SUR LES FINANCES PUBLIQUES

Chapitre Ier
De l'information

Article 48

En vue de l'examen et du vote du projet de loi de finances de l'année suivante par le Parlement, le Gouvernement présente, au cours du dernier trimestre de la session ordinaire, un rapport sur l'évolution de l'économie nationale et sur les orientations des finances publiques comportant :

1° Une analyse des évolutions économiques constatées depuis l'établissement du rapport mentionné à l'article 50 ;

2° Une description des grandes orientations de sa politique économique et budgétaire au regard des engagements européens de la France ;

3° Une évaluation à moyen terme des ressources de l'État ainsi que de ses charges ventilées par grandes fonctions ;

4° La liste des missions, des programmes et des indicateurs de performances associés à chacun de ces programmes, envisagés pour le projet de loi de finances de l'année suivante.

Ce rapport peut donner lieu à un débat à l'Assemblée nationale et au Sénat.

Article 49

En vue de l'examen et du vote du projet de loi de finances de l'année, et sans préjudice de toute autre disposition relative à l'information et au contrôle du Parlement sur la gestion des finances publiques, les commissions de l'Assemblée nationale et du Sénat chargées des finances et les autres commissions concernées adressent des questionnaires au Gouvernement avant le 10 juillet de chaque année. Celui-ci y répond par écrit au plus tard huit jours francs après la date mentionnée au premier alinéa de l'article 39.

Article 50

Est joint au projet de loi de finances de l'année un rapport sur la situation et les perspectives économiques, sociales et financières de la nation. Il comprend notamment la présentation des hypothèses, des méthodes et des résultats des projections sur la base desquelles est établi le projet de loi de finances de l'année. Il présente et explicite les perspectives d'évolution, pour au moins les quatre années suivant celle du dépôt du projet de loi de finances, des recettes, des dépenses et du solde de l'ensemble des administrations publiques détaillées par sous-secteurs et exprimées selon les conventions de la comptabilité nationale, au regard des engagements européens de la France, ainsi que, le cas échéant, des recommandations adressées à elle sur le fondement du traité instituant la Communauté européenne.

Sont joints à cette annexe les rapports sur les comptes de la nation qui comportent une présentation des comptes des années précédentes.

Article 51

Sont joints au projet de loi de finances de l'année :

1° Une annexe explicative comportant la liste et l'évaluation, par bénéficiaire ou catégorie de bénéficiaires, des impositions de toute nature affectées à des personnes morales autres que l'État ;

2° Une analyse des changements de la présentation budgétaire faisant connaître leurs effets sur les recettes, les dépenses et le solde budgétaire de l'année concernée ;

3° Une présentation des recettes et des dépenses budgétaires et une section de fonctionnement et une section d'investissement ;

4° Une annexe explicative analysant les prévisions de chaque recette budgétaire et présentant les dépenses fiscales ;

5° Des annexes explicatives développant conformément aux dispositions de l'article 5, pour l'année en cours et l'année considérée, par programme ou par dotation, le montant des crédits présentés par titre et présentant, dans les mêmes conditions, une estimation des crédits susceptibles d'être ouverts par voie de fonds de concours. Ces annexes sont accompagnées du projet annuel de performances de chaque programme précisant :

a) La présentation des actions, des coûts associés, des objectifs poursuivis, des résultats obtenus et attendus pour les années à venir mesurés au moyen d'indicateurs précis dont le choix est justifié ;

b) L'évaluation des dépenses fiscales ;

c) La justification de l'évolution des crédits par rapport aux dépenses effectives de l'année antérieure, aux crédits ouverts par la loi de finances de l'année en cours et à ces mêmes crédits éventuellement majorés des crédits reportés de l'année précédente, en indiquant leurs perspectives d'évolution ultérieure ;

d) L'échéancier des crédits de paiement associés aux autorisations d'engagement ;

e) Par catégorie, présentée par corps ou par métier, ou par type de contrat, la répartition prévisionnelle des emplois rémunérés par l'État et la justification des variations par rapport à la situation existante ;

6° Des annexes explicatives développant, pour chaque budget annexe et chaque compte spécial, le montant du découvert ou des recettes et des crédits proposés par programme ou par dotation. Ces annexes sont accompagnées du projet annuel de performances de chacun d'entre eux, dans les conditions prévues au 5° en justifiant les prévisions de recettes et, le cas échéant, son découvert ;

7° Des annexes générales prévues par les lois et règlements destinées à l'information et au contrôle du Parlement.

Article 52

En vue de l'examen et du vote du projet de loi de finances et du projet de loi de financement de la sécurité sociale de l'année suivante par le Parlement, le Gouvernement présente à l'ouverture de la session ordinaire un rapport retraçant l'ensemble des prélèvements obligatoires ainsi que leur évolution.

Ce rapport comporte l'évaluation financière, pour l'année en cours et les deux années suivantes, de chacune des dispositions, de nature législative ou réglementaire, envisagées par le Gouvernement.

Ce rapport peut faire l'objet d'un débat à l'Assemblée nationale et au Sénat.

Article 53

Sont joints à tout projet de loi de finances rectificative :

1° Un rapport présentant les évolutions de la situation économique et budgétaire justifiant les dispositions qu'il comporte ;

2° Une annexe explicative détaillant les modifications de crédits proposées ;

3° Des tableaux récapitulant les mouvements intervenus par voie réglementaire et relatifs aux crédits de l'année en cours.

Article 54

Sont joints au projet de loi de règlement :

1° Le développement des recettes du budget général ;

2° Des annexes explicatives, développant, par programme ou par dotation, le montant définitif des crédits ouverts et des dépenses constatées, en indiquant les écarts avec la présentation par titre des crédits ouverts, et les modifications de crédits demandées. Elles présentent également l'écart entre les estimations et les réalisations au titre des fonds de concours ;

3° Une annexe explicative présentant les recettes et les dépenses effectives du budget de l'État selon les conventions prévues au 3° de l'article 51 et comportant pour chaque programme, les justifications des circonstances ayant conduit à ne pas engager les dépenses correspondant aux crédits destinés à financer les dépenses visées au 5° du I de l'article 5 ;

4° Les rapports annuels de performances, faisant connaître, par programme, en mettant en évidence les écarts avec les prévisions des lois de finances de l'année considérée, ainsi qu'avec les réalisations constatées dans la dernière loi de règlement :

a) Les objectifs, les résultats attendus et obtenus, les indicateurs et les coûts associés ;

b) La justification, pour chaque titre, des mouvements de crédits et des dépenses constatées, en précisant, le cas échéant, l'origine des dépassements de crédits exceptionnellement constatés pour cause de force majeure ;

c) La gestion des autorisations d'emplois, en précisant, d'une part, la répartition des emplois effectifs selon les modalités prévues au e du 5° de l'article 51, ainsi que les coûts correspondants et, d'autre part, les mesures justifiant la variation du nombre des emplois présentés selon les mêmes modalités ainsi que les coûts associés à ces mesures ;

5° Des annexes explicatives développant, par programme ou par dotation, pour chaque budget annexe et chaque compte spécial, le montant définitif des recettes et des dépenses constatées, des crédits ouverts ou du découvert autorisé, ainsi que les modifications de crédits ou de découvert demandées. Ces annexes sont accompagnées du rapport annuel de performances de chacun d'entre eux, dans les conditions prévues au 4° ;

6° Des annexes explicatives présentant les résultats de la comptabilité selon les dispositions prévues au deuxième alinéa de l'article 27 ;

7° Le compte général de l'État, qui comprend la balance générale des comptes, le compte de résultat, le bilan et ses annexes, et une évaluation des engagements hors bilan de l'État. Il est accompagné d'un rapport de présentation, qui indique notamment les changements des méthodes et des règles comptables appliqués au cours de l'exercice.

Article 55

Chacune des dispositions d'un projet de loi de finances affectant les ressources ou les charges de l'État fait l'objet d'une évaluation chiffrée de son incidence au titre de l'année considérée et, le cas échéant, des années suivantes.

Article 56

Les décrets et arrêtés prévus par la présente loi organique sont publiés au Journal officiel. Il en est de même des rapports qui en présentent les motivations, sauf en ce qui concerne les sujets à caractère secret touchant à la défense nationale, à la sécurité intérieure ou extérieure de l'État ou aux affaires étrangères.

Chapitre II
Du contrôle

Article 57

Les commissions de l'Assemblée nationale et du Sénat chargées des finances suivent et contrôlent l'exécution des lois de finances et procèdent à l'évaluation de toute question relative aux finances publiques. Cette mission est confiée à leur président, à leur rapporteur général ainsi que, dans leurs domaines d'attributions, à leurs rapporteurs spéciaux. À cet effet, ils procèdent à toutes investigations sur pièces et sur place, et à toutes auditions qu'ils jugent utiles.

Tous les renseignements et documents d'ordre financier et administratif qu'ils demandent, y compris tout rapport établi par les organismes et services chargés du contrôle de l'administration, réserve faite des sujets à caractère secret concernant la défense nationale et la sécurité intérieure ou extérieure de l'État et du respect du secret de l'instruction et du secret médical, doivent leur être fournis.

Les personnes dont l'audition est jugée nécessaire par le président et le rapporteur général de la commission chargée des finances de chaque assemblée ont l'obligation de s'y soumettre.

Elles sont déliées du secret professionnel sous les réserves prévues à l'alinéa précédent.

Article 58

Dispositions déclarées non conformes à la Constitution par décision du Conseil constitutionnel n° 2001-448 DC du 25 juillet 2001.

La mission d'assistance du Parlement confiée à la Cour des comptes par le dernier alinéa de l'article 47 de la Constitution comporte notamment :

1° L'obligation de répondre aux demandes d'assistance formulées par le président et le rapporteur général de la commission chargée des finances de chaque assemblée dans le cadre des missions de contrôle et d'évaluation prévues à l'article 57 ;

2° La réalisation de toute enquête demandée par les commissions de l'Assemblée nationale et du Sénat chargées des finances sur la gestion des services ou organismes qu'elle contrôle.

Les conclusions de ces enquêtes sont obligatoirement communiquées dans un délai de huit mois après la formulation de la demande à la commission dont elle émane, qui statue sur leur publication ;

3° Le dépôt d'un rapport préliminaire conjoint au dépôt du rapport mentionné à l'article 48 relatif aux résultats de l'exécution de l'exercice antérieur ;

4° Le dépôt d'un rapport conjoint au dépôt du projet de loi de règlement, relatif aux résultats de l'exécution de l'exercice antérieur et aux comptes associés, qui, en particulier, analyse par mission et par programme l'exécution des crédits ;

5° La certification de la régularité, de la sincérité et de la fidélité des comptes de l'État.

Cette certification est annexée au projet de loi de règlement et accompagnée du compte rendu des vérifications opérées ;

6° Le dépôt d'un rapport conjoint au dépôt de tout projet de loi de finances sur les mouvements de crédits opérés par voie administrative dont la ratification est demandée dans ledit projet de loi de finances.

Les rapports visés aux 3°, 4° et 6° sont, le cas échéant, accompagnés des réponses des ministres concernés.

Article 59

Lorsque, dans le cadre d'une mission de contrôle et d'évaluation, la communication des renseignements demandés en application de l'article 57 ne peut être obtenue au terme d'un délai raisonnable, apprécié au regard de la difficulté de les réunir, les présidents des commissions de l'Assemblée nationale et du Sénat chargées des finances peuvent demander à la juridiction compétente, statuant en référé, de faire cesser cette entrave sous astreinte.

Article 60

Lorsqu'une mission de contrôle et d'évaluation donne lieu à des observations notifiées au Gouvernement, celui-ci y répond, par écrit, dans un délai de deux mois.

TITRE VI
ENTRÉE EN VIGUEUR
ET APPLICATION DE LA LOI ORGANIQUE

Article 61

Dans un délai de trois ans à compter de la publication de la présente loi organique, toute garantie de l'État qui n'a pas été expressément autorisée par une disposition de loi de finances doit faire l'objet d'une telle autorisation.

Une annexe récapitulant les garanties de l'État qui, au 31 décembre 2004, n'ont pas été expressément autorisées une loi de finances est jointe au projet de loi de règlement du budget de l'année 2004.

Article 62

I. – Les dispositions du II de l'article 15 sont applicables aux crédits de dépenses ordinaires et aux crédits de paiement de l'exercice 2005, pour ceux d'entre eux qui sont susceptibles de faire l'objet de reports.

II. – Les dispositions du III de l'article 15 sont applicables aux crédits ouverts dans les conditions prévues au deuxième alinéa de l'article 19 de l'ordonnance n° 59-2 du 2 janvier 1959 portant loi organique relative aux lois de finances et disponibles à la fin de l'exercice 2005.

Article 63

À défaut de dispositions législatives particulières, les taxes régulièrement perçues au cours de la deuxième année suivant celle de la publication de la présente loi organique en application de l'article 4 de l'ordonnance n° 59-2 du 2 janvier 1959 précitée peuvent être perçues, jusqu'au 31 décembre de cette année, selon l'assiette, le taux et les modalités de recouvrement en vigueur à la date de leur établissement.

Article 64

L'échéance de l'article 46 et les dispositions du 7° de l'article 54 sont applicables pour la première fois au projet de loi de règlement relatif à l'exécution du budget afférent à la quatrième année suivant celle de la publication de la présente loi organique.

Les projets de loi de règlement afférents aux affilées antérieures sont déposées et distribuées au plus tard le 30 juin de l'année suivant celle de l'exécution du budget auquel ils se rapportent.

Article 65

Les dispositions des articles 14, 25, 26, à l'exception du 30, 32, 33, 36, du deuxième alinéa de l'article 39, des articles 41, 42, 49, 50, 52, 53, 55, 57, 58, à l'exception 4° et du 5°, 59, 60 et 68 sont applicables à compter du 1er janvier 2002.

Les dispositions de l'article 48, à l'exception du 4°, sont applicables à compter 1er janvier 2003.

Les dispositions du 3° de l'article 26 sont applicables à compter du 1er janvier 2004.

Article 66

I. – Est joint au projet de loi de finances pour 2005 un document présentant, à titre indicatif, les crédits du budget général selon les principes retenus par la présente loi organique.

II. – Au cours de la préparation du projet de loi de finances pour 2006, les commissions de l'Assemblée nationale et du Sénat chargées des finances sont informées par le Gouvernement de la nomenclature qu'il envisage pour les missions et les programmes prévus à l'article 7.

Article 67

Sous réserve des dispositions prévues aux articles 61 à 66, l'ordonnance n° 59-2 du 2 janvier 1959 précitée est abrogée le 1er janvier 2005. Toutefois, ses dispositions demeurent applicables aux lois de finances afférentes à l'année 2005 et aux années antérieures.

Sous réserve des articles 61 à 66 et de la dernière phrase de l'alinéa précédent, la présente loi organique entre en vigueur le 1er janvier 2005.

Article 68

Des décrets en Conseil d'État pourvoient, en tant que de besoin, à l'exécution de la présente loi organique.

La présente loi sera exécutée comme loi de l'État.

Fait à Paris, le 1er août 2001.

Par le président de la République,
Jacques Chirac

Le Premier ministre,
Lionel Jospin

Le ministre de l'Économie, des Finances et de l'Industrie,
Laurent Fabius

La secrétaire d'État au budget,
Florence Parly

DÉCRET N° 62-1587 DU 29 DÉCEMBRE 1962 PORTANT RÈGLEMENT GÉNÉRAL SUR LA COMPTABILITÉ PUBLIQUE (EXTRAITS)

Chapitre II
Comptables publics

Article 11

Les comptables publics sont seuls chargés :
– de la prise en charge et du recouvrement des ordres de recettes qui leur sont remis par les ordonnateurs, des créances constatées par un contrat, un titre de propriété ou autre titre dont ils assurent la conservation ainsi que de l'encaissement des droits au comptant et des recettes de toute nature que les organismes publics sont habilités à recevoir ;
– du paiement des dépenses, soit sur ordres émanant des ordonnateurs accrédités, soit au vu des titres présentés par les créanciers, soit de leur propre initiative, ainsi que de la suite à donner aux oppositions et autres significations ;
– de la garde et de la conservation des fonds et valeurs appartenant ou confiés aux organismes publics ;
– du maniement des fonds et des mouvements de comptes de disponibilités ;
– de la conservation des pièces justificatives des opérations et des documents de comptabilité ;
– de la tenue de la comptabilité du poste comptable qu'ils dirigent.

Article 12

Les comptables sont tenus d'exercer :

A. - En matière de recettes, le contrôle :
– dans les conditions prévues pour chaque catégorie d'organisme public par les lois et règlements, de l'autorisation de percevoir la recette ;
– dans la limite des éléments dont ils disposent, de la mise en recouvrement des créances de l'organisme public et de la régularité des réductions et des annulations des ordres de recettes.

B. - En matière de dépenses, le contrôle :
– de la qualité de l'ordonnateur ou de son délégué ;
– de la disponibilité des crédits ;
– de l'exacte imputation des dépenses aux chapitres qu'elles concernent selon leur nature ou leur objet ;
– de la validité de la créance dans les conditions prévues à l'article 13 ci-après ;
– du caractère libératoire du règlement.

C. - En matière de patrimoine, le contrôle :
– de la conservation des droits, privilèges et hypothèques ;
– de la conservation des biens dont ils tiennent la comptabilité matière.

Article 13

En ce qui concerne la validité de la créance, le contrôle porte sur :
– la justification du service fait et l'exactitude des calculs de liquidation ;
– l'intervention préalable des contrôles réglementaires et la production des justifications.

En outre, dans la mesure où les règles propres à chaque organisme public le prévoient, les comptables publics vérifient l'existence du visa des contrôleurs financiers sur les engagements et les ordonnancements émis par les ordonnateurs principaux.

Les comptables publics vérifient également l'application des règles de prescription et de déchéance.

[...]

Article 37

Lorsque, à l'occasion de l'exercice du contrôle prévu à l'article 12 (alinéa B) ci-dessus, des irrégularités sont constatées, les comptables publics suspendent les paiements et en informent l'ordonnateur.

Les paiements sont également suspendus lorsque les comptables publics ont pu établir que les certifications mentionnées à l'article 7 sont inexactes.

GLOSSAIRE

Abattement. En matière fiscale, réduction appliquée sur les bases d'imposition. Il permet de moduler l'impôt payé par un contribuable, soit de façon systématique (abattement général), soit en prenant en compte des situations particulières (charges de famille, personnes non imposables...).

Amortissement. Technique comptable qui permet, chaque année, de constater forfaitairement la dépréciation irréversible des biens et de dégager des ressources pour pouvoir les renouveler régulièrement.

Annualité. Principe selon lequel le budget est voté chaque année et doit être exécuté dans l'année (année civile).

Annuité de la dette. Part consacrée, chaque année, au remboursement des emprunts contractés antérieurement. Elle est égale à la somme des intérêts versés et des remboursements de dette en capital.

Apurement administratif. Vérification et arrêté des comptes d'un organisme public par le trésorier-payeur général sous le contrôle de la juridiction financière.

Article. Principale subdivision d'un chapitre budgétaire.

Assiette. Élément permettant une évaluation de l'impôt. Pour la taxe d'habitation, l'assiette est la valeur locative du logement occupé.

Association transparente. Association, type loi de 1901, qui, apparemment indépendante d'une personne publique, constitue en réalité un démembrement pur et simple d'un service public. Une association est qualifiée de « transparente » quand elle poursuit une mission de service public, que ses ressources sont majoritairement publiques, et que le pouvoir de décision appartient principalement à des élus ou à du personnel d'une collectivité publique.

Autorisation d'engagement. Dans la loi organique du 1er août 2001, les autorisations d'engagement constituent la limite supérieure des dépenses pouvant être engagées (aussi bien en fonctionnement qu'en investissement).

Autorisation de programme. Sous l'emprise de l'ordonnance du 2 janvier 1959, les autorisations de programme constituent la limite supérieure des dépenses qui peuvent être engagées pour le financement des investissements. Elles demeurent valables sans limitation de durée, jusqu'à ce qu'il soit procédé à leur annulation.

Avances. En matière de trésorerie, fonds mis à la disposition de la collectivité par l'État.

Avis budgétaire. Décision de nature administrative prise en formation collégiale par une chambre régionale ou territoriale des comptes dans l'exercice de ses attributions de contrôle budgétaire.

Avis d'imposition. Document sur lequel figurent les éléments servant de base au calcul de l'impôt, le montant des sommes à payer, les conditions de leur exigibilité et la date de leur mise en recouvrement.

Avoir fiscal. Créance sur le Trésor égale à la moitié des sommes distribuées si l'utilisateur est une personne physique et à 15 % (à partir du 1er janvier 2002) pour les dividendes reçus par les sociétés non mères.

Base d'imposition. Élément servant de base au calcul de l'impôt de chaque contribuable. Avant application des réfactions et abattements, on parle de base brute. Après application de ces réfactions et abattements, on parle de base nette.

Budget. Le budget est l'acte par lequel sont prévues et autorisées les recettes et les dépenses des organismes publics.

Budget annexe. Budget retraçant les dépenses et les recettes d'un service de l'État dont l'activité tend à produire des biens ou des services marchands (budget annexe de l'Aviation civile, des Journaux officiels ou des Monnaies et Médailles).

Budget général. Partie de la loi de finances regroupant les recettes et les dépenses des services publics administratifs de l'État qui compose, avec les budgets annexes et les comptes spéciaux du Trésor, la loi de finances.

Budget primitif. Acte obligatoire, il contient pour les collectivités locales les prévisions de recettes et de dépenses pour l'année à laquelle il se rapporte.

Budget supplémentaire. Acte non obligatoire, c'est à la fois un budget de report (résultats de l'exercice précédent, restes à réaliser, à mandater et à recouvrer) et un budget d'ajustement (rectifications de prévision et opérations nouvelles).

Chapitre. Dans le cadre de l'ordonnance organique, unité fondamentale de l'exécution du budget, qui permet au Gouvernement de répartir les crédits ouverts à un ministère en regroupant les dépenses selon leur nature ou leur destination à l'intérieur d'une même subdivision.

Comptable. Agent des services extérieurs du Trésor ayant la responsabilité du règlement des dépenses et de l'encaissement des recettes publiques.

Comptable de fait. Personne se rendant coupable d'un acte constitutif d'une gestion de fait, et soumise aux mêmes obligations et responsabilités que le comptable public.

Comptable patent. Comptable public régulièrement investi de cette qualité.

Comptable public. Agent assermenté seul habilité, d'une part, à payer les dépenses et à recouvrer les recettes d'une personne publique, d'autre part, à manier et conserver les fonds et valeurs appartenant ou confiés à celle-ci, toutes opérations dont il assume la responsabilité personnelle et pécuniaire.

Compte administratif. Document établi par l'ordonnateur local ou territorial ayant pour fonction de présenter, après la clôture de l'exercice, les résultats de l'exécution du budget par l'exécutif. Il est soumis au vote de l'assemblée délibérante.

Compte de gestion. Document établi par le comptable public, rendant compte de l'exécution du budget local, pour ce qui le concerne. Il est soumis à approbation de l'assemblée délibérante.

Comptes spéciaux du Trésor. Comptes distincts du budget général, au sein de la loi de finances, retraçant des opérations, soit ayant un caractère provisoire, soit prévoyant l'affectation de recettes à des dépenses particulières.

Conseiller rapporteur. Magistrat des comptes qui a pour attribution d'instruire un contrôle.

Contre-rapporteur. Magistrat pouvant être désigné par le président de la formation compétente, à son initiative ou à la demande du ministère public, pour faire connaître en toute indépendance son avis sur les propositions formulées par le rapporteur.

Contrôle juridictionnel des comptes. Jugement des comptes produits par un comptable public ou de fait par le juge financier.

Cour de discipline budgétaire et financière. Juridiction composée paritairement de membres du Conseil d'État et de la Cour des comptes jugeant les ordonnateurs non élus et les agents des organismes de toute nature, soumis au contrôle des juridictions financières et, dans certains cas, les élus locaux.

Crédits de paiement. Les crédits de paiement constituent la limite supérieure des dépenses pouvant être ordonnancées ou payées pendant l'année pour la couverture des engagements contractés dans le cadre des autorisations d'engagement correspondantes.

Crédit évaluatif. Crédit servant à payer certaines dépenses, dont le montant inscrit au chapitre budgétaire considéré de la loi de finances peut être dépassé en cas de nécessité (exemple : les charges de la dette).

Crédit limitatif. Montant plafonné d'un crédit inscrit dans un programme de la loi de finances de l'État qu'il n'est pas possible de dépasser en exécution. Pour les autres collectivités publiques, seuls existent des crédits limitatifs.

Débet. 1 : Situation d'un comptable public ou de fait qui a été constitué débiteur d'une personne publique par une décision juridictionnelle, après le jugement de ses comptes.
2 : Par extension, somme mise à la charge du comptable public ou de fait par jugement de la juridiction financière.

Décharge (d'un comptable). Arrêt de compte définitif qui constate et déclare que le comptable « rendant » n'est plus tenu d'aucune obligation pécuniaire (aucune charge) à raison de la gestion dont le compte est examiné.

Décision modificative. Acte par lequel les prévisions et autorisations données par le budget primitif et le budget supplémentaire d'une collectivité ou d'un établissement publics sont modifiées en cours d'exercice.

Décret d'avances. Décret pris par le Gouvernement en cas d'urgence pour augmenter les crédits ouverts par la loi de finances. Il doit être soumis à avis puis ratification par le Parlement.

Décret de répartition. Décret pris après promulgation de la loi de finances, pour répartir par chapitre les crédits ouverts aux différents ministères, ordonnateurs principaux.

Déficit budgétaire. Excédent des charges sur les recettes pour l'ensemble des opérations du budget général et des comptes spéciaux du Trésor soit l'ensemble des opérations à caractère définitif et opérations à caractère temporaire, hors celles des budgets annexes, équilibrées par définition.

Dégrèvement. Suppression ou atténuation de l'impôt, prononcée ou accordée par la voie contentieuse (décharge ou réduction), par la voie gracieuse (remise ou modération), ou encore d'office (si la loi l'a prévu, ou pour réparer spontanément une erreur).

Démission d'office. Démission forcée à l'issue d'une procédure de gestion de fait (art. L. 231-6 et 236 du Code électoral), supprimée par la loi du 21 décembre 2001 et remplacée par la suspension des fonctions.

Deniers publics. Fonds et valeurs appartenant ou confiés aux organismes publics.

Dépense en capital ou d'investissement. Dépense qui a comme résultat l'entrée d'un nouvel élément dans le patrimoine de la collectivité ou qui augmente la durée d'utilisation d'éléments existants.

Dépense obligatoire. Pour une collectivité territoriale ou un établissement public, dépense nécessaire à l'acquittement d'une dette exigible ou pour laquelle la loi l'a expressément décidé (*cf.* art. L. 1612-15 du Code général des collectivités territoriales).

Dotation. Regroupement de crédits au sein d'une mission destinée à faire face à des dépenses imprévisibles et pour des mesures générales en matière de rémunération.

Encours de la dette. Stock de dette en capital restant à rembourser sur les emprunts et dettes à long et moyen termes.

Engagement. Acte par lequel l'ordonnateur (le maire, par exemple) crée ou constate à son encontre une obligation de laquelle résultera une charge. L'engagement peut trouver son origine soit dans une volonté de la collectivité (bon de commande, ordre de service, contrat d'assurance, acquisition immobilière, arrêté de nomination d'un agent communal...), soit dans celle d'un organisme ou d'une autorité extérieure (décision juridictionnelle, notification d'un contingent...). L'engagement comptable est la décision financière relative à la réalisation de la dépense. L'engagement juridique est la décision administrative correspondante.

Équilibre. Principe budgétaire d'application plus stricte pour les collectivités locales que pour l'État selon lequel les prévisions budgétaires, estimées de façon sincère, doivent être équilibrées, c'est-à-dire ne pas comporter d'excédent des dépenses sur les recettes, ou inversement. De plus, cet équilibre doit être respecté à la fois globalement, mais pour chacune des deux sections (investissement et fonctionnement). Enfin, la part en capital de l'annuité de la dette doit être financée par des ressources propres.

Exécution des dépenses. Ensemble des opérations par lesquelles l'ordonnateur engage, liquide et ordonnance les dépenses avant qu'elles ne soient payées par le comptable.

Exonération. Dispense d'impôt sous certaines conditions fixées par la loi. Exemple : le régime d'exonération de l'impôt sur les bénéfices des entreprises nouvelles dans les zones d'aménagement du territoire.

Fait générateur. Situation ou événement qui entraîne l'exigibilité de l'impôt. Exemple : le fait générateur de la TVA est généralement la livraison de la marchandise ou l'exécution des services ou travaux.

Fascicule budgétaire. Terme générique désignant toutes les annexes adressées aux parlementaires à l'appui du projet de loi de finances (annexes « bleues » explicatives et obligatoires, annexes « jaunes » informatives et obligatoires, annexes « blanches » facultatives décrivant les programmes pluriannuels des ministères).

Fonds de concours. Exception au principe de la non-affectation des recettes aux dépenses, ils retracent les fonds versés par des personnes morales ou physiques pour concourir avec l'État à des dépenses d'intérêt général et le produit des dons et legs.

Forfait. Régime d'imposition dont bénéficient les contribuables pour la détermination de leurs bénéfices agricoles lorsque la moyenne de leurs recettes mesurées sur deux années consécutives n'excède pas 76 300 €. Ce régime se caractérise par des obligations fiscales et comptables allégées.

Gestion de fait. Situation dans laquelle une personne, autre que le comptable public, s'ingère dans le maniement des deniers de la collectivité publique. Cette personne est alors constituée comptable de fait.

Inscription d'office. Cas de saisine d'une chambre régionale des comptes par le préfet ou le comptable public concerné ou par toute personne y ayant intérêt lorsqu'une dépense obligatoire n'a pas été inscrite au budget d'une collectivité territoriale ou d'un établissement public local, ou l'a été pour une somme insuffisante.

Liquidation. Opération destinée à évaluer le montant précis d'une dépense ou d'une recette publiques. La liquidation d'une dépense intervient après la constatation du service fait.

Liquidation de l'impôt. Calcul de l'impôt par l'application du taux ou du barème à la baisse imposable et compte tenu d'éventuelles déductions ou réductions.

Loi organique. La loi organique du 1er août 2001 remplace l'ordonnance organique du 2 janvier 1959.

Lois de finances. Loi autorisant l'ensemble des ressources et des charges de l'État avant le début d'un exercice (loi de finances initiale) ou modifiant les autorisations en cours d'exercice (loi de finances rectificative ou « collectif » budgétaire), ou constatant les résultats financiers d'une année (loi de règlement).

Mandat de paiement. Ordre écrit de l'ordonnateur au comptable et relatif au paiement d'une dépense.

Mandatement. → Ordonnancement

Mandatement d'office. Possibilité donnée au représentant de l'État de se substituer à l'ordonnateur local pour donner au comptable l'ordre de payer.

Maniement. Action d'encaisser, de payer, ou même de détenir des deniers publics. Ou perception ou utilisation de fonds ou de valeurs appartenant à un organisme public ou confiés à ce même organisme.

Ministère public. Fonction exercée par un magistrat placé auprès d'une juridiction financière pour veiller à l'application du droit.

Mesures nouvelles. Modification proposée dans le projet de loi de finances par rapport au montant des crédits accordés au cours de l'exercice précédent.

Mission. Dans le cadre de la loi organique du 1er août 2001, enveloppe de regroupement de crédits ouverts par les lois de finances. La mission comprend un ensemble de programmes concourant à une politique publique définie.

Nomenclature (des pièces justificatives). Liste des pièces justificatives des dépenses dans le secteur public local annexée au décret n° 83-16 du 13 janvier 1983 modifié.

Non-valeur. État d'une créance publique devenue a priori irrécouvrable.

Ordonnancement (ou mandatement). Acte administratif donnant, conformément aux résultats de la liquidation, l'ordre au comptable de payer la dette de l'organisme public.

Ordonnance organique. L'ordonnance organique du 2 janvier 1959 a été adoptée conformément à l'article 34 de la Constitution selon lequel « les lois de finances déterminent les ressources et les charges de l'État dans les conditions et sous les réserves prévues par une loi organique ».

Ordonnateur. Autorité à qui est confiée l'exécution du budget. Il décide des opérations budgétaires, il juge de l'opportunité des dépenses et des recettes, il n'est pas autorisé à manier les fonds.

Paiement. Prise en charge comptable et paiement par le comptable, après contrôle réglementaire, du mandat de dépense établi par l'ordonnateur (c'est-à-dire sortie de fonds).

Potentiel financier → Potentiel fiscal

Potentiel fiscal. Le potentiel fiscal d'une collectivité locale est un indicateur de sa richesse fiscale. Il est égal à la somme des produits obtenus en multipliant, pour chacune des quatre taxes directes locales, les bases de la collectivité par les taux moyens nationaux de l'année considérée.

Le potentiel financier d'un département correspond à son potentiel fiscal majoré de la dotation de compensation et de la dotation forfaitaire perçue l'année précédente, auquel est ajouté le montant moyen perçu sur les cinq dernières années au titre des droits de mutation à titre onéreux.

Le potentiel financier d'une commune est égal au potentiel fiscal majoré du montant de la dotation forfaitaire perçue par la commune l'année précédente.

Prélèvements obligatoires. Ensemble des impôts perçus par l'État (y compris ceux reversés aux collectivités locales ou à l'Union européenne) et des cotisations sociales obligatoires.

Programme. Dans le cadre de la loi organique du 1er août 2001, enveloppe de regroupement de crédits destinés à mettre en œuvre une action ou un ensemble cohérent d'actions relevant d'un même ministère. Les crédits sont spécialisés par programme ou par dotation.

Produit intérieur brut. Somme des valeurs ajoutées de l'ensemble des branches de production (augmentée de la TVA grevant les produits et les droits de douane). Il se compose du produit intérieur marchand (biens et service échangés) et du produit intérieur brut non marchand (services fournis par les administrations publiques et privées à titre gratuit ou quasi gratuit).

Programme pluriannuel des finances publiques (ou programme de stabilité). Instrument essentiel de la coordination des politiques économiques au sein de l'euro-groupe (qui regroupe les ministres des Finances des 12 pays ayant adopté l'euro), il est présenté annuellement par chaque pays membre de l'Union européenne. Trois programmes ont été élaborés, le prochain devant couvrir la période 2003-2005. Complétant et précisant les dispositions du traité sur l'Union européenne, le pacte de stabilité et de croissance, validé formellement lors du Conseil européen d'Amsterdam en juin 1997, est ainsi constitué de deux volets :

– la procédure de maîtrise des déficits excessifs. Un État membre de la zone euro dont le déficit public excéderait 3 % du PIB pourra être soumis à des sanctions financières en cas d'inaction persistante ;

– la surveillance multilatérale des politiques économiques.

Provision. Constatation d'un amoindrissement de la valeur d'un élément d'actif ou d'une augmentation de la valeur d'un élément du passif, résultant de causes dont les effets ne sont pas jugés irréversibles.

Quitus. Acte par lequel la gestion d'un comptable public ou de fait est reconnue exacte et régulière. Il permet au comptable public cessant ses fonctions d'obtenir la levée de sûretés qu'il avait constituées au profit du Trésor.

Quotient familial. Dispositif permettant de prendre en compte les charges de famille du foyer fiscal.

Redressement fiscal. Rectification d'une déclaration fiscale par le service des impôts lorsque des insuffisances, des omissions ou des erreurs sont constatées dans les éléments déclarés.

Réformation. En procédure d'apurement administratif des comptes publics, voie de recours ouverte devant la chambre régionale des comptes contre un arrêté de décharge (*cf.* décret n° 89-342 du 25 mai 1989).

Régie d'avances et de recettes. Aménagement de l'exclusivité de compétence des comptables publics en matière de maniement des deniers publics. un agent dépendant de l'ordonnateur est habilité à effectuer certaines opérations de dépenses (régie d'avances) ou de recettes (régie de recettes) pour le compte et sous le contrôle d'un comptable public.

Régie directe. Mode de gestion d'un service public, la collectivité gère elle-même le service. La décision appartient à l'autorité territoriale, le service n'ayant aucune autonomie par rapport à la collectivité.

Régisseur (de recettes ou d'avances). Agent de la collectivité autorisé, dans le cadre d'une régie de recettes ou d'une régie d'avances, à manier des deniers publics.

Remise gracieuse. Pouvoir attribué au ministre des Finances d'accorder, après avoir recueilli divers avis, la remise des sommes des débets laissées à la charge du comptable, intérêts compris (*cf.* décret n° 64-1022 du 29 septembre 1964).

Restes à réaliser. Possibilité de reporter, en section d'investissement et sous certaines conditions, en section de fonctionnement, les crédits de dépenses locales pour lesquelles un engagement comptable a été effectué à titre provisionnel.

Restes à recouvrer. Recettes attendues qui n'ont pu faire l'objet d'émission d'un titre avant la fin de l'exercice.

Rôle. Registre sur lequel sont inscrits tous les contribuables assujettis à une taxe avec mention, pour chacun d'eux, de la base d'imposition et du montant des impôts à payer.

Section de fonctionnement. Partie du budget d'une collectivité territoriale regroupant toutes les dépenses et recettes nécessaires au fonctionnement des services, c'est-à-dire toutes celles qui reviennent régulièrement chaque année.

Section d'investissement. Partie du budget d'une collectivité territoriale regroupant toutes les dépenses et recettes relatives à des opérations non répétitives, c'est-à-dire non renouvelables à l'identique chaque année, qui se traduisent par une modification appréciable de la consistance ou de la valeur du patrimoine de la collectivité.

Service fait (règle du). Principe de la comptabilité publique interdisant aux personnes publiques de procéder à un paiement avant exécution de la prestation correspondante, sauf exceptions prévues par les textes.

Sincérité budgétaire. Principe selon lequel les prévisions de recettes et de dépenses doivent, pour chaque document budgétaire, avoir fait l'objet d'une évaluation excluant toute majoration ou minoration fictive. La loi organique du 1er août 2001 pose le principe de la sincérité budgétaire de la loi de finances.

Spécialité. Principe selon lequel les crédits ouverts en loi de finances le sont pour un objet déterminé. Aux termes de l'ordonnance organique de 1959, les crédits sont spécialisés par chapitres, qui regroupent les dépenses selon leur nature ou leur destination. La loi organique du 1er août 2001 retient une spécialisation par programme ou par dotation.

Taxe. Représente le coût d'un service rendu par la collectivité qui la perçoit (taxe d'enlèvement des ordures ménagères). Dans la pratique, le terme taxe est devenu synonyme d'impôt.

Taxe d'habitation. Impôt perçu au profit des collectivités locales et dû par toutes personnes ayant la disposition d'un local.

Taxe foncière sur les propriétés bâties. Impôt perçu au profit des collectivités locales et dû par les propriétaires d'immeubles bâtis.

Taxe foncière sur les propriétés non bâties. Impôt perçu au profit des collectivités locales et dû par les propriétaires d'immeubles non bâtis.

Taxe professionnelle. Impôt perçu au profit des collectivités locales et dû par toute personne exerçant de façon habituelle une activité professionnelle non salariée.

Titre budgétaire. Principale division budgétaire du budget général de l'État, après la division par ministère. Dans le cadre de l'ordonnance organique du 2 janvier 1959, les dépenses de l'État sont réparties en 6 titres : dette publique (titre 1), pouvoirs publics (titre 2), moyens des services (titre 3), interventions (titre 4), investissements directs (titre 5) et subventions d'investissement (titre 6).

Les mesures nouvelles de la loi de finances sont votées par ministère et par titre.

Titre de recette. Ordre écrit de l'ordonnateur au comptable relatif au recouvrement d'une recette.

Trésorerie. Fonds dont dispose la collectivité dans la caisse du comptable.

Unité. Principe selon lequel toutes les recettes et toutes les dépenses doivent figurer dans le budget. Les budgets annexes constituent des exceptions à cette règle.

Universalité. Principe selon lequel le budget doit comprendre la totalité des recettes et des dépenses, sans possibilité de compensation entre elles (règle de non-contraction), ni d'affectation d'une recette précise à une dépense (règle de non-affectation).

Virement de crédit. Transfert d'un crédit, ou d'une partie d'un crédit, d'un poste budgétaire à un autre.

Visa. Forme de contrôle de la régularité d'une opération de dépense publique, effectuée par les contrôleurs financiers centraux et déconcentrés.

SIGLES UTILES

ACCT. Agence comptable centrale du Trésor

CADES. Caisse d'amortissement de la dette sociale

CAS. Comptes d'affectation spéciale

CDBF. Cour de discipline budgétaire et financière

CGCT. Code général des collectivités territoriales

CGI. Code général des impôts

CJF. Code des juridictions financières

CRC. Chambre régionale des comptes

CRDS. Contribution pour le remboursement de la dette sociale

CSG. Contribution sociale généralisée

CST. Comptes spéciaux du Trésor

DDHC. Déclaration des droits de l'homme et du citoyen de 1789

DGCP. Direction générale de la comptabilité publique

DGF. Dotation globale de fonctionnement

DGI. Direction générale des impôts

G7. Groupe des sept pays les plus industrialisés (États-Unis, Canada, Japon, Allemagne, France, Royaume-Uni, Italie) ; G8 avec la Russie.

IR ou IRPP. Impôt sur le revenu des personnes physiques

IS. Impôt sur les sociétés

ISF. Impôt de solidarité sur la fortune

LFI. Loi de finances initiale

LFR. Loi de finances rectificative (ou collectif budgétaire)

LFSS. Loi de financement de la Sécurité sociale

LOLF. Loi organique relative aux lois de finances

LPF. Livre des procédures fiscales

Minéfi (ex-MEFI). Ministère de l'Économie, des finances et de l'industrie

PIB. Produit intérieur brut

PLF. Projet de loi de finances

PLFR. Projet de loi de finances rectificative

PLFSS. Projet de loi de financement de la Sécurité sociale

PPE. Prime pour l'emploi

PO. Prélèvements obligatoires

QF. Quotient familial

RGCP. Règlement général sur la comptabilité publique de 1962

RMI. Revenu minimum d'insertion

SMIC. Salaire minimum interprofessionnel de croissance

TIPP. Taxe intérieure sur les produits pétroliers

TPG. Trésorier-payeur général

TVA. Taxe sur la valeur ajoutée

INDEX DES DISPOSITIONS JURIDIQUES

INDEX

D

E

F

R

S

T

U

V

W

Composition : Edicompo - CTP
Éditions Foucher – Paris – n° 60664 – Juin 2005 - 01 - SL-MB-AD-DF

Imprimé chez Normandie Roto Impression S.A.S, 61250 Lonrai - n° d'imprimeur : 051539 - Imprimé en France